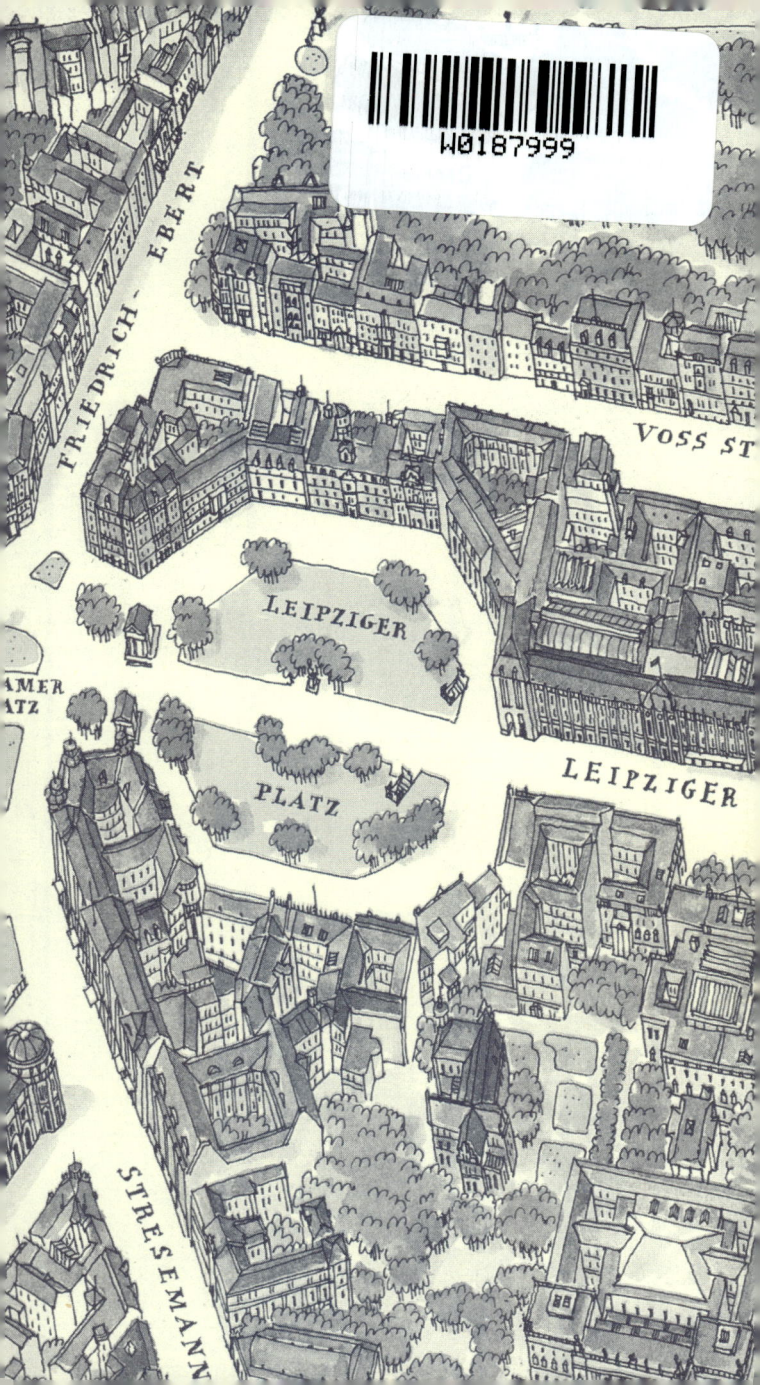

Wolf Thieme

Das Weinhaus Huth am Potsdamer Platz

Wolf Thieme

Das Weinhaus Huth am Potsdamer Platz

Die wechselvolle Geschichte
einer Berliner Legende

Berlin Edition

Frau Manke grub im Garten.

„Wohnen Sie hier?" fragte ich über den Zaun.

„Ja", sagte Frau Manke.

„Was ist das für ein Haus?" fragte ich.

„Was, das kenn' Se nicht?" sagte Frau Manke.

„Das ist das alte Weinhaus Huth."

Inhalt

Spurensuche

Ich wollte, ich hätte Berlin gekannt, wie es einst war. Mein Vater hat mir oft davon erzählt. Manchmal sehe ich dann die Lichter der großen Stadt und die Menschenheere.

Als ich geboren wurde, hat diese Stadt noch existiert. Als ich heranwuchs und sehen wollte, war sie vergangen. Verbrannt, verweht, erloschen.

Dort, wo einmal der Nabel war von Berlin, rings um den Potsdamer Platz, verschwanden die Häuser, die Menschen und schließlich die Ruinen. Eine Brache breitete sich aus, durchzogen von einer Grenze, die erst ein Kreidestrich war und dann Mauer wurde. Straßen mit schiefen Bordsteinkanten und die Eingänge zu U- und S-Bahn, bis auch die gedeckelt wurden, waren über Jahrzehnte die letzten Konturen der alten Stadt.

Im Osten wie im Westen begann der Wiederaufbau, am Potsdamer Platz tat sich nichts. Hier zeigte die zerstörte Metropole ihre Wunden. Noch ließ sich ahnen, wo einmal der Potsdamer Bahnhof gestanden hatte, das Haus Vaterland und der Verkehrsturm auf dem Potsdamer Platz, noch waren die Stätten des Terrors sichtbar, Volksgerichtshof, Reichskanzlei, Gestapo- und SS-Areal.

Nur die deutsche Teilung machte die Orientierung möglich. Ohne die Mauer wäre die Wüste im Osten wie im Westen längst zugepflastert worden. Aber Wachtürme und Todesstreifen schreckten ab.

Das alles hat die Wiedervereinigung auf den Kopf gestellt. Plötzlich war die Brachlandschaft zur Stadtmitte geworden, Nabel oder gar Herz von Berlin, fuhren über den Potsdamer Platz wieder Autos. Nach den Trabis und Wartburgs der ersten Stunden kam der kleine Grenzverkehr, garniert mit Buden und Polenmarkt, ein bißchen Wilder Westen und Wilder Osten in einem. Die berühmte Stunde Null, die nur in der Erinnerung so heißt, weil die Entwicklung doch so verläuft, wie die meisten geahnt und einige befürchtet haben, war auch am Potsdamer Platz nur von kurzer Dauer.

Erst kamen die Pläne, dann die Kräne. Schon vor der Wende hatte der Investor Daimler-Benz mit dem Berliner Senat, damals noch rotgrün gefärbt, über den Kauf eines Areals vom Potsdamer Platz bis zum Land-wehrkanal verhandelt und es im Juli 1990 gekauft. Da gab es die DDR noch. In die Brache wurde eine neue Stadt gebaut, und sie hat die alte unter sich begraben. Nur ein einziges Haus blieb übrig vom alten Berlin. Es hat den Abrißwahn der Nachkriegszeit überlebt und die Jahrzehnte der Stagnation an der Mauer. Es hat die Bauoper am Potsdamer Platz von Anfang an begleitet, von der Baufeldfreimachung, als Geschirr, Munition, Bomben und die Skelette gefallener Soldaten zum Vorschein kamen, bis hin zu den Richtfesten, Elogen und Jubelreden. Erst war es noch allein, reckte sich über Baugruben und Wasserflächen, dann verschwand es im Wald der Kräne und der immer höher ragenden Neubauten ringsum. Noch ist der Potsdamer Platz eine Großbaustelle. Aber das Haus wird auch noch da sein, wenn alles fertig ist. Mit neuem Dach und blank-geputzter Fassade ragt es wie ein Zahn in die neue Zeit.

Dies ist der Bericht einer Spurensuche und eine Reise in die Vergangenheit. Viele Jahre zurück, lange vor meiner Zeit. Ein altes Haus am Potsdamer Platz erzählt seine Geschichte. Das alte Berlin, das ich nie kannte, wird dabei noch einmal lebendig.

Es war 1943, mitten im Krieg, als ich das erste Mal in die große Stadt gekommen bin. Ich stieg mit meinen Eltern am Anhalter Bahnhof aus, und wir gingen durch endlos lange Straßen. Alles war mir neu, und ich faßte nach der Hand meiner Mutter. Damals war ich sechs.

Ich weiß nicht mehr viel. Ich erinnere mich an viele Ruinen. Im Eingang eines zerstörten Hauses sah ich ein rotes Spielzeugauto liegen. Ich wollte es holen, aber mein Vater ließ mich nicht. Es sei zu gefährlich, sagte er.

Wir fuhren zu einer Tante im Bezirk Neukölln. Ihr Haus kam mir riesengroß vor, mit steilen Treppen in einem dunklen Aufgang und einem Wohnzimmer, in dem ich nichts anfassen durfte. Ich erinnere mich, daß es still war in der Wohnung, so still, daß ich nicht laut zu sprechen wagte. Ich erinnere mich an das Ticken der Standuhr und das langsam schwingende Pendel. Das einzige Geräusch. Die Zeit wollte nicht vergehen.

Der Mann meiner Tante war Schneider. In seinem Zimmer roch es nach Tuch. Noch heute streiche ich gern über eine Bahn Flanell, über Tweed, Wolle und Kammgarn, und wenn ich daran rieche, dann sehe ich die Wohnung meiner Tante wieder und höre den Schlag des Pendels. Wie lange ist das her.

Als wir im Herbst 1948 nach West-Berlin zogen, war die Stadt abgeschnitten. Blockade. Die Menschen wurden aus der Luft versorgt. Zum erstenmal schlief ich in der stillen Wohnung meiner Tante, in der es diesmal so still nicht war. Überm Dach dröhnten die Motoren, die ganze Nacht hindurch. Das Haus lag nahe beim Flughafen Tempelhof. Wir aßen Pom, getrocknete Kartoffeln, und ich löffelte Milchpulver aus der Tüte. Es schmeckte köstlich.

Ruinen, überall Ruinen. Die waren mir vertraut. Nordhausen am Harz, die Heimatstadt meiner Eltern, lag bei Kriegsende in Trümmern, und ich verlief mich auf Trampelpfaden zwischen Bergen aus Schutt.

Damals wußte ich noch nicht viel vom Untergang Berlins. Es war für mich nichts Ungewöhnliches, durch Straßen mit ausgeglühten Fassaden zu laufen. Die Straßenbahnen hatten Fenster aus Pappe, mit schmalen Sehschlitzen aus Glas. Viel sehen konnte man nicht, warum auch. Draußen war eine Ruinenlandschaft, die niemand sehen wollte.

Heute frage ich mich manchmal, warum ich das alte Haus am Potsdamer Platz nicht früher wahrgenommen habe, damals nach dem Krieg. Gesehen schon, aber wahrgenommen nicht. Ich muß viele Male davorgestanden haben, denn hier hielt die Straßenbahn, mit der ich aus Lichterfelde kam, dem Vorort fern der Innenstadt. Ich ging in die Kinos an der Sektorengrenze, die Western, Krimis und Piratenfilme spielten für Ostbesucher, die noch ungehindert über die Grenze kamen, Hollywoodkino für Ostmark gegen Vorlage des Personalausweises.

Auch ich war gerade aus Thüringen gekommen und wollte Indianer sehen, Kommissare und Piraten. Die Linie 74 aus Lichterfelde hielt kurz hinter dem Weinhaus Huth, letzte Station im Westsektor. Ein paar Meter weiter war die Grenze am Potsdamer Platz. ‚Sie verlassen den britischen Sektor'.

Die Kinos ‚Camera' und ‚Aladin' lagen in einem Hinterhof am Potsdamer Platz, gegenüber dem Haus Huth. Der Hof gehörte zum Vox-Haus, aus dem am 29. Oktober 1923 mit einem Konzert des Kapellmeisters Otto Urack die erste deutsche Rundfunksendung kam. „Achtung, Achtung, hier ist die Sendestelle Berlin im Vox-Haus auf 400 Meter." Wer weiß das noch? Das Vox-Haus hatte den Krieg überlebt, als stabile Ruine.

Oben richtete die West-Berliner Polizei einen Ausguck nach drüben ein. Ich ging in die Kinos, von der Geschichte des Hauses wußte ich nichts. Man hätte es ausbauen können, für das spätere Berliner Rundfunkmuseum. Was für ein Ort. Aber das Vox-Haus, Potsdamer Straße 4, wurde 1973 gesprengt, ein spätes Opfer der Abrißwut.

1948 bin ich mit meinem Vater noch im Haus Vaterland gewesen. In der ausgebrannten Ruine am Potsdamer Platz hat bis 1952 ein schäbiges Restaurant existiert, im ersten Stock. Die Sektorengrenze verlief mitten durch den Kuppelbau. Es gibt ein Foto: ich an der Bar in viel zu engen kurzen Hosen. Da war ich elf.

1961 wurde die Mauer gebaut, und am Potsdamer Platz erlosch das letzte bißchen Leben. Unerreichbar wurden Indianer, Kommissare und Piraten für die Grenzgänger von drüben, und die Kinos machten zu. Auch ich fuhr immer seltener zum Potsdamer Platz und schließlich gar nicht mehr.

Erst 20 Jahre später stand ich wieder hier an der Grenze, ein Besucher aus Westdeutschland. Staubfahnen wehten durchs Niemandsland an der Mauer, und die Erde war schwarz von Krähen. Ein Greifvogel kreiste in der Dämmerung, dann stieß er auf ein Kaninchen nieder. Landschaft am Ende der Welt, Potsdamer Platz. Mir kam es vor, als wäre die Zeit stehengeblieben. Frühjahr 1983.

Mitten in der Steppe, unter einem Hügel, die Trümmer des Führerbunkers auf dem Gelände der verschwundenen Reichskanzlei. Hitlers letzte Zuflucht als Hünengrab zwischen den Fronten des Westens und des Ostens – kein Romanschreiber hätte das zu erfinden gewagt.

Ich stand auf der Aussichtsplattform, die sie das ,Abscheugerüst' nannten, direkt an der Mauer. Leere ringsum auf dem Schlachtfeld der Geschichte, und doch war mir, als würde ich Stimmen hören. Männer singen. Eine lange Kolonne Uniformierter zieht, im gleichen Schritt und Tritt, über den Potsdamer Platz, am Columbus-Haus und den Schinkelschen Torhäusern vorbei zum nahen Brandenburger Tor.

So hat sie der Zentrums-Abgeordnete Franz Wiedemeier gesehen, im März 1933, als in der Krolloper, Sitz des Reichstags nach dem Reichstagsbrand, über Hitlers Ermächtigungsgesetz abgestimmt werden sollte. Die braunen Fackelträger sangen „SA marschiert", am Straßenrand hoben viele den rechten Arm, und für dreieinhalb Stunden kam der Verkehr zum Erliegen. „Ich hatte den Eindruck", so erinnert sich Wiedemeier später, „daß, wenn diese Leute losgelassen worden wären, in Berlin ein großes Blutvergießen eingesetzt hätte."

Da sind noch keine Krähen am Potsdamer Platz, aber es ist der Anfang vom Ende.

Kein Gesang mehr. Es war still, ich hatte nur geträumt. Das Columbus-Haus, erbaut nach einem kühnen Entwurf des Architekten Erich Mendelsohn, Ruine bei Kriegsende und am 17. Juni 1953 von der aufständischen Menge angezündet, weil sich im dritten Stock eine Wache der Ost-Berliner Volkspolizei befand, stand längst nicht mehr. Auch die Schinkelschen Torhäuser von 1823 waren planiert.

Verschwunden der Amüsierbetrieb Haus Vaterland, verbrannt und abgerissen das Kaufhaus Wertheim in der Leipziger Straße mit seinen großen Lichthöfen und den 83 Fahrstühlen, vergangen das Café Josty, wo Erich Kästner häufig saß. Kein Hotel Fürstenhof mehr und keine Tanztees mit Bernhard Etté, dem Orchesterkönig, Friseursohn aus Kassel, der 1961 als Fürsorgeempfänger in einem deutschen Altersheim gestorben ist. Gesprengt der Potsdamer Bahnhof, 83.000 Reisende täglich.

Hier war einmal ein Häusermeer, das im Feuersturm verging.

Die Eingänge zu den U- und S-Bahnhöfen, diesseits und jenseits der Mauer, waren zubetoniert. Die U-Bahn-Linie war eingestellt, und auf der unterirdischen S-Bahn-Station hielt kein Zug mehr. Er passierte einen trübe erleuchteten Bahnsteig. Zehntausende strömten hier früher zur Arbeit und zum Vergnügen, und im Krieg boten die unterirdischen Etagen dürftigen Schutz vor Bomben und Straßenkämpfen. Auch am 20. Juli 1944, dem Tag des Hitler-Attentats, durften unter dem Potsdamer Platz keine Züge halten. Auf den Bahnsteigen standen Soldaten des Majors Remer vom Wachbataillon 'Groß-Deutschland' und bewachten das nahe Regierungsviertel mit Goebbels-Villa und Reichskanzlei.

Ich war über die neue Brücke am Landwehrkanal gekommen, an Nationalgalerie, Staatsbibliothek und Philharmonie vorbei, dieser monumentalen Kulturlandschaft, auf einer Straße, die ich für die Potsdamer hielt, und hatte mich schon verfahren in der eigenen Stadt. Am Potsdamer Platz hielt ich an. Alles war mir fremd. Nur ein paar Andenkenbuden waren noch da, aber keine Ruinen mehr. Ein paar Alleebäume standen noch, und so entdeckte ich, was ich zuerst für eine Einfahrt hielt – die alte Potsdamer Straße.

Von der Reichsstraße 1 Aachen-Königsberg war nicht viel geblieben. Fünf Grenzen und die Mauer zerschnitten sie. Den Rest hat ihr am Potsdamer Platz der Architekt Hans Scharoun gegeben. Er, der vom „Rohstoff Stadtlandschaft" sprach, als wenn gewachsene Strukturen Knete wären, baute 1967 die Staatsbibliothek quer über die alte Potsdamer Straße. Eine Umgehungsstraße, die wie zum Hohn auch Potsdamer heißt, führt seitdem an dem Klotz vorbei, und von der alten Reichsstraße 1 war am Potsdamer Platz nur eine Sackgasse geblieben. Sie endete an einem Maschendrahtzaun. Dahinter trainierte ein Hundesportverein.

So entdeckte ich das Haus, das letzte Haus am Potsdamer Platz. Es hatte als einziges den Kahlschlag des Krieges und der Stadtplaner überlebt. Wie verloren es dastand – nicht einmal abends, wenn im Haus die wenigen Lichter angingen, wurde es wieder lebendig, weil nichts mehr lebte am Potsdamer Platz, der einmal der Nabel war von Berlin.

„Auf dem hellen, trockenen Asphalt", hatte der Architekt August Endell 1908 geschrieben, „drängen sich in ewiger Wiederkehr die Trambahnen und Wagen. Ihre Verdecke glitzern im Licht. Manchmal wächst das Drängen so außerordentlich, daß kaum ein Fleck frei bleibt und die über den Damm Kommenden wie aus dem Meer, wie aus Wellen von Rädern und Pferdebeinen aufzutauchen scheinen."

Nach Krieg und Mauerbau sah man kaum noch Menschen am Potsdamer Platz. Ein paar Touristen hier, und drüben die Posten der Nationalen Volksarmee. Das Berlin, das Endell beschrieb, war vergangen. Nur die Erinnerungen waren noch wach.

Die alte Dame saß mitten auf der Straße, unter den Silberlinden. Vor sich eine Büchse Bier, die Selbstgedrehte in der Hand. Sie saß da gut, denn der Garten der Potsdamer Straße 5 ging bis zur Straßenmitte, weil die alte Potsdamer nur noch eine schmale Sackgasse war. Vogelgezwitscher und grüner Rasen über einer glanzvollen Vergangenheit. Hier hasteten die Menschen einst wie im Fieber, brüllten die Zeitungsverkäufer, stockte der Verkehr. 20.000 Autos fuhren in den

*Die Mieterin Senta Manke im Garten, der 1981 noch bis
zur Mitte der alten Potsdamer Straße reicht. Das Haus
Huth ist das einzige weit und breit.*

20er Jahren täglich über die verkehrsreichste Straßenkreuzung Berlins, den Potsdamer Platz.

Senta Manke, 67, wohnte seit mehr als 20 Jahren im
letzten Haus am Potsdamer Platz. Das ist lange für
Frau Manke, aber nicht lange fürs Haus.

Das Weinhaus Huth wurde 1912 gebaut. Es hat viel
gesehen im Laufe dieses Jahrhunderts, Kaiserzeit und
20er Jahre, Hitlers Aufstieg, Krieg und den Endkampf
um Berlin, die Nachkriegszeit und den Aufstand vom
17. Juni 1953, Mauerbau und Mauerabriß, Carter, Kohl
und Thatcher, Glanz und Elend am Potsdamer Platz.
Ein neues Viertel ist ihm auf den Putz gerückt. Blickt
man von einem der Bürotürme auf das alte Gebäude
herab, wirkt es ganz klein. Groß war es nur, als ringsum nichts anderes mehr stand.

Das Haus Huth hatte einen Balkonplatz in der Geschichte. Es hat überlebt wie durch ein Wunder. Links und rechts sank eine Welt in Schutt und Asche.

In den oberen Stockwerken, den ehemaligen Büros, wohnten seit 1952 Mieter. Nur im Treppenhaus sah man noch etwas von der vergangenen Pracht. Aus grünem Marmor die Wände, meterhoch die reichverzierten Bronzetüren, die nach dem Krieg mit pflegeleichter dunkler Farbe überstrichen worden waren. Die sind jetzt renoviert.

Im Restaurant haben Adenauer gesessen, Furtwängler, Himmler und Röhm. Das ist Vergangenheit. Vergangen ist auch die Familie Huth. Draußen am Haus steht noch ihr Name.

Im Erdgeschoß und im ersten Stock waren Büros. Das Restaurant, die Schoppenstuben und die Festsäle gab es nicht mehr; nur das reichverzierte Wappenzimmer, in dem einmal Berlins reiche Bürger getafelt haben, erinnerte an eine glanzvolle Vergangenheit.

Ich bin auf die Suche nach den Menschen gegangen, die in der Potsdamer Straße 5 gelebt und gearbeitet haben. Gäste, Mieter, Köche, Kellner. Alte Leute, die einmal jung gewesen sind, erinnerten sich. Es waren Erinnerungen zum Lachen und zum Weinen. Zurück bis zum Anfang dieses Jahrhunderts, das war ein langer Weg. Die Geschichte des alten Hauses am Potsdamer Platz mußte aus Bruchstücken zusammengesetzt werden. Es blieben Lücken. Ausgelöschte Adressen. Namen, mit denen sich nichts mehr anfangen ließ. Jahre bin ich unterwegs gewesen. Die Chronik des Hauses Huth erzählt den Untergang des Potsdamer Platzes in Berlin und seine Wiedergeburt nach dem Mauerfall – ein Stück deutscher Geschichte.

Beim Grundstücksamt des Bezirks Tiergarten, zuständig für das Anwesen in der Potsdamer Straße 5,

Bei Sanierungsarbeiten wurde 1980 im Keller des Weinhauses Huth eine Flaschenpost von 1938 entdeckt, die eine Angestellte dort versteckt hatte. „Flandern (Belgien) ... Seit 1923 bei Huth & Sohn ... Heil Hitler! alles für den Führer ... Herr Manitzky ... zwei anständige Männer ... E. v. d. Straeten" steht auf den Zetteln.

breiteten sie die Überbleibsel der Vergangenheit aus: eine Weinflasche, auf der die Inschrift ‚Weinhaus Huth' gerade noch zu erkennen war. Reste einer Zeitung – die Titelseite des *Berliner Lokal-Anzeigers* vom 28. Dezember 1937 mit der Schlagzeile „Großer Sieg der Japaner in Nordchina – Rascher Fortgang der neuen Offensive."

Und zwei handgeschriebene, vergilbte Zettel, die schwer zu entziffern waren. „Flandern (Belgien)... Seit 1923 bei Huth & Sohn" hat da jemand gekritzelt, „Heil Hitler! alles für den Führer... Herr Manitzky... zwei anständige Männer... E. v. d. Straeten."

Eine Flaschenpost. So steht es auch, in kaum lesbaren Großbuchstaben, auf dem Etikett. Unterschrieben hat die Botschaft aus den dreißiger Jahren eine Elsie van der Straeten, „geboren 16.9.1895 in Ost-Flandern, Belgien". Fast 50 Jahre lag diese Post im Keller des alten Hauses am Potsdamer Platz. Bauarbeiter haben sie 1980 bei Aufräumungsarbeiten entdeckt. Wer hat die Flaschenpost versteckt? Wer ist Herr Manitzky? Und wer Elsie van der Straeten? Sie müssen im Weinhaus Huth gearbeitet haben, aber ich kenne niemanden, den ich danach fragen kann. Ich suche beim Einwohnermeldeamt, und die deutsche Botschaft in Brüssel sucht in Belgien, vergeblich. Elsie van der Straeten bleibt verschollen. Und Herr Manitzky auch.

Das Haus Huth gehörte bis zum Erwerb des Grundstückes durch Daimler-Benz der Stadt Berlin. 1968 haben es Dorothee Huth, die Witwe des Inhabers, und ihre Tochter Ilse an das Bezirksamt Berlin-Tiergarten verkauft, für 725.000 Mark. Das Bezirksamt hatte mit dem Bau nichts Gutes im Sinn. Nach Bombenkrieg und Straßenkämpfen wollten ihm nun auch die Stadtplaner an die Gurgel. Eine Stadtautobahn sollte sich durch die Brachlandschaft ziehen, da stand das Haus im Wege.

Seit 1957 wird in der West-Berliner Stadtmitte ein gigantisches Autobahnnetz mit breiten Trassen geplant – Größenwahn in einer Stadt, die keine Metropole mehr ist. Auch Herr Scharoun hat seine Staatsbibliothek am Phantom Westtangente ausgerichtet und dafür die Potsdamer Straße verschandelt. Aber die umstrittene Stadtautobahn wird nicht gebaut. Die Mauer macht 1961 alle Träume von einer Hauptstadt Berlin zunichte. Die Westtangente lebt als Geisterbahn weiter, bis der SPD-Politiker Hans-Jochen Vogel, der 1981 für kurze Zeit Berlins Regierender Bürgermeister ist und Wählerstimmen braucht, das Projekt beerdigt. Das kann zwar den Herrn Vogel nicht retten, aber das Weinhaus Huth vor der Abrißbirne.

Jahrelang hat man das Haus Huth verrotten lassen. Drei Millionen Mark steckte das Bezirksamt Tiergarten in den Bau, der nun unter Denkmalschutz steht. Der frühere Weinkeller war noch voller Trümmerschutt. Hier hat man dann die Flaschenpost gefunden, zwischen ramponierten Feuerlöschern und Kühlmaschinen, einem Autoschild, IA-210210, verbogenen Weinregalen und einem alten Tresor. Der Geldschrank, zehn Quadratmeter groß, hat einmal der Deutschen Bank gehört. Aber das erfahre ich erst Jahre später. Von 1938 an hatte die Bank im Haus Huth eine Filiale.

Das Ungetüm mit den 60 Zentimeter starken Seitenwänden war leer, als man es fand. Es ist auf eine Müllkippe in Ost-Berlin befördert worden. Bei der Deutschen Bank in Frankfurt am Main hat man von der Filiale am Potsdamer Platz keine Ahnung. Und schon gar nicht, was in dem Tresor gewesen ist. Tausende von bunten Reichsmarknoten waren darin, ein kleines Vermögen, in den Dreck getreten von betrunkenen russischen Soldaten, die den Tresor am 2. Mai 1945 geöffnet haben und wütend waren, weil sich kein Schmuck darin befand. Das weiß ich an diesem Tag im Bezirks-

21

amt noch nicht. Später wird mir ein Augenzeuge davon erzählen. Und ich werde auch das Geheimnis der Flaschenpost lösen.

Am Anfang schien es, als gäbe das alte Haus am Potsdamer Platz seine Geschichte nicht her. Beim Amtsgericht Moabit verweigerte ein bornierter Richter Einsicht in die Grundbuchakten. Willy Huth, der letzte Inhaber, war 1967 im Alter von 90 Jahren gestorben, seine Frau Dorothee, geborene Diede, vier Jahre später. Wo anfangen?

Die beiden hatten eine Tochter. Aber Ilse, so erzählen mir Hausbewohner, sei schon 1976 gestorben. Und Lutz, ihr Sohn, verunglückte 1982 bei einer Dolomitenwanderung, ein Jahr, bevor ich mit meiner Suche anfing.

Ich krame in alten Berliner Adreßbüchern nach der Potsdamer Straße 5. Schon kurz nach der Einweihung hat Willy Huth in sein Geschäftshaus Mieter aufgenommen. Aber das ist lange her. Die älteste Eintragung stammt aus dem Jahr 1913. Ich notiere Namen aus längst vergangenen Zeiten.

Was ist aus dem Hoffriseur Larsen geworden, dessen Schild am Eingang in der Linkstraße hing, was aus der Babyhygiene AG und den Neuköllner Vollkornwerken? Wer hat vom Justizrat Elsbach gehört, von den Rechtsanwälten Stöckicht und Happek? Wer kennt die Bauingenieure Tolksdorf und die Erntemaschinen der Firma Fahr?

Ich gebe Anzeigen auf, erzähle von meiner Suche im Rundfunk, ohne Erfolg. Auch bei der Jüdischen Gemeinde kann man mir nicht weiterhelfen. Von den 170.000 Berliner Juden gab es bei Kriegsende nur noch rund 2.000 Überlebende. Die heute hier wohnen, sind meist Neubürger.

Erhalten ist jedoch – Ordnung muß sein – im Archiv

der Berliner Oberfinanzdirektion eine Kartei über die Vermögensverwaltung der deportierten Berliner Juden. Gestapo und SS schafften die Arbeit nicht allein, da mußten auch Finanzbeamte ran in deutscher Gründlichkeit. Schicksale in Briefen und Aktenvermerken, der auf Karteikarten verwaltete Massenmord.

In der Potsdamer Straße 5 hat es eine Fotohandlung Leo Bernstein gegeben. Herr Bernstein ist bei der Gestapo aktenkundig geworden. „Für den Juden Leo Bernstein", hat die Staatspolizeileitstelle Berlin am 19. April 1941 an das Finanzamt Moabit geschrieben, „lagert im Hamburger Freihafen noch Umzugsgut. Ich habe die Staatspolizeistelle in Hamburg mit der Versteigerung des Umzugsgutes beauftragt." Im Auftrage, Unterschrift (unleserlich).

Wo ist Leo Bernstein geblieben? Wo seine Frau Elisabeth, die Kinder Renate und Barbara? 1938 steht Leo Bernstein noch im Berliner Telefonbuch, im selben Jahr ist seine Tochter Barbara geboren worden. Ich lese die Deportationsvermerke der Finanzdirektion. „74. Alterstransport vom 19.11.42" steht da. Oder: „Welle 43.29 Osttrsp. vom 29.2.43". Von den Bernsteins findet sich dort keine Spur. Aber die Berliner Entschädigungsbehörde führt eine Akte Bernstein. 1938 ist Leo Bernstein mit seiner Familie nach Amerika ausgewandert und so noch einmal davongekommen. Nur das Umzugsgut im Hamburger Freihafen fiel der Gestapo in die Hände.

In der Staatsbibliothek, Unter den Linden, suche ich nach Unterlagen über den Potsdamer Platz. Es gibt noch alte Registraturen, in schöner, gestochener Kanzleischrift. Als ich ein paar Titel ausleihen will, sagt eine alte Dame: „Davon haben wir nichts mehr." Tausende von Titeln stehen in der Registratur – die Bücher sind im Krieg verbrannt.

Ich frage die Mieter, die 1952 ins Haus Huth gezogen sind. Der Händler Klaus Geier erinnert sich: 1982 hat jemand die Festsäle des ehemaligen Restaurants im ersten Stock besichtigen wollen, in denen Herr Geier damals seinen Hobby-Shop betrieb. Der Besucher erzählte, er habe vor langer Zeit bei Huths gearbeitet, als Lehrling. Leider weiß Herr Geier den Namen des Besuchers nicht mehr. Nur, daß er aus Neustadt an der Weinstraße gekommen ist. So groß ist Neustadt nicht. Vielleicht arbeitet der ehemalige Angestellte noch heute in der Gastronomie. Ich rufe ein paar Hotels an und frage nach einem Berliner, der nach 1945 zugezogen ist. So finde ich den Hotelbesitzer Georg Wehner, der in den 20er Jahren Koch im Weinhaus Huth gewesen ist. Die erste Spur. Andere Namen kommen hinzu. In der Todesanzeige für Willy Huth steht eine Elisabeth Foitzik. Das ist die Verlobte des in den Dolomiten verunglückten Lutz, Ilse Huths Sohn. Aus den Steinchen wird ein Mosaik. Elisabeth Foitzik, verwitwete Hengsberger, hat mir einen kleinen Stapel alter Papiere gegeben. Ihr Mann hatte sie in der Garage gelagert. Es sind Versicherungsbescheinigungen und Arbeitsbücher aus den dreißiger Jahren, von Angestellten, die zwischen 1934 und 1944 im Weinhaus Huth beschäftigt waren.

Wenzel Mulz ist Kellner, geboren am 5. April 1908 in Machendorf in Böhmen. So steht es auf seiner Quittungskarte der Angestelltenversicherung, die mir Frau Hengsberger gegeben hat. Sein letzter Wohnsitz war Berlin-Pankow, Neumannstraße 117. Das Haus steht noch. Im ersten Stock öffnet mir eine alte Frau. Sie sieht mich an wie ein Gespenst. Ich bin seit über 40 Jahren der erste, der nach Wenzel Mulz, dem Kellner, fragt. Er hat einmal im Haus Huth gearbeitet. 1943 ist er für ‚Führer, Volk und Vaterland' im Osten gefallen. Ich streiche seinen Namen von der Liste.

Wo ist der kaufmännische Lehrling Horst Janke aus der Prenzlauer Allee im Osten Berlins? Wo der Kaufmann Frithjof Helbig? Der Bäcker Alfred Dschenfzig? Ich habe ihre Adressen, aber dort gibt es niemanden mehr, der sich an sie erinnert, in Kreuzberg, Friedrichshagen, Lichtenberg und Steglitz, in den Mietskasernen der Prenzlauer und Schönhauser Allee, die selbst schwer tragen an der Last der Zeit. Meine Liste ist alt, und oft stehen nicht einmal mehr die Häuser. Es ist alles viel zu lange her.

Ich suche nach Soldaten, die 1945 am Potsdamer Platz gekämpft haben. Dort verlief der Verteidigungsring ‚Zitadelle‘ – armselige Schützenlöcher und Gräben, in denen ein verlorener Haufen die Stellung hielt, damit das ‚Tausendjährige Reich‘ ein paar Tage länger leben konnte.

Die ‚Division Müncheberg‘, die keine Division, sondern nur eine zusammengewürfelte Kampfgruppe war, hat im Potsdamer S-Bahnhof im April 1945 ihren Gefechtsstand gehabt. Deutsche und französische SS-Soldaten der Verbände ‚Nordland‘ und ‚Charlemagne‘ haben am Potsdamer Platz ihren ‚Führer‘ noch nach seinem Selbstmord verteidigt. Ehemalige Wehrmachtssoldaten der Einheit ‚Müncheberg‘ melden sich auf eine Anzeige. Die Veteranen der SS sind zurückhaltender. Die Zeit, sich mit vollem Namen zu stellen, sagt ein Angehöriger von ‚Nordland‘, sei „noch nicht reif". Wann ist sie reif?

Aber dann finde ich doch einen französischen Ritterkreuzträger, der die Kapitulation als SS-Offizier am Potsdamer Platz erlebt hat, und einen deutschen Panzerkommandanten der SS, der dort die letzten Schüsse abgab. Und ich finde eine alte Dame, eine Verwandte der Huths, die sich noch an den Bau des Hauses Huth erinnert, 1911, als sie geheiratet hat. Langsam schließt sich der Kreis. Ich kann erzählen.

Herrliche Zeiten

Fangen wir mit einer Hochzeit an.

Die Kapelle spielt den *Einzug der Gäste auf der Wartburg* aus der Oper *Tannhäuser*, Kinder streuen Blumen, und die Braut trägt einen Jungfernkranz: Am 27. August 1910 heiratet der Weingroßhändler Willy Huth die Tochter des Glasermeisters Bodo Diede, und der ist nicht irgendwer. Herr Diede ist der Vorsitzende der Berliner Glaserinnung und ein reicher Mann. Wer etwas auf sich hält im Berliner Großbürgertum der Kaiserzeit, der läßt sich Fenster von der Firma Diede liefern, altdeutsch bunt und bleigefaßt. Auch fürs Kaufhaus Wertheim, den gerade sechs Jahre alten Prachtbau des Architekten Franz Messel in der Leipziger Straße, ein paar hundert Meter vom Weinhaus Huth entfernt, hat die Firma Diede die riesigen Fensterfronten gesetzt. Bei antisemitischen Krawallen werden sie im September 1931 so gründlich von marodierender SA zerschlagen, daß Bodo Diede einen Kredit aufnehmen muß, um neues Glas zu kaufen, das dann in der ‚Reichskristallnacht' erneut zertrümmert wird.

Dorothee, Bodo Diedes älteste Tochter, ist eine bildschöne Frau mit hochgesteckten blonden Haaren, eine energische Person, die nach dem Tod der Mutter den Haushalt für den Vater führt. Willy Huth, der Bräutigam, ist alles andere als ein stattlicher Mann und nicht gerade Herrn Diedes erste Wahl. Aber der Schwiegervater zeigt sich großzügig und spendiert dem jungen Paar eine Villenetage am Lützowplatz 19, dort, wo sich heute das Hotel Berlin befindet.

Die Hochzeitsfeier findet noch im alten Haus Huth in der Potsdamer Straße statt. Das ist ein hübsches Gebäude mit Vorgarten und verglaster Veranda, das

Dorothee Diede

Willy Huth

27. August 1910.

Herr Zimmermann

Noch erhalten ist eine Tischkarte der Hochzeit von Willy
Huth und Dorothee Diede 1910 – zwei Jahre, bevor das
heutige Haus Huth gebaut wurde.

nicht mehr lange existieren wird. Der Kaiser hat seinem Volk herrliche Zeiten versprochen, da wollen auch die Huths dabeisein. Ein Neubau muß her, denn das alte Gebäude ist viel zu klein. Das ist schon bei der Hochzeit 1910 beschlossene Sache, zwei Jahre später soll es soweit sein.

Die über 100 Hochzeitsgäste laben sich am Hochzeitsmahl, neun Gänge. Sie löffeln Schildkrötensuppe, essen Gebirgsforelle und danach Rinderfilet. Es gibt Rehrücken in Sahnesauce, Helgoländer Hummer und Champagnersorbet, französische Poularden mit Wachteln garniert, frische Edelpilze und Pfirsichkompott.

Berlin erstrahlt im Glanz der Kaiserzeit, und die Reichen schlemmen. Die Kapelle spielt *Oh du my darling* aus der Operette *Miß Dudelsack,* es werden sieben Weine gereicht, darunter ein 93er Château Margaux, zum Schluß Champagner. Wie sagten doch die Deutschnationalen damals? Ein guter Deutscher liebt den ‚Franzmann' nicht, aber seine Weine trinkt er gern.

Die Kapelle macht eine Pause, denn nun werden die Tischreden gehalten. Die sind lang und langweilig. Gehen wir vor die Tür, an die frische Luft.

Nur ein paar Meter sind es zum Potsdamer Platz, an der Konditorei Telschow vorbei, am just eröffneten Siechen-Bier-Palast, der natürlich Palast heißen muß, obwohl er keine Helgoländer Hummer und französischen Poularden zu bieten hat für seine Gäste, sondern Würstchen für das kleine Volk. Das Haus Siechen, später Pschorr-Bier-Palast, ist eine der ersten Hochburgen für das Vergnügen der Masse.

Der Potsdamer Platz im August 1910. Straßenbahnen und Omnibusse mit offenem Oberdeck zwängen sich zwischen die Pferdefuhrwerke. Menschen schlendern über den Fahrdamm, die ersten Kraftdroschken bahnen sich ihren Weg. Noch fehlt der berühmte Verkehrsturm, von dem ab Oktober 1924 der chaotische Verkehr geregelt wird. Aber schon fährt eine U-Bahn unter dem Potsdamer Platz. An den Erfrischungsbuden kostet die Bockwurst fünf Pfennig, ein Selterswasser zehn. Da bedienen sich natürlich nicht die feinen Leute, sondern die Boten mit dem Dreirad, die Zeitungsjungen und Gepäckträger vom Potsdamer Bahnhof nebenan.

1910 hat Berlin über zwei Millionen Einwohner und ist eine der am dichtesten besiedelten Städte der Welt. Ein Zuwachs ohnegleichen: 1867, vier Jahre vor der Gründung des Deutschen Reiches, haben erst 700.000 Menschen hier gelebt. Nun ist Berlin zur Reichshauptstadt geworden, im Osten entstehen die Mietskasernen mit den dunklen Hinterhöfen und am Potsdamer Platz die Statussymbole des neuen Reichtums.

Der kümmerliche Potsdamer Bahnhof, von dem 1838 die erste preußische Bahnlinie nach Potsdam abging, hat 1872 einem üppigen Neubau weichen müssen, dem ersten der großen Kopfbahnhöfe. Anhalter, Lehrter, Stettiner, Schlesischer und Görlitzer Bahnhof folgen.

30.000 Fremde kommen um das Jahr 1910 täglich nach Berlin, die essen, trinken, schlafen und sich amüsieren wollen. Am Potsdamer Platz werden die Luxushotels Fürstenhof, Palast und Bellevue gebaut. Ein Adelskonsortium errichtet das Esplanade, wo sich der Kaiser alljährlich mit seinen pensionierten Generälen trifft. Wer nicht ‚von‘ ist, bekommt im Esplanade kein Zimmer. Schon klagt die *Deutsche Bauzeitung*, das Überqueren des Potsdamer Platzes sei für „Fremde, Kinder, Frauen und Greise mit Gefahr für Gesundheit und Leben verbunden", und ein Stadtbaurat Krause erklärt, die Frage der Entlastung des Potsdamer Platzes sei „eine brennende" geworden. Die Stadtplaner wollen neue Straßen durch die Tiergartenviertel brechen und den Potsdamer Platz untertunneln.

Ein ‚Wettbewerb Groß-Berlin' wird ausgerufen, denn „Kinder und Automobile müssen sich austoben können, sie daran zu hindern, wäre eine Verkennung ihrer Bedürfnisse, die sich rächen würde." Das schreibt ein Stadtbaurat 1910. Man sieht, es ist alles schon einmal dagewesen, auch vor den gigantischen Umbauplänen des Herrn Speer und den Träumen der Architekten von einer ‚autogerechten Stadt' in den fünfziger und sechziger Jahren.

Berlin ist bereits 1910 eine Metropole im Weltstadtfieber, lange vor den berühmten 20er Jahren. Es gibt 60 Zeitungen, und über den Potsdamer Platz führen 40 Straßenbahn- und Omnibuslinien. Das Kaufhaus Wertheim, mit einer Grundfläche doppelt so groß wie der Reichstag, bietet unter anderem 20 Sorten Schoten und 28 Sorten Vogelfutter an.

Inmitten des Trubels wirkt das Café Josty am Potsdamer Platz wie eine Oase. Auf der Terrasse werden Fleischpasteten und Jostys berühmte Schokoladen serviert. Die Gäste lesen im *Berliner Tageblatt* von der Eröffnung des Sportpalastes. Oben auf dem Dach wirbt Leibniz für seine ‚Cakes', die damals noch nicht Kekse hießen.

August 1910. Die Herren mit Strohhüten, die Damen im langen Rock. Es ist ein schöner Sommer, und noch vier Jahre bis zum großen Krieg. Auf der Huthschen Hochzeitsfeier trinken die Gäste auf S.M., Seine Majestät den Kaiser, der den Deutschen diese herrlichen Zeiten beschert hat, wenn auch mit dezenter Hilfe von fünf Milliarden Francs, die Frankreich nach dem verlorenen Krieg von 1871 an das Reich zahlen mußte.

Herrliche Zeiten, aber das alte Berlin schwindet dahin mitsamt seiner biedermeierlichen Gemütlichkeit. Vor dem glorreichen Aufschwung hat der Potsdamer Platz in beschaulicher Ruhe vor den Toren

1909 fährt schon eine U-Bahn unter dem beschaulichen Potsdamer Platz, und das kleine Haus der Konditorei Telschow muß dem Bierpalast Siechen weichen.

der Stadt gelegen, und der Komiker Karl Helmerding vom Wallner-Theater besang spöttisch die Idylle, Gärtnereien, so weit das Auge reicht: „Kommt man vor das Pi-Pa-Potsdamer Tor, kommt Berlin mir wie ein Blumengarten vor."

1792 hat König Friedrich Wilhelm II. die Potsdamer Straße zur ersten preußischen Chaussee ausbauen lassen, aber erst nach den Freiheitskriegen von 1813 und dem Abzug der Truppen Napoleons wird das gesamte Gelände planiert. Kaffeegärten entstehen, und sonntags spielt Militärmusik. Am Potsdamer Platz, damals noch der ‚Platz vor dem Potsdammer Thore‘, war Berlin zu Ende.

Nur noch eine Platane, heute Naturdenkmal, erinnert an dieses alte Berlin. Sie steht links vor der Staatsbibliothek und erinnert an das beliebte Gartenlokal ‚Kempers Hof‘. Der Baum hat noch mehr erlebt als das Haus Huth, das Verschwinden der Ausflügler und Blumengärten, das Wachsen der Metropole, ihren Untergang und den Wiederaufbau als Kulturforum ringsherum.

Eine vier Meter hohe Zollmauer umschloß damals die Stadt, damit Fuhrwerke nicht unkontrolliert herein- und Deserteure nicht ungehindert hinauskamen. 1851 wurde die Mauer abgerissen. Mehr als 100 Jahre später, 1961, werden die Ostdeutschen am Potsdamer Platz eine neue bauen, torlos diesmal.

1871 versammelt sich vor dem Potsdamer Tor eine Menschenmenge: Die siegreichen preußischen Heere ziehen über den Potsdamer Platz. Sie haben nach den Dänen und den Österreichern nun auch den ‚Franzmann‘ geschlagen, dessen Weine man so gerne trinkt.

Siegestaumel in Berlin, und im stolzen Jahr 1871 wird in der Potsdamer Straße das Weinhaus Huth gegründet. Am 23. April 1877 erwirbt der Kaufmann Carl Friedrich Wilhelm Huth, bis dahin auf der anderen Straßenseite ansässig, das Gebäude für 420.000 Reichstaler. 50 Jahre vorher ist das Grundstück, damals noch ohne Haus, ganze 4.100 Taler wert gewesen, aber die Spekulation blüht.

Berlin wächst aus seinen Kleidern, es verschwinden die Kaffeegärten vorm Potsdamer Tor und die Militärkapellen, es verschwindet, endlich, auch die Verbindungsbahn, die alle Berliner Bahnhöfe miteinander verband, um Truppen und Kriegsgerät quer durch Preußen zu verschieben, Grundstein für schnelle Siege. Über 100 Güterwaggons rollten bis dahin täglich über den Potsdamer Platz, ein fahnenschwingender Bahnbeamter schritt voran, und es staute sich der Verkehr. Das lästige Hindernis ist beseitigt, der Potsdamer

Torbezirk wird in Tiergartenviertel umbenannt, und die feinen Bürger bauen ihre Villen in die Blumengärten und Spargelbeete vor den Toren Berlins.

In der Potsdamer Straße, nur 75 Meter südwärts vom Weinhaus Huth, wohnt bis zu seinem Tode auch Theodor Fontane. In *Effi Briest* läßt er eine seiner Romanfiguren sagen: „Und dann ein kleines Vorsprechen bei Huth, Potsdamer Straße, die kleine Holztreppe vorsichtig hinauf. Ich finde verschiedene Stammgäste, Frühschöppler, deren Name ich klüglich verschweige. Der eine erzählt dann vom Herzog von Ratibor, der andere vom Fürstbischof Kopp und der dritte gar von Bismarck. Ein bißchen fällt immer ab. Dreiviertel stimmt nicht, aber wenn es nur witzig ist, krittelt man nicht lange dran herum und hört dankbar zu." Jeden ersten Mittwoch im Monat gibt es einen ‚Fontane-Abend' im Haus Huth.

Das waren noch stille Stunden in der Potsdamer Straße, als die Stammtische ‚Oberwelt' und ‚Unterwelt' dort tagten und der ‚Allgemeine Deutsche Reimverein' mit den Dichtern Gustav Freytag und Heinrich Seidel. Zu vorgerückter Stunde, wenn die anderen Gäste schon gegangen waren, kratzte sich Seidel mit dem Fuß hinter dem Ohr, um seine Gelenkigkeit zu beweisen. Der Herr Seidel ist ein vielseitiger Mensch gewesen. Er hat nicht nur den Roman *Leberecht Hühnchen* geschrieben, sondern als Ingenieur auch das Dach des Anhalter Bahnhofs konstruiert.

Zu Huths kamen der Reichspostmeister Heinrich von Stephan und der spätere Großadmiral Alfred von Tirpitz, der das Deutsche Reich zur zweitstärksten Seemacht nach England aufrüsten wollte.

Aus der Zeit vor der Jahrhundertwende sind noch Fotos vom alten Weinhaus Huth erhalten. Ehrwürdige Herren im Bratenrock oder in Uniform sitzen da auf der Veranda vor ihrem Dämmerschoppen. Auch der

Historiker und Nobelpreisträger Theodor Mommsen ist Stammgast bei Huths. Von schräg gegenüber kommt Nachbar Adolph von Menzel, der seinen Stammtisch eigentlich im alten Schultheiß-Restaurant am Potsdamer Platz hat, das später dem Columbus-Hochhaus weichen muß, und trifft sich bei Huth mit Fontane. Auf der Potsdamer Straße schreien die Gassenjungen hinter Menzel her, weil er so klein ist.

1877 wird Berlin Millionenstadt. „Im Herbst dieses Jahres", so erinnert sich der Schriftsteller Paul Lindenberg an seine Jugendzeit, „nahm mich mein Vater mit zu seinem Stammtische, der in der Huthschen Weinhandlung jeden Sonntagvormittag seine Mitglieder versammelte. Welch' anderes Aussehen hatte das damalige Berlin in jener Gegend – mächtige Bäume beschatteten die Bürgersteige, nur vereinzelt gab es einige Läden. Die Wagen der Pferdebahn klingelten gemächlich dahin, und gelegentlich tauchten auch mit fröhlichen Menschen vollgepfropfte Kremser auf, deren unten befestigte Bierfäßchen hin und her schaukelten."

„Das Überqueren des Potsdamer Platzes", so Lindenberg, „war mit keinen Gefahren verbunden. Auf demselben Platz hatte sich ja nach Schinkels Absichten der Dom zu Ehren des Sieges über Napoleon erheben sollen, weil hier vor der Stadt Ruhe und Frieden herrsche. An der linken Seite der Potsdamer Straße standen noch einzelne uralte Häuschen, zu deren Türen man vom Bürgersteige hinabsteigen mußte, und deren Dächer man mit der Hand berühren konnte. Gemütlich und zutraulich war jenes Berlin, das noch nichts von elektrischem Licht, von Fernsprecher und Kraftwagen geahnt, und gemütlich und zutraulich ging's auch in der Huthschen Weinstube zu. Hinter der Glasveranda im ersten Stock befanden sich mehrere Stuben mit dunkelroten, schon etwas verblichenen Plüschsofas, Ölgemälden und Fotografien einiger berühmter Gäste, unter ihnen jene des ehemaligen ‚Literaturpapstes' Julian Schmidt, von dem eine dunkle Sage ging, daß er auf einem seiner Sofas oder bequemen Armsessel nach etlichen Flaschen guten Burgunders eines raschen und stillen seligen Endes verblichen sei. Adolph von Menzel erschien meist zu später Stunde, ließ sich an einem unbesetzten Tische nieder und wies dem Kellner auf der Weinkarte knurrend die gewünschte Sorte. Er konnte viel vertragen, der kleine Menzel, und der ersten Flasche folgte bald die zweite. Wiederholt wurde auch ein Nickerchen gemacht, und keiner wagte den berühmten Gast zu stören. Er sah es nicht gern, wenn man ihn begrüßte, und wurde nachts bei Fackellicht in der Potsdamer Straße gearbeitet, so zog Menzel sein Skizzenbuch hervor und zeichnete schnell einige der Figuren. Der Besitzer der Weinstube, der prächtige alte Herr Huth, drückte jedem Gast beim Abschied freundschaftlich die Hand, und das beiderseitige ‚Auf Wiedersehen' war durchaus ehrlich gemeint."

Alt-Berliner Erinnerungen. Eine Wohnung in der Potsdamer Straße mit vier großen Stuben, Balkon und Garten wird 1865 für 170 Taler, rund 500 Mark, vermietet – in der Innenstadt muß man dafür fast das Dreifache bezahlen. Ein Dienstmädchen bekam damals sechs Taler monatlich, ein Hausmädchen vier.

In der Linkstraße, die von der Potsdamer abging und noch heute hinter dem Weinhaus Huth verläuft, haben bis zu ihrem Tod auch die Brüder Grimm gewohnt. Ihr Haus, Linkstraße 7, steht schon lange nicht mehr.

Aber der Rentner Friedrich Hucke, Jahrgang 1899, Augenzeuge aus der Zeit nach der Jahrhundertwende, lebt noch und kann erzählen. Seine Großeltern hatten in der Linkstraße eine kleine Schreinerei, und Großvater Hucke ist dort der einzige Handwerker in den vorwiegend von Geheimräten bewohnten Häusern gewesen. Friedrich Hucke wurde in der Linkstraße geboren. Er saß bei seiner Großmutter auf dem Schoß und hörte ihren Geschichten zu. Und nun sitze ich bei Herrn Hucke in der Bundesallee und tauche ein in die Vergangenheit. Frisch und lebendig erzählt der Herr Hucke, als sei es gestern gewesen, daß die Großmutter sich im Vorgarten mit Jacob oder Wilhelm Grimm unterhielt.

Eines Tages haben die Grimms der gichtgeplagten Alten eine Erstausgabe ihrer Märchenbücher geschenkt, mit Widmung, „Unserer lieben Frau Hucke", und einer ganzen Seite voll von Lebensweisheiten. So erinnert sich Herr Hucke, denn er bekam das Buch geschenkt, als er noch ein Kind war, und hat es dann in der Schule gegen Briefmarken getauscht.

In der Linkstraße wohnte auch der Hauslehrer des Kronprinzen Friedrich Wilhelm, der 1888 für 99 Tage Kaiser wurde, bevor er an Krebs starb. Die Großmutter hat ihrem Enkel erzählt, wie die Häuser damals ausgesehen haben – eng und dunkel und die Toiletten im Hof. Und weil der Lehrer des Kronprinzen alt und kränklich war und die vier Treppen nach unten nicht mehr gehen mochte, da wurde der Tischler Hucke geholt und mußte dem Herrn Geheimrat einen „Kackstuhl" bauen, so unfein hieß das damals.

Nach einem Besuch des Kronprinzen, so weiß Herr Hucke zu berichten, mußte sein Großvater noch mal ran. Der Geheimrat hatte sich beim Kronprinzen beschwert, daß die Fuhrwerke in der Linkstraße zu laut über das Kopfsteinpflaster polterten, und da gab Seine Königliche Hoheit kurzerhand Order, daß die Straße über neun Häuserbreiten mit Strohmatten abzudecken sei. Die durfte dann der Tischler Hucke flechten und auslegen, damit Exzellenz seine Ruhe hatte.

Die Beschaulichkeit hält nicht lange vor. Das wuchernde Wachstum der Metropole erreicht die Vorstadt, und Fritz Hucke erlebt die Profiteure eines frühen Wirtschaftswunders: Bauern aus dem einstigen Dorf Schöneberg, die ihre Ländereien als Baugrund verkauft haben und nun nicht mehr wissen, wohin mit dem Geld. „Früher waren sie mit einer Klingel durch die Linkstraße gezogen und hatten uns Gänse verkauft", sagt Herr Hucke. „Aber eines Tages brachten sie keine Gänse mehr, sondern fuhren in Dogcarts vor, zweirädrigen Kutschen, mit Dienern hintendrauf. Die Bauern trugen jetzt Zylinder und dicke Uhrketten und knallten vor unserem Haus mit der Peitsche.

Mein Vater ging mit ihnen zu Huths, dort fraßen sie Kaviar – »Stiewelwichse«, wie sie das nannten –, und protzten mit ihren Rennpferden und Kaleschen. Millionäre waren das, Goldmark-Millionäre mit zehn und 20 Millionen auf der Bank, manchmal sogar auf der eigenen Bank, wie die des Bauern Rademann, dem fast die ganze Potsdamer Straße gehört hatte und der nun ein Vermögen von über 50 Millionen Mark besaß."

Wir tasten uns vor in die Gegenwart der 80er Jahre, und ich frage Herrn Hucke, wie er sich heute fühlt, wenn er die Steppenlandschaft links und rechts der Linkstraße sieht, diese Öde, ohne Häuser, ohne Menschen.

In der Bundesallee hat er sich eingegraben, der Herr Hucke. Hier oben lebt er nun zwischen Lackschränken aus China und afrikanischen Skulpturen, denn er ist rumgekommen in der Welt und hat sich ein eigenes Reich der Erinnerung geschaffen. An den Potsdamer Platz und das alte Berlin erinnert nichts. Das ist nur noch in seinem Kopf und fast ein Märchen der Brüder Grimm. In die Linkstraße fährt er nicht mehr, denn er hat einfach keine Lust, die Bilder von einst mit denen von heute zu vergleichen. Er müßte suchen, wo die

Schreinerei seiner Großeltern mal gestanden hat. Die Linkstraße ist heute nach Osten versetzt, auf der einen Seite türmen sich Bürohäuser, auf der anderen wächst Rasen, wo mal Randbebauung war.

An den Dreifaltigkeitsfriedhof, auf dem viele Huckes begraben sind, erinnert sich wohl niemand mehr. Als um die Jahrhundertwende die alten Häuser den Neubauten weichen mußten, als die berühmte Ring'sche Apotheke verschwand und die Leinenwarenhandlung im Schreiberschen Haus, da hatte auch für den Friedhof vor dem Potsdamer Bahnhof die Stunde geschlagen. Bis 1922 kündet noch ein Rasenstück von der ehemaligen Ruhestätte, dann wird Platz gebraucht für den Verkehr, und es verschwindet der letzte Rest Alt-Berlin.

„Es tut jetzt allen Urberlinern leid
Um die Lokale aus der alten Zeit,
Wo man im Dunst und Rauch behaglich aß,
Oft sechs Mann hoch bei einem Weißbierglas.
Kein alter Siechen grüßt uns mehr mit Humor,
Kein Dressel setzt uns mehr den Rotspon vor,
's Bierstübchen, das zum Altberliner paßt,
Hat längst gewandelt sich zum Bierpalast;
Französisch die Karte, nach der man serviert,
Aus England die Möbel, ganz frisch importiert,
Das Orchester aus Ungarn, die Kellner aus Wien –
So schwindest du hin, du mein altes Berlin!"
Couplet aus der Jahrhundertwende

Berlin tritt ein ins 20. Jahrhundert, Kaiser Wilhelm II. begrüßt die Jahreswende mit einer Hymne an seine strahlende Wehr:

„Der erste Tag des neuen Jahrhunderts sieht unsere Armee, das heißt unser Volk, in Waffen, um seine Feldzeichen geschart, vor dem Herrn der Heerscharen knien."

Noch lebt das Deutsche Reich im tiefsten Frieden, obgleich dem Kaiser nach Weltgeltung dürstet. Noch trinkt der Kammergerichtsherr und Schriftsteller Ernst Wiechert seinen Schoppen bei Huths, noch verabschiedet Wilhelm Huth, Sohn des Gründers Carl Friedrich Wilhelm, persönlich die Gäste.

Aber ringsum verändert der Potsdamer Platz sein Gesicht. Die Weltstadt baut sich ihre Tempel, und es ist, als ob das Weinhaus Huth zwischen den üppigen Neubauten ringsum immer kleiner würde. Das Nachbarhaus, Potsdamer Straße 3, ist fast zwei Stockwerke höher, und da es in der Bauflucht sechs Meter vorspringt, ist das Weinhaus Huth vom Potsdamer Platz aus kaum zu sehen.

Den traditionsbewußten Wilhelm Huth hat das wenig gekümmert. Schon der Urgroßvater des Gründers ist 1769 Kellermeister bei Friedrich dem Großen gewesen, und der berühmte Berliner Gastronom Louis Frédéric Niquet, von dem die Sage geht, er habe in seinem Lokal in der Jägerstraße am Gendarmenmarkt die Wiener Würstchen erfunden, weil er sie nach einem Stammgast namens Wiener benannte, ist mit den Huths verwandt. Herr Huth kann auf seine Stammgäste zählen, was braucht er da Reklame und Blickfang.

Aber in den herrlichen Zeiten ringsum kann das Haus Huth keine Insel bleiben. Herr Huth begreift das nicht oder will es nicht begreifen. Er stirbt 1904, und sein Sohn Willy denkt anders als er.

Der neue Herr im Haus ist erst 28 Jahre alt, ein Jahr jünger als der Kaiser bei seinem Regierungsantritt. Mehr als 50 Jahre wird Willy Huth das Weinhaus führen. Dann ist nichts mehr so, wie es mal war.

1905, als Willy Huth das Haus übernimmt, hat er große Pläne. Der Weinhandel wird ausgeweitet, und mehr Platz soll sein für die Gäste. Die stillen Tage am Potsdamer Platz gehören der Vergangenheit an.

*Willy Huth ist von
1905 an Herr im
Weinhaus Huth.
1912 läßt er das alte
Gebäude abreißen
und ein neues errich-
ten, das als einziges
am Potsdamer Platz
überlebt.*

Anne Marie Kühnemann, die Tochter von Willy
Huths Bruder Hermann, ist meine älteste Augen-
zeugin gewesen. Sie wurde 1892 geboren und hat ihren
Onkel in der Potsdamer Straße oft besucht. Bis zu
ihrem Tod 1990 lebte sie in der Nähe des Kurfürsten-
damms in einer Wohnung, die aussah wie zur Zeit der
Jahrhundertwende. Als ich den schweren Tisch und
die Stühle bewunderte, sagte sie: „Die hat mir Onkel
Willy geschenkt." Es ist das letzte Mobiliar aus dem
Weinhaus Huth, das bis heute erhalten blieb.

Anne Marie hat noch den Kaiser im Tiergarten gesehen, in einer Kutsche, auf dem Bock ein Leibgardist mit
wehendem Helmbusch. Sie fuhr damals mit der Pferdebahn zum Potsdamer Platz und ging dort in die Privat-

schule der englischen Fräulein Morris. Die lag nur ein paar Schritte vom Weinhaus Huth entfernt. Frau Kühnemann erinnerte sich natürlich auch an Bodo Diede, den Glasermeister, dessen älteste Tochter Dorothee damals ihren Onkel Willy geheiratet hat – „bei der Eröffnung des Kaufhauses KaDeWe am Wittenbergplatz, 1907, stand der Name Diede groß auf den Scheiben."

Im selben Jahr wird am Potsdamer Platz, gleich bei Huth um die Ecke, das Weinhaus Rheingold eröffnet, ein Prachtbau mit 14 Festsälen, der „kommenden Geschlechtern Zeugnis ablegen soll von unserem Können, ein Geschlecht dem anderen, die Gegenwart für die Zukunft" – so schwülstig feiert die *Berliner Architekturwelt* das neue Gebäude, in dem der Oberbürgermeister von London mit einem Festbankett der Stadt Berlin empfangen wird und der Kaiserliche Automobilclub unter der Schirmherrschaft des Prinzen Heinrich 1910 sein zehnjähriges Bestehen mit einem Festmahl feiert, bei Malossol-Kaviar, Gänseleber-Parfait in Madeira-Kruste und Nantaiser Enten.

Da spätestens muß es dem jungen Huth gedämmert haben, daß sich die betagte Villa am Potsdamer Platz überlebt hat. Die alten Stammgäste sind verschwunden. Kein Theodor Fontane kommt mehr und kein Adolph von Menzel, und drüben im Rheingold feiert das Berliner Großbürgertum vor Wandtafeln aus Marmor und roter Seidenbespannung, bronzenen Springbrunnen und Palisander mit Perlmuttintarsien.

Dagegen kommen die verschossenen Plüschsofas und die verblichenen Fotografien in der Potsdamer Straße nicht mehr an. Ein neues Haus muß her, und ein Jahr nach der Hochzeit von Willy Huth und Dorothee Diede stellt Willy Huths Mutter Martha als Erbin das Baugesuch. Am 16. September 1911 beantragt sie beim Königlichen Polizeipräsidium in der Magazinstraße, Abteilung III, den Bau eines Geschäftshauses in der

Potsdamer Straße. Gezeichnet, „ergebenst", Martha Huth, geborene Schäffler. So steht es in den Grundbuchakten im Amtsgericht Berlin-Moabit, die ich nach langen Querelen doch noch habe einsehen dürfen, vergilbten Bänden, die ähnlich lädiert aussehen wie lange Jahre das Haus Huth. Dutzende von Seiten wurden rabiat entfernt, meist Dokumente aus der Nazizeit – schwer war nach dem Krieg der Anblick von Adler und Hakenkreuz zu ertragen.

Aber auch aus der Zeit vor der Jahrhundertwende fehlen Blätter. Es läßt sich nicht mehr genau feststellen, wann der Vorgängerbau, die alte Villa mit der Holzveranda, eigentlich gebaut wurde. Am 4. März 1829 hat der Gärtner Jan Abraham Thomas das Grundstück an den Kaufmann George Wilhelm Jesmer verkauft. Als es 1835 der Professor Ernst Wilhelm Theodor Herrmann Hengstenberg für 10.500 Thaler erwirbt, ist schon von einem Gebäude die Rede. Das übernimmt der Weinhändler Huth, der seine Firma bis 1877 in der Potsdamer Straße 7 betrieb.

Seinem Enkel Willy gefällt die Villa 1911 nicht mehr. Das Ingenieurbüro O. Leitholf in der Großbeerenstraße wird deshalb mit einem Neubau beauftragt, die Gestaltung übernehmen die renommierten Architekten Heidenreich & Michel. Die Zeit drängt. Neben dem Potsdamer Bahnhof wächst das Haus Potsdam heran, das heute niemand mehr unter diesem Namen kennt, nur als Haus Vaterland, Berlins berühmtesten Amüsierbetrieb.

Das neue Haus Huth soll 1912 eröffnet werden. Da stehen am Potsdamer Platz schon ganz andere Paläste – neben dem Vaterland auch die Hotels Fürstenhof und Esplanade. Aber das Weinhaus Huth wird sie alle überleben, auch die Pracht des Rheingold, das Bruno Schmitz, der Erbauer des Leipziger Völkerschlachtdenkmals, für 4,6 Millionen Mark errichtet hat. Über das Märchenland der Austern, Trüffeln und Spargelspitzen führt heute die neue Potsdamer Straße.

Die Prachtentfaltung der Jahrhundertwende hat ihren Preis, da dürfen sich auch die Huths nicht lumpen lassen. Sie sind reiche Leute, aber ihr Reichtum hat Grenzen, und die Witwe Martha Huth kann den Neubau ihres Hauses ohne Kredite nicht bezahlen.

Anne Marie Kühnemann, meine Augenzeugin, erinnert sich noch gut an die Witwe Huth, ihre Großmutter. Nach der Schule ist Frau Kühnemann oft in die Potsdamer Straße gegangen. ,Muttchen Huth' saß auf der Holzveranda, weil sie von dort den besten Überblick hatte. Ihr straffes Regiment war bei Familie und Personal gefürchtet.

1911, als Frau Kühnemann einen Marineoffizier heiratet, muß die Hochzeitsfeier in ein Hotel verlegt werden, denn das Weinhaus Huth, der schöne alte Bau mit der Holzveranda, ist abgerissen worden. Die Gäste werden in den früheren Pferdeställen auf der anderen Straßenseite bewirtet.

Drüben wächst ein fünfgeschossiges Geschäftshaus heran, mit Pfeilerfassaden und einer Front aus Kirchheimer Muschelkalkstein. Das Gebäude wird als hochmoderner Stahlskelettbau errichtet, zu einer Zeit, in der die meisten anderen Häuser nur hochgemörtelt werden, Stein auf Stein.

Die stabile Konstruktion, die bis dahin hauptsächlich im Schiffsbau Verwendung fand, rentiert sich erst im zweiten Weltkrieg, als Bomben auf Berlin fallen und ringsum Häuser allein durch die Erschütterungen und ohne direkte Treffer zusammensacken. Das Weinhaus Huth wird wanken, aber es fällt nicht und überlebt so bis auf den heutigen Tag.

An Bomben und Feuersbrünste hat 1912 noch niemand gedacht. Die Eisenkonstruktion erweist sich als teurer Spaß. Das neue Haus kostet rund 1,5 Millionen Mark.

Das ist eine hohe Belastung für die Familie Huth. Martha Huth nimmt ein Darlehen auf: 1,2 Millionen Mark von der Leipziger Lebensversicherung zu 4 1/8 Prozent Zinsen. Die Schulden werden die Huths ein Leben lang verfolgen. Immer wieder, so steht es in den Grundbuchakten, müssen neue Hypotheken zur Tilgung der alten aufgenommen werden, bittet Willy Huth um Zahlungsaufschub oder niedrigere Tilgungsraten. Selbst 1968, als die Stadt Berlin den Huths das Haus abkauft, ist der Bau nicht schuldenfrei.

1912, im Eröffnungsjahr, gibt es mit dem Bauamt Ärger. Die Architekten Heidenreich und Michel wollen die häßliche Brandmauer des Nachbarhauses mit einem Turmanbau verdecken. Gegen den Turm wehrt sich die Behörde, die angeführten „ästhetischen Gründe" verfangen nicht. Im Januar kommt die Querele gar beim Minister für öffentliche Arbeiten an. Kaum auszudenken, was passiert wäre, hätte Exzellenz nicht schließlich doch Dispens erteilt. Denn nur durch den Kuppelbau ist das Weinhaus Huth auf alten Fotos vom Potsdamer Platz überhaupt zu erkennen. Unübersehbar reiht sich da noch Haus an Haus. 1945, als die anderen Häuser in Trümmer liegen, reckt das Türmchen stolz sein Haupt über das Ruinenfeld: Es allein hat überlebt. Und ringsum blüht der Schwarzmarkt.

Oktober 1912: Die Huths rüsten zur Eröffnungsfeier. Das neue Haus ist ein Prachtstück geworden. Die *Bauwelt* widmet dem Ereignis drei Seiten, und eine Festschrift rühmt „die hervorragend günstige örtliche Lage des Geschäftes in unmittelbarer Nähe des Potsdamer Platzes, wo sich die Brandung großstädtischen Verkehrs besonders zeigt." Günstig auch, daß

Das Weinhaus Huth bei der Eröffnung 1912. Der Turm-
anbau sollte die Brandmauer eines Nebenhauses verdecken,
das heute längst verschwunden ist.

Reichstag, Landtag und Reichskanzlei, Ministerien
und viele Verwaltungsgebäude in der Nähe liegen –
Reichssicherheitshauptamt und Volksgerichtshof kommen erst später dazu.

Die großen Weinfässer stehen im Keller, wo der Wein auf Flaschen gezogen, verschlossen und etikettiert werden soll. Das Flaschenlager geht über zwei Etagen, solide gehalten vom Stahlskelettbau.

Auf dem fernen Balkan schlagen die Völker aufeinander, in Ägypten wird die Büste der Königin Nofretete gefunden und in die Reichshauptstadt gebracht. Ein Pfund Roggenbrot kostet 16 Pfennig, ein Pfund Kalbfleisch 90 Pfennig, ein Pfund Butter eine Mark 36. An der Bismarckstraße wird die Deutsche Oper eröffnet, und im Reichstag ist der Bau von 41 Schlachtkreuzern beschlossen worden. Da hat der Großadmiral von Tirpitz, Stammgast bei Huth, endlich was zu feiern.

Nicht unten in den beiden Schoppenstuben natürlich, sondern in den neuen Gesellschaftsräumen im ersten Stock. Endlich ist genug Platz für die Gäste, im Langen und im Roten Saal, im Feldherrn-, Wappen- und Rundbauzimmer. Zehn Personen faßt der kleinste Raum, 100 der größte. Nun können sie kommen, die Herren Offiziere, die Minister und Geheimen Räte aus dem Regierungsviertel, die Reichs- und Landtagsabgeordneten, die Professoren von der Charité. In den eichenholzgetäfelten Sälen werden sie ihre Hochzeiten feiern, ihre Jubiläen und Kommerse, und die altdeutschen Buntglasscheiben bewundern, die natürlich von der Firma Diede stammen.

Von den Mietern der Nachkriegszeit kennen viele das feine Weinhaus noch, meist aus der Zeit zwischen den Kriegen. Aber niemand von ihnen ist jemals im vornehmen ersten Stock gewesen, nur unten in den Schoppenstuben, mit Blick auf die Treppe nach oben, die ins Champagnerreich entführte.

Die Treppe hat bis 1986 überlebt, aber sie trennte nicht mehr die Reichen von den Armen. Eine Zeitlang hat der Händler Klaus Geier auf den Stufen Kartons gestapelt, dann ist sie abgerissen worden. Eine

Reparatur hätte 40.000 Mark gekostet, das war dem Bezirksamt Tiergarten, das in die Sanierung vom Keller bis zur Fassade Millionen steckte, zu viel.

Am 2. Oktober 1912 machen auf dem Balkan die Serben mobil, und im Haus Huth schreiten die Gäste in Frack und Abendkleid zur Eröffnungsfeier in den ersten Stock. Ein großer Tag für Willy Huth, der nun ein Monokel trägt statt der Nickelbrille, ein Glückstag auch für seine Frau Dora, die im Mai eine Tochter, Ilse, geboren hat. Nur Muttchen Huth wird wohl etwas wehmütig gewesen sein inmitten der neuen Pracht. Verschwunden sind die gemütlichen kleinen Zimmer im alten Haus, die Plüschsofas und die vergilbten Fotografien. Nur das Porträt des Reichsgründers Bismarck ist noch da, denn die Huths sind deutschnational bis auf die Knochen. Verschwunden ist auch die Holzveranda, auf der Fontane saß und Adolph von Menzel, der 1905 gestorben ist, ein Fossil aus dem vergangenen Jahrhundert.

Ein Max Broemel hält die Eröffnungsrede. „Ein Segen", sagt er, „hat bisher auf dem Haus Huth geruht, auf dem, was sie durch Fleiß und Umsicht, durch Sachkunde und Unternehmensgeist geschaffen."

Ich weiß nicht, wer Max Broemel gewesen ist. Er muß schon 1912 ein alter Herr gewesen sein und Stammgast seit langem, denn er erinnert sich noch gut an Mommsen und Menzel und an andere Gäste bis zurück zur Firmengründung im Jahr 1871.

„Künstler, Dichter, Schriftsteller, Sänger und Schauspieler, Prinzen und Minister, Richter, Rechts- und Staatsanwälte", sagt der Herr Broemel, „haben bei Huth eine Stätte, eine Flasche Rebensaftes zu mäßigem Preise zu trinken." Natürlich lobt er auch die Weine des ‚Franzmannes', „den wir nicht leiden mögen".

Zwei Jahre später, im Oktober 1914, ist die Marneschlacht gegen Frankreich verloren, aber wer denkt jetzt schon an Krieg. Im Feldherrnzimmer klingen die Gläser. „Möge uns allen beschieden sein", sagt Max Broemel zum Schluß, „im neuen Hause Huth in alter Traulichkeit noch recht viele Stunden zwangloser Gesellligkeit, gemütvollen Frohsinns und geistiger Anregung zu verbringen." Die Rede wird gedruckt, zum ewigen Gedenken, mit schwarzem Rand, wie eine Traueranzeige.

Noch haben die Gäste im Weinhaus Huth, im Rheingold um die Ecke, im Pschorr und im Fürstenhof ein paar Friedensjahre vor sich. Im Haus Vaterland, nein, damals Haus Potsdam, staunen die Gäste über die Lichterfülle aus zweitausend Gaskandelabern.

In Berlin spielen täglich 60 Theater, das Verkehrschaos am Potsdamer Platz wird nun mit einem Hornsignal geregelt, und in den Bierpalästen rings um das Haus Huth kostet ein Menü zwischen ein und zwei Mark.

Das lockt die Provinzler an und die Angestellten aus den Büros ringsum, denen der Potsdamer Platz bald gehören wird. Willy Huth hat, bei allem Unternehmensgeist, bereits den Zug der Zeit verpaßt. Schon 1911 hat die Baukonjunktur am Potsdamer Platz nachgelassen. Nach Charlottenburg hätte er gehen sollen mit seinem neuen Haus, in die Nähe des Kurfürstendamms. Der Bau vom Kaufhaus des Westens 1907 war ein Signal.

Die Boheme – Maler, Journalisten, Schauspieler – hat den Anfang gemacht. Die feinen Leute ziehen vom Tiergartenviertel in den Grunewald um, und am Potsdamer Platz dominieren nach dem Ersten Weltkrieg die kleinen Leute. Willy Huth hat das kommen sehen, aber er wollte nicht weg aus seiner Welt. Zu dekadent roch dieser neue Westen.

1912, als das Weinhaus Huth mit großem Pomp

eröffnet wird, ist auch Anna Hoop aus der Provinz nach Berlin gekommen, als Dienstmädchen, wie viele. Frau Hoop, die 90 Jahre alt ist, als ich mit ihr spreche, ist oft am Potsdamerr Platz spazieren gegangen, aber die Vergnügungspaläste waren nichts für sie. Was hätte sie dort auch verloren gehabt mit einem Lohn von zehn Mark im Monat bei freier Kost und Logis.

Von morgens bis abends um zehn war sie auf den Beinen, und nur alle 14 Tage gab's einen freien Tag. Die weiße Schürze, die alle Dienstmädchen trugen, mußte sie sich selbst kaufen. Die Huths da oben, Anna Hoop da unten. 15 Jahre ist sie damals alt gewesen, hat für die Herrschaften gedeckt und abgeräumt, Fußboden, Fenster und Türen geputzt, Tag für Tag. „Ja, früher hat man was durchgemacht", sagt die alte Frau. „Das waren bittere Zeiten. Die Herrschaften haben viel verlangt." Für Anna Hoop gab es keine Privatschule und keine Spaziergänge mit der Gouvernante im Tiergarten. An ihren freien Tagen mußte sie abends um zehn wieder zuhause sein. Sie hat in einer kleinen Kammer unter dem Dach gewohnt, ohne Heizung, und im Winter heißes Wasser mit nach oben genommen, um sich zu wärmen. „Alles was recht ist", sagt sie, „so viel Arbeit, das war manchmal nicht zu glauben." Einmal hat sie sich heimlich einen Kuchen gebacken, aber die Portiersfrau hat sie angezeigt, und es gab großen Ärger.

Sie zeigt mir ein Foto von früher. Ein hübsches Mädchen ist sie gewesen, ein bißchen mollig, mit großen braunen Augen. Auf dem Foto hält sie einen kleinen Blumenstrauß, das war kurz vor ihrer Verlobung.

„Sind Sie denn mal im Weinhaus Huth gewesen?" frage ich.

„Wo denken Sie hin!" sagt die alte Dame. „Das war doch nur für die oberen Zehntausend. Ein teurer Spaß."

Anna Hoop kommt schließlich doch noch ins Haus Huth, wenn auch viele Jahrzehnte später. Als 1952 die Büroräume und das Weinlager zu Mietwohnungen ausgebaut werden, zieht Anna Hoop in die Potsdamer Straße 5. Ihr Mann ist da schon lange tot. Nur Herrn Huth gibt es noch, der alte Huth jetzt, und das Restaurant kümmert vor sich hin. Verschwunden ist die feine Gesellschaft am Potsdamer Platz. Nur die Silberlinden vorm Haus, über die schon Herr Lindenberg in seinen Jugenderinnerungen geschrieben hat, sind dann noch da.

Anna Hoop blickt auf das Foto aus ihrer Verlobungszeit. Das war kurz vor Ausbruch des ersten Weltkriegs. Von den herrlichen Zeiten, die der Kaiser damals den Deutschen versprach, hat sie nicht viel gemerkt.

Wir schreiben das Jahr 1913, Wilhelm II. feiert sein 25jähriges Regierungsjubiläum, der Potsdamer Platz ist mit Girlanden geschmückt. Zar Nikolaus II. kommt nach Berlin, Anna Hoop putzt bei ihren Herrschaften, im Zoo wird das neue Aquarium eröffnet, und am Kurfürstendamm wohnen 50 Multimillionäre.

Willy Huth gehört nicht dazu. Er hätte den Zug in den Westen mitmachen sollen, denn das Geschäft im neuen Haus läßt sich nicht so an wie erhofft. Vielleicht sind die altdeutschen Säle mit ihren dunklen Eichenholzwänden nicht so einladend wie die gemütlichen Zimmer im alten Bau mit der Holzveranda? Oder liegt es am jungen Huth, der so jung nun auch nicht mehr ist? Ausgesehen habe er wie ein Hohenzoller, so erinnert sich ein Verwandter, und nicht nur das. Stolz, hochfahrend und arrogant sei er gewesen, wie der Kaiser. Für die 210 Angestellten war er der Herr, unnahbar, gönnerhaft, und selbst gegenüber den Stammgästen hielt er Distanz.

Glasermeister Bodo Diede hat wohl recht gehabt mit seinen Vorbehalten, und noch heute rümpfen sie in der Diede-Sippe die Nase über Willy Huth. Ein Stiesel sei er gewesen, der „immer vornehmer sein wollte als er war." Gut, vom Wein habe er was verstanden, aber wenig vom Restaurationsbetrieb – ein guter Weinhändler, ein schlechter Wirt.

Die Huths waren stolz auf ihre Tradition als Kellermeister. Bis Ende der dreißiger Jahre waren noch die Kassenabrechnungen von jenem Huth erhalten, der bei Friedrich dem Großen den Weinkeller führte. Die alten Dokumente sind verschwunden, obwohl Willy Huth sie gehütet hat wie einen Schatz. Verschwunden blieb auch das Gästebuch, an das sich Dr. Rudolf Neumann, nach dem Krieg Geschäftsführer der Berliner Weinhändler-Innung, zu erinnern meinte. „Das war ein dicker Wälzer, in Leder gebunden, mit unzähligen Eintragungen von den Stammtischen, die Anwesenheitslisten führten und genau vermerkten, was sie bei ihren Treffen getrunken hatten." Das sei interessant zu lesen gewesen, sagt der Herr Neumann. „Die haben für eine Flasche Wein damals zwischen vier und sechs Goldmark bezahlt. Das war viel Geld. Und davon soffen die Herrschaften mehrere Flaschen leer. Da sieht man, welches Publikum bei Huths verkehrte. Und dann müssen Sie sich mal die Uhrzeit ansehen. Das passierte oft am hellichten Vormittag, so zwischen elf und eins. Die Offiziere und gehobenen Beamten konnten sich eben vormittags frei machen und dann für teures Geld ihre Schoppen trinken."

Einmal ist bei Huths für den Grafen Zeppelin gesammelt worden, dessen Luftschiff von einem Sturm zerstört worden war. Da waren am Stammtisch bald 150 Mark zusammen – mehr, als das Dienstmädchen Anna Hoop in einem Jahr verdient hat. „Das wurde", sagt Herr Neumann, „mal so eben aus der Westentasche bezahlt." Gar zu gerne hätte Dr. Neumann das Buch für sein Verbandsarchiv behalten, aber dazu war Herr Huth nicht zu bewegen. Im Frühjahr 1999 mache ich es im Berliner Stadtmuseum ausfindig.

Es ist kein Gäste-, sondern ein Stammtischbuch von 21 wackeren Zechern, Hofräten, Künstlern, Kapellmeistern und Münzmedailleuren, die im September 1907 zu ihrem wöchentlichen Dienstagforum ins Haus Huth gezogen sind. Seitenweise werden die getrunkenen Flaschen aufgezählt, wird der von Schlaganfällen hingerafften Mitglieder gedacht und ein Staatsbesuch des Königs Edward VII. im Februar 1909 mit „Gott strafe England" notiert. Pathos und Größenwahn, die zum Weltkrieg führten, sind hier schon sichtbar. Bei einem Katerschoppen im Januar 1910 sammeln die Stammtischbrüder für ihr 50jähriges Jubiläum 1922 eben mal 16.900 Mark, aber ob sie das noch gefeiert haben, geht aus dem Buch nicht hervor. Es bricht am 27. September 1912 ab, eine Woche vor der Eröffnung des neuen Hauses Huth.

Den Rentner Karl Rademeier soll ich nach den alten Zeiten fragen, haben mir Mieter im Haus Huth geraten. Der kenne noch das alte Restaurant aus der Zeit kurz nach der Eröffnung und wohne hier ganz in der Nähe.

Der Rentner Rademeier, Jahrgang 1904, erinnert sich gut. Wir treffen uns in einem Café am Anhalter Bahnhof, an den nur noch der Rest des Portals erinnert. Im Eröffnungsjahr 1880 war er Europas drittgrößter Bahnhof, und die Halle wurde nachts elektrisch beleuchtet, damals eine Seltenheit. Im Krieg ist der Anhalter Bahnhof ausgebrannt, aber die gut erhaltene Ruine stand noch bis 1961. Dann wurde sie gesprengt. Beim Abbruch des Portals kam Protest auf gegen die planmäßige Vernichtung, aber die Bauarbeiter stellten

Von der Terrasse des Café Josty konnten die Gäste auf den Potsdamer Platz und die Leipziger Straße blicken. Auch Erich Kästner hat hier oft gesessen.

die Abrißarbeiten erst ein, als von der Vorderfront nur noch ein kläglicher Rest geblieben war.

Einen Moment lang blicke ich an Herrn Rademeier vorbei nach drüben. Hier bin ich im Herbst 1943 in Berlin angekommen und mit meinen Eltern durch die zerbombten Straßen gelaufen.

1987 findet auf dem Gelände eine Ausstellung zur Berliner 750-Jahr-Feier statt, und aus der Trickkiste der Holographie erhebt sich der alte Anhalter Bahnhof, als sei er nie vergangen.

Ich stehe wieder auf dem Bahnsteig, über mir wölbt sich das Hallendach, und ich bin wieder ein Kind auf meiner ersten Reise nach Berlin. Aber es ist nur eine Illusion.

Der Rentner Karl Rademeier schaut nicht einmal

nach drüben. Er ist hier aufgewachsen, zwischen Potsdamer Platz und Anhalter Bahnhof, er hat die Lichter der Stadt gesehen, die Menschenheere und das Ende… Was soll er sagen?

Nur ein paar Schritte sind es vom Café am Anhalter Bahnhof bis zum Weinhaus Huth. 1913 hat Vater Radermeier seinen Sohn mitgenommen zum Potsdamer Platz, am berühmten Café Josty vorbei, und ist dann mit ihm hinauf ins Weinhaus Huth gegangen, in den feinen ersten Stock, wohin sich das Dienstmädchen Anna Hoop niemals traute.

Mucksmäuschenstill hat der junge Karl sein müssen, „denn da liefen keine Kinder herum, und einen Gast im Pullover hätte man gar nicht eingelassen." Darüber wachten der Portier unten vor der Tür und oben ein Geschäftsführer im Frack.

Karl Rademeier erinnert sich an eine große Jagdgesellschaft, Bauern waren das, die Neureichen der Jahrhundertwende, die ihre Röcke in London fertigen ließen und die Oberhemden in Brüssel. Dunkle Anzüge hätte das Personal getragen, erzählt der Herr Rademeier, mit grünen Westen.

40 Jahre später wird Karl Rademeier das Haus Huth doch noch im Pullover betreten, aber da gibt es keinen Portier mehr und keine Kellner. Längst sind die neureichen Bauern verschwunden, die Offiziere aus dem Café Josty in den Weltkriegen verblutet. Verschwunden sind auch die Professoren und Geheimen Räte. Die Büroetagen sind zu Wohnungen ausgebaut worden, Willy Huth beklagt den Verfall der Zeit, und Karl Rademeier ist im Haus der erste Mieter.

„Man drückt uns das Schwert in die Hand", erklärt der Kaiser am 31. Juli 1914, „Gott empfohlen", und eine kriegsbegeisterte Menge singt *Nun danket alle Gott*. Von Gott ist jetzt viel die Rede. Es wird mobil gemacht, endlich kann der Großadmiral von Tirpitz seine neuen Schlachtkreuzer ausprobieren. Auch die Terrasse des Josty leert sich, auf zum Frühstück nach Paris.

Kriegsbegeisterung macht sich breit, und der Potsdamer Platz wird zur Zentrale des Radaupatriotismus. „Hier trafen sich die nationalistischen Banden", erinnert sich der Politiker Hellmut von Gerlach, „um patriotische Lieder zu singen, Ausländer zu verprügeln, Spione abzufangen und sich in dem zum Café Vaterland umgetauften Café Piccadilly unter Vorantritt eines Pastors unter Bier zu setzen. An einem einzigen Tage wurden auf die Polizeiwache des Potsdamer Bahnhofes 64 angebliche Spione eingeliefert."

Patriotisch geht es zu im Weinhaus Huth, wenn auch etwas feiner. „Und dann kamen jene sturmbewegten, begeisterungsvollen Augusttage des Jahres 1914", schreibt der Dichter Paul Lindenberg über den Kriegsbeginn. „Am 18. jenes Monats hatten sich auf meine Veranlassung in der Hinterstube bei Huths die in Berlin wohnenden oder hierher gekommenen Kriegsberichterstatter versammelt, um hier mit ihren Frauen noch einmal glücklich vereint zu sein. Manch gutes und hoffnungsvolles Wort wurde gesprochen, manche Erwartung und Zuversicht gehegt, manch ‚Auf Wiedersehen' im Westen oder Osten mit frischem Trunk begossen."

Zwei Tage später fährt auch Herr Lindenberg als Berichterstatter gen Osten, „großen Ereignissen entgegen, denen wir aus nächster Nähe beiwohnen konnten". Der Kriegsberichterstatter wird Zeuge, wie Hindenburg die in Ostpreußen eingedrungenen russischen Armeen zerschlägt, „und ohne daß ich es wußte, hallte am Samstagabend, dem 30. August, die Huthsche Weinstube von hellstem Jubel wider, war es mir doch gelungen, lange vor der offiziellen Mitteilung die Kunde vom Tannenberg-Sieg nach Berlin gelangen zu

lassen, die an jenem Abend durch Extrablätter überallhin verbreitet wurde".

Jeder Schuß ein Russ'.

Es gellen die Siegesfanfaren, als sei der Krieg schon
gewonnen, und in der Potsdamer Straße 4, dem späteren Vox-Haus, gründen Patrioten den Verein Feldgrau
1914/1915, in dem „jeder unbescholtene Deutsche mit
Freuden aufgenommen wird", zum Monatsbeitrag von
1,50 Mark. Medaillen werden ausgegeben, „im
Gedächtnis an die größte Zeit Deutschlands".

Die herrlichen Zeiten sind vorbei, nun müssen
Superlative helfen. Auch 20 Jahre später wird wieder
Deutschlands größte Zeit beschworen, wie immer,
wenn das Reich kurz vor der Katastrophe steht.

Bei Langemarck rennen deutsche Regimenter ins
Maschinengewehrfeuer, „aber in Berlin jubelte alles",
sagt Robert Biberti, einst Stammgast im Weinhaus
Huth und Mitglied der legendären Gesangsgruppe
Comedian Harmonists. „Die waren doch alle besoffen."

Am Potsdamer Platz kommt der Verkehr zum
Erliegen, wenn die trunkene Menge zusammenströmt,
um den Kaiser hochleben zu lassen.

„Eine schöne Siegesfeier", so schreibt im August
1914 nach der Schlacht bei Tannenberg die *Tägliche
Rundschau*, „veranstaltete gestern nacht die Berliner
Liedertafel, indem sie unter der Leitung ihres Chor-
meisters Max Wiedemann ein improvisiertes Konzert
auf dem Potsdamer Platz gab. Der bekannte Verein
hatte seinen Übungsabend abgebrochen, um dem
überquellenden Jubel über den eben bekanntgeworde-
nen großen Sieg in irgendeiner Weise Luft zu machen,
zog zum Potsdamer Platz und überraschte und erfreu-
te die zahlreiche Menge durch seine Kunst. Das
Niederländische Dankgebet und einige feurige Kriegs-
lieder, darunter *Lützows wilde, verwegene Jagd*, wurden
vorgetragen und von dem immer mehr anwachsenden

Publikum mit tosendem Beifall aufgenommen. Bei den letzten Liedern *Deutschland, Deutschland über alles, Die Wacht am Rhein* und *Heil dir im Siegerkranz* fiel die schließlich den ganzen Platz füllende Menge ein, und so gestaltete sich schließlich das improvisierte Konzert zu einer patriotischen Kundgebung von überwältigender Schönheit."

> „Verdrescht die Feindesbrut im Krieg!
> Die Hölle mögt Ihr stürmen!
> Geht stramm durch dick und dünn zum Sieg!
> Wenn selbst sich Schrecken türmen!
> Macht aus ganz Frankreich Fricassé!
> Rußland zum Deutschen Reiche!
> Und aus ganz Englands Macht zur See
> Macht eine Wasserleiche."
> *Kriegslied von Julius Einödshofer, Text Alfred Schmasow*

Doch der Jubel hält nicht lange vor, und als Karl Rademeier, wieder an der Hand seines Vaters, zum zweitenmal das Weinhaus Huth betritt, ist der Feldzug im Westen zum Grabenkrieg geworden. Der junge Karl nimmt Abschied von seinem Onkel, der – schon in Feldgrau – an die Front ziehen muß.

Man schreibt das Jahr 1915, und dem reichen Deutschland gehen die Lebensmittel aus. Lebensmittelkarten werden eingeführt, und es gibt K-Brot, mit 20 Prozent Kartoffelzusatz, so knapp ist im Reich nun das Getreide. Feldgrau werden jetzt auch die Gesichter im Weinhaus Huth, und feldgrau ist der Umschlag der Weinpreisliste Nr. 41. Auf 24 Seiten bietet Willy Huth seine Weine an, darunter 56 rote Bordeaux, als teuersten einen 1895er Château Haut Brion, Schloß-Abzug, für 30 Mark. Man sieht, die Stammgäste müssen noch nicht darben.

Die Frauen von Einberufenen erhalten monatlich neun Mark, eine geübte Näherin verdient 2,50 Mark am Tag, ein Transportarbeiter bei Siemens 27 Mark bei 59 Stunden Arbeitszeit pro Woche.

Kein Wunder, daß die Berliner im zweiten Kriegsjahr abends zu müde zum Jubeln sind. Im Westen sind die Fronten im Stellungskrieg erstarrt, vor dem Reichstag demonstrieren Frauen für den Frieden, und im Haus Huth werden ab Herbst fleischlose Tage eingeführt, da schmeckt auch der Bordeaux nicht mehr.

In der Weinliste, die mir der Historiker Hans-Werner Klünner geschickt hat, steht eine Widmung: „Meinem lieben Matzel zur Erinnerung an die in der Heimat verbrachten fröhlichen Weihnachten 1915 von Ihrem Kurt." Vergessene Namen, verschollene Menschen. An welcher Front hat der unbekannte Kurt gekämpft? Acht Wochen nach dem fröhlichen Weihnachten von 1915 beginnt die Schlacht um Verdun, bei der 335.000 deutsche Soldaten und 360.000 Franzosen ihr Leben verlieren.

Am 1. Mai 1916 will Karl Liebknecht auf der Terrasse des Café Josty eine Rede halten, und am Potsdamer Platz wimmelt es von berittener Polizei und Spitzeln.

Abends um acht kommt Liebknecht am Potsdamer Bahnhof an, und eine große Menschenmenge erwartet ihn. „Liebknecht kam aus dem Bahnhof ohne persönlichen Schutz, wie er in jede andere Versammlung gegangen wäre", erinnert sich die Politikerin Martha Globig. „In seiner Begleitung waren Rosa Luxemburg und andere Genossen. Die kleine Gruppe konnte wegen des starken Verkehrs nur schwer weiterkommen. Die Spitzel hatten sich bereits um Karl Liebknecht geschart, um ihn am Weitergehen zu hindern. Und so kam es, daß er gar nicht bis zum Josty vordrin-

C. Huth & Sohn ❧ Berlin W. 9

Rote Bordeaux-Weine

	¹/₁ Flasche	
	M.	Pf.
1905 Château Haut Brion la Mission Schloß-Abzug	6	—
1899 Château Gruaud Larose Bordeaux-Abzug	6	—
1900 Château Lafite I. Gewächs, großer Wein	6	50
1907 Château Haut Bailly Schloß-Abzug	6	50
1891 Château Haut Brion Schloß-Abzug	7	—
1899 Château Haut Brion La Mission	7	—
1900 Château Margaux Bordeaux-Abzug	7	—
1905 Château Haut Bailly Schloß-Abzug	7	—
*1900 Château Latour I. Gewächs, großer Wein	7	50
1893 Château Lafite Bordeaux-Abzug	7	50
1870 Château Pomys	7	50
*1888 Château Pichon Longueville	7	50
1899 Château Lafite I. Gewächs, großer Wein	8	—
1899 Château Latour Bordeaux-Abzug	8	50
1900 Château Latour Schloß-Abzug	8	50
1905 Château Haut Brion Schloß-Abzug	8	50
1893 Château Haut Brion Larrivet	8	50
1907 Château Latour Schloß-Abzug	8	50
1896 Château Haut Brion Schloß-Abzug	9	—
1888 Château Latour II vin Schloß-Abzug	9	—
1893 Château Haut Brion Schloß-Abzug	10	—
1893 Château Margaux Iᵉʳ cru Pillet Will Schloß-Abzug	10	—
1899 Château Margaux Iᵉʳ vin, Pillet Will	11	—
1899 Château Margaux Iᵉʳ cru, Pillet Will Schloß-Abzug	13	50
1875 Château Lafite Schloß-Abzug	22	—
1895 Château Haut Brion Schloß-Abzug	30	—
In Doppelflaschen		
1900 Château Latour Schloß-Abzug	16	—

Preise für ¹/₁ Flaschen. — ²/₂ Flaschen 10 Pf. mehr.

⇝ Weingroßhandlung

Ein guter Deutscher liebt den ,Franzmann' nicht, aber
seine Weine trinkt er gern, sagten die Stammgäste im
Weinhaus Huth. Das galt auch im Kriegsjahr 1915 noch.

gen konnte, sondern mitten auf dem Potsdamer Platz seine berühmte Losung rief: »Nieder mit dem Krieg! Nieder mit der Regierung!« Der Ruf war weithin zu hören, er pflanzte sich fort, wurde weitergetragen.

Im Handumdrehen war alles ein einziges Knäuel: Genossen versuchten, Liebknecht von den Spitzeln und Polizisten loszureißen, Rosa Luxemburg hängte sich an ihn. Aber es gelang nicht, Karl Liebknecht vor der Verhaftung zu bewahren. Polizeibeamte führten ihn ab.

Bis in die Nachtstunden dieses 1. Mai waren die Straßen in der Nähe des Bahnhofs mit demonstrierenden Menschen gefüllt, gegen die immer wieder Polizei eingesetzt wurde. Aber Karl Liebknechts »Nieder mit dem Krieg! Nieder mit der Regierung!« war nicht mehr auszulöschen." Einen Monat später wird Liebknecht wegen Hochverrats zu vier Jahren Zuchthaus verurteilt.

Noch lange nach dem Mauerbau steht im Todesstreifen ein kleiner Sockel. Er kennzeichnet die Stelle, an der Liebknecht seine Losung rief. Die DDR wollte ihm dort ein Denkmal errichten, aber sie ist verschwunden, der Sockel eingelagert, und das Bezirksamt Mitte möchte ihn wieder aufstellen, falls sich in der schönen neuen Welt am Potsdamer Platz ein Eckchen findet.

In den Rüstungsbetrieben streiken die Arbeiter, und die Kohlrübe wird Volksnahrungsmittel – als Zusatz zum Brotteig, als Marmelade und Kaffee-Ersatz. „Es gab Steckrübensalat, Steckrübenaufstrich und Steckrübenpudding", hat sich Robert Biberti von den *Comedian Harmonists* erinnert. „Grauenhaft hat das geschmeckt."

Der berüchtigte Kohlrübenwinter bricht an. Weihnachten 1916 muß ein Erwachsener mit einer Tagesration von 270 Gramm Brot, 35 Gramm Fleisch mit Knochen, 25 Gramm Zucker, 11 Gramm Butter und 1/14 Ei auskommen. 19 Pfennig kostet das Ei jetzt, doppelt soviel wie vor dem Krieg. Die *Vossische Zeitung* druckt Rezepte für Saatkrähen und junge Spatzen („Auf einen Sperling für die Person rechnet man 1/4 Liter Wasser"). Das Kriegsernährungsamt ordnet an, daß zum Weihnachtsfest nur eine Kerze zu benutzen sei.

Schlechte Zeiten auch für das Weinhaus Huth. Am 31. Mai 1916 beschließt der Bundesrat eine ‚Verordnung zur Vereinfachung der Beköstigung'. Danach dürfen „in Schank-, Gast- und Speisewirtschaften nicht mehr als zwei Fleischgerichte zur Auswahl gestellt werden. Zu einer Mahlzeit darf jedem Gast nur ein Fleischgericht verabfolgt werden."

Grippe- und Ruhrepidemien gehen um, und viele sterben, vom Hunger geschwächt. Alte Herren und Offiziere auf Fronturlaub treffen sich jetzt im Weinhaus Huth. Viele Stammgäste und die meisten Angestellten kämpfen und sterben an der Somme, in Wolhynien, der Bukowina und vielleicht auch auf den Panzerkreuzern des Großadmirals von Tirpitz – es gibt keine Dokumente, keine Berichte, die belegen könnten, wie viele von den über 200 Angestellten des Hauses Huth im Krieg geblieben sind.

„Vor den Verlustlisten, die an den öffentlichen Gebäuden angeschlagen waren", schreibt die dänische Schauspielerin Asta Nielsen in ihren Memoiren, „sah man Frauen ohnmächtig zu Boden sinken. Einem alten Mütterchen – vielleicht war es noch gar nicht so alt, nur von Hunger und Kummer zermürbt – half ich eines Tages wieder von der Erde auf. Ich brachte sie zu einer Bank, wo sie bald wieder zu sich kam und sitzen konnte. Lange blieb sie stumm, während die Tränen auf ihren fahlen Wangen Streifen zogen. »Mein kleiner

Junge, mein lieber, kleiner Junge. Er war der jüngste und letzte von vieren, die sie mir genommen haben.«"
Fast zwei Millionen deutsche Soldaten werden bis 1918 ihr Leben lassen.

1917 wird auch Fritz Hucke aus der Linkstraße Soldat. Die reichen Schöneberger Bauern, die er als Kind bei Huths hat tafeln sehen, bauen nun Steckrüben an, Fritz ist 18 und reif für den Krieg.

Herr Hucke reist ab, Herr Lenin kommt an. Am 11. April 1917 macht der plombierte Sonderwagen aus der Schweiz auf dem Potsdamer Bahnhof Station, aber niemand bekommt den ungewöhnlichen Berlin-Besucher zu Gesicht. Der Bahnsteig ist abgesperrt, und der Waggon wird zum Lehrter Bahnhof umdirigiert, dann kann Lenin weiterreisen. Die Revolution in Rußland, so hoffen die deutschen Heerführer, wird ihnen die ersehnte Entlastung bringen – Friede im Osten und im Westen Einsatz der abgelösten Truppen.

Doch die neuen Offensiven bringen dort nur magere Geländegewinne, und auch der Eisenbahnpionier Hucke kann das Kaiserreich nicht mehr retten. Vor den britischen Tanks, der überraschenden Schreckenswaffe, weichen die deutschen Truppen zurück. In Berlin gibt es 125 Gramm Seife pro Kopf und Monat, und Willy Huth schenkt in seinem Restaurant den kostbaren Bordeaux nur noch an gute Gäste aus. Der ‚Franzmann‘, den man nicht leiden kann, liefert keine Weine mehr.

Im November 1918 kehrt Fritz Hucke nach Berlin zurück und wird mit seinen Kameraden, in Fünferreihe, gegen den Potsdamer Platz in Marsch gesetzt. An der Potsdamer Brücke stehen Maschinengewehre, die stadteinwärts zeigen. Fritz Hucke wundert sich, warum plötzlich überall Menschen auftauchen, erregte Menschen offenbar, denn sie packen die Maschinengewehre der Soldaten und werfen sie, nieder mit dem

Krieg, in den Landwehrkanal. Scharfe Munition ist an die Pioniere ausgegeben worden zur Bekämpfung der Revolution, pro Mann fünf Patronen, aber es waren der Revolutionäre zu viele, und die meisten Soldaten wollten nicht mehr schießen. Der Pionier Hucke läuft zum Potsdamer Platz, am Weinhaus Huth vorbei. Er wird Zeuge einer historischen Stunde, denn es ist der 9. November 1918. Kaiser Wilhelm hat abdanken müssen, und der sozialdemokratische Reichstagsabgeordnete Philipp Scheidemann hat von einem Fenster des Reichstages die Republik ausgerufen. Am Potsdamer Platz müssen sich Offiziere mit gezogenem Revolver gegen Soldaten verteidigen, die ihnen die Schulterstücke herunterreißen wollen.

Verloren ist der Krieg, dessen Ausbruch bei Huths vier Jahre zuvor so begeistert gefeiert wurde, und des Kaisers schimmernde Wehr auf den Schlachtfeldern dezimiert – „im Felde unbesiegt" natürlich, so wird wenig später an der Dolchstoßlegende gestrickt.

„Am Potsdamer Platz", so erinnert sich der Schriftsteller Arthur Holitscher an den Schicksalstag, „hatte sich eine marschierende Menge gesammelt. Kompakte Kolonnen in der Breite von etwa 20 Mann, Arbeiter, Arbeiterinnen, die aus der Potsdamer, der Leipziger, der Königgrätzer Straße kamen, formierten sich zum Vormarsch gegen das Brandenburger Tor." Fritz Hucke sieht zu. Es gibt ein Foto vom Potsdamer Platz an diesem 9. November. Unübersehbar drängen sich die Menschen, rote Fahnen wehen, und irgendwo muß auch Fritz Hucke sein.

Im Hintergrund reckt sich das Türmchen vom Weinhaus Huth. Es spielt an diesem Tag nur eine Statistenrolle, obwohl eine Epoche zu Ende geht, auch für die Huths.

Das Haus Huth wird 70 Jahre später noch einen historischen 9. November erleben, aber da gibt es keinen Huth und keinen Hucke mehr. Beim Fall der Mauer wehen keine roten Fahnen, sondern nur der Schal des Bürgermeisters Momper, und aus den Fenstern des Hauses Huth blicken verblüffte Mieter.

Auch das Jahr 1918 ist eine Wende. Das Kaiserreich existiert nicht mehr, und ins Schloß der Hohenzollern ist die rote Volksmarinedivision eingerückt. Nie wieder wird Frau Kühnemann ihren Kaiser durch den Tiergarten fahren sehen, verschwunden sind Gardeoffiziere und Adel, die feine Hofgesellschaft, und das Regierungsviertel hat seinen Glanz verloren, jedenfalls für Willy Huth, der die Sozialdemokraten nicht leiden kann wie so viele im Berliner Bürgertum.

Glanz und Terror

Der Eisenbahnpionier Hucke nestelt die Kokarde von der Mütze und stellt sein Gewehr am Potsdamer Platz an einen Wagen. Der Krieg ist aus.

Anna Hoop, die als Dienstmädchen nach Berlin kam, ist Straßenbahnschaffnerin geworden. Im Krieg gab es nicht mehr genug reiche Herrschaften, die sich Personal halten konnten und Zehn-Zimmer-Wohnungen über eine ganze Etage.

Am Potsdamer Platz werden Büros gebaut, in die Rechtsanwälte und Interessenverbände einziehen. Bei Huths verschwinden die Stammtische, und es kündigt der Hoffriseur Larsen, weil es keinen Hof mehr gibt.

Der Krieg ist vorbei, aber am Potsdamer Platz wird weitergeschossen – wie überall in der Stadt. Am 21. Dezember werden die Särge von 21 Opfern des Bürgerkriegs in einem Trauermarsch über den Platz geführt. Die Toten liegen auf Bierwagen, dahinter laufen rote Matrosen und Tausende von Zivilisten.

Nur kurze Zeit sind vor dem Reichstag Gewehre für eine Mark das Stück verkauft worden, vielleicht auch das von Herrn Hucke, aber nun werden sie wieder gebraucht. Der kommunistische Spartakus-Aufstand bricht los, und rote Matrosen besetzen für kurze Zeit den Potsdamer Bahnhof. Am 6. Januar 1919 dringen sie dreimal gegen die Reichskanzlei vor.

Ab sechs Uhr abends ist Ausgehvorbot, schlecht für das Weinhaus Huth. „Am 8. Januar 1919", so schreibt Marie von Bunsen in ihrem Buch *Die Welt, in der ich lebte*, „sprach ich über die Sozialdemokratie vor der Musiklehrerinnenvereinigung im Rheingold. Zwischendurch hörte ich scharfe Salven und Maschinengewehrgeknatter vom Potsdamer Platz her. Dennoch fahren die Straßenbahnen. Aber es gibt keine Zeitungen."

Die Garde-Kavallerie-Schützen-Division errichtet Straßensperren am Potsdamer Platz, Schilder drohen: „Halt! Wer weitergeht, wird erschossen", und einige Soldaten tragen als Ausweis ihrer völkischen Gesinnung Hakenkreuze auf dem Stahlhelm, die ersten am Potsdamer Platz und nicht die letzten.

„Die großen Konditoreien Josty, Fürstenhof, Palastcafé, Vaterland", so notiert der Diplomat und Schriftsteller Harry Graf Kessler am selben 8. Januar, „sind offen, hell erleuchtet und überfüllt. Um halb acht im Fürstenhof gegessen. Die eisernen Gittertore wurden eben geschlossen, weil ein Spartakusangriff auf den gegenüberliegenden Potsdamer Bahnhof erwartet wurde. Fortwährend fallen einzelne Schüsse. Als wir herauskommen, gegen neun, stehen aber noch immer Gruppen erregt diskutierender Menschen auf den Bürgersteigen. Die Straßenhändler mit Zigaretten, Malzbonbons, Seife schreien noch immer ihre Waren aus.

Café Vaterland ist hell erleuchtet. Ich gehe einen Augenblick hinein. Obwohl jede Minute Kugeln einschlagen können, spielt die Wiener Kapelle, die Tische sind gut besetzt, die Dame unten im Zigarettenhäuschen lächelt wie im tiefsten Frieden ihren Kunden zu."

Das Jahr 1919 ist für das Weinhaus Huth keine reine Freude. Der Kriegsberichterstatter Paul Lindenberg, der 1914 so begeistert über die Tannenberg-Schlacht geschrieben hatte, ist heimgekehrt und trinkt wieder seinen Schoppen bei den Huths. „Zu Ende das blutige Kämpfen, zu Ende das furchtbare Ringen", notiert er, noch immer schwülstig. „Und als wir wiederkehrten, da hatte sich Berlin verändert, auch unsere Huthsche Weinstube, deren Umgestaltung mit der neuen Zeit Schritt gehalten. Aber sonst ist sie die alte geblieben, was die Behaglichkeit und die Bacchusgaben nebst

Zutaten anbelangt, und auch heute noch versammeln sich dort gern jene, die sich bei edlem Trunk hinwegsetzen können über alles Kleinliche und Störende, was die Gegenwart bringt."

Erinnerung verklärt. Aber vielleicht empfindet der Herr Lindenberg die neue Republik mit ihren Geburtswehen wirklich nur als kleinlich und störend, er wäre nicht der einzige. In Berlin herrscht Bürgerkrieg, und am 15. Januar 1919 werden Rosa Luxemburg und Karl Liebknecht von Angehörigen der Garde-Kavallerie-Schützen-Division ermordet. Am 25. Januar, bei Liebknechts Beerdigung, fahren regierungstreue Einheiten am Potsdamer Platz MGs und Geschütze auf. Im März schlagen Regierungstruppen, die von der sozialdemokratischen Regierung nichts halten, aber noch mehr die Kommunisten hassen, den Spartakus-Aufstand nieder. Die Freikorps gehen mit schweren Geschützen und Minenwerfern gegen die Arbeiterviertel im Norden und Nordosten Berlins vor. Flugzeuge werfen Bomben ab, Häuser werden eingeäschert, über tausend Menschen sterben. Am Alexanderplatz stehen Ruinen – so wird 1945 Berlin aussehen.

Vielleicht haben beim Sieg über die Roten im Weinhaus Huth wieder die Gläser geklungen, weil hier alles beim alten geblieben ist, wie Paul Lindenberg meint. Doch viele Stammgäste sind nun verschwunden, der berühmte Stammtisch der Staatssekretäre Hoetsch und Hugenberg existiert nicht mehr, und der preußische Landadel, der früher sechs Wochen Saison in der Hauptstadt verbrachte, hat sich nach Potsdam verzogen. Von denen, die in der Kaiserzeit das Sagen hatten, sind nur die Hochfinanz und die Industriellen in Berlin geblieben, die bald einem neuen Herrscher, dem ‚Führer', huldigen werden.

Die Welt im Weinhaus Huth ist nicht mehr dieselbe, weil die Welt ringsum nicht mehr dieselbe ist. Noch

finden im Hotel Esplanade um die Ecke als Hofball-
ersatz die Feste des adligen Kurmärker Wirtschafts-
clubs statt, und an jedem 26. Januar wird der traditio-
nelle Toast auf „Unseren allergnädigsten Herrn, Seine
Majestät den Kaiser und König" ausgebracht, doch das
Geburtstagskind ist kein Kaiser mehr und hackt Holz
im holländischen Exil.

Die jungen Damen, die vor 1918 nur mit Kavallerie
tanzten und die Aufforderung eines Leutnants vom 1.
Garderegiment zu Fuß als übergeschnappt bezeichnet
hätten, tanzen nun Boston und Tango mit den neureichen Kriegsgewinnlern, den ‚Raffkes' und Schiebern.
In Berlin gibt es 300.000 Arbeitslose.

Im Sommer 1919 ist Verkehrsstreik in Berlin.
Gemüse- und Kohlewagen ersetzen die Omnibusse,
Kremser und Droschken kommen wieder zu Ehren,
und der Potsdamer Platz sieht aus wie zur Jahr-
hundertwende, so ganz ohne Autos. Aber des Kaisers
herrliche Zeiten sind vorüber, und der Schriftsteller
Paul Liebmann trauert den Tagen nach, „als ein
Droschkenkutscher zehn Pfennig noch für ein Trink-
geld hielt und nicht für eine Beleidigung, und der
Kaiser so populär war wie heute Fern Andra und
Henny Porten." Die neue Zeit sucht sich ihre Idole im
Kino, da kann der Herr Liebmann lange trauern. Die
Nacht von Berlin, findet er, sei früher eine leichtlebige
Person gewesen, aber die Berliner Nacht von 1919 sei
grämlich. Grämlich sind alle, die sich an den Verfall
der Monarchie nicht gewöhnen können.

Der Krieg ist vorüber, aber noch stehen Café Josty,
Haus Vaterland und Hotel Fürstenhof, als sei nichts
geschehen. Die deutschen Heere haben fern der
Heimat kapituliert, und selbst die Großflugzeuge der
letzten Kriegsjahre, die ‚Gotha'- und ‚Staaken'-Bomber
mit sechs Mann Besatzung, wirken putzig gegen die

Fliegenden Festungen im Zweiten Weltkrieg. Noch ahnen die Menschen nichts von Luftminen und Phosphorkanistern, die Berlins Stadtmitte 25 Jahre später vernichten werden. Beim Spartakus-Aufstand von 1919 hat der Potsdamer Bahnhof ein ˜ar Maschinengewehrgarben abbekommen – was ist das schon gegen die Granaten, Panzerfäuste und Raketen aus Stalinorgeln, die bei der Eroberung Berlins im April 1945 selbst die Ruinen noch einmal pulverisieren.

Willy Huth weiß nach dem Ende des Kaiserreichs nicht mehr, wie ihm geschieht. Vor seinen Augen hat sich die Tiergartenkultur, der er angehört, verflüchtigt, der Kurfürstendamm hat die Tiergartenstraße als Flanierboulevard abgelöst. „Wohnungsauflösungen und Versteigerungen", so schreibt Helmut Weidmüller in seinem Buch *Die Berliner Gesellschaft während der Weimarer Republik*, „wurden zum Symbol des Abflusses einer Epoche. Die Repräsentanten des neuen Reichtums bevorzugten nicht mehr die historischen Wohnstätten der Gesellschaft."

Wie zum Trotz geht Willy Huth weiter im Tiergarten spazieren, als wolle er die Veränderungen ringsum ignorieren. Er spaziert die Tiergartenstraße entlang, durch vier Jahrzehnte, durch Krieg und Nachkriegszeit, auch als der Tiergarten längst kein Garten mehr ist und im Mai 1945 Flugzeugwracks und Gräber vom Schlachten der letzten Kriegstage künden. Er geht seine Runden zwischen Schrebergärten und Neuanpflanzungen, ein tägliches Ritual, das erst der Tod beendet.

Berlin 1920. Die Zahl der Einwohner überschreitet durch die Eingemeindung von sieben Städten, 59 Landgemeinden und 27 Gutsbezirken die Vier-Millionen-Grenze. Jetzt ist Berlin größer als Paris. Die letzten Pferdeomnibusse werden eingestellt, der rechtsradikale Kapp-Putsch ist gescheitert, und ein Ei kostet jetzt 94 Pfennig, dreizehnmal mehr als vor dem Krieg.

Im Haus Huth feiert die schlagende Verbindung der ‚Jenaer Preußen' ihr 62. Stiftungsfest. Jenaer Preuße ist auch der Stammgast Ferdinand Sauerbruch. Mit ihren Frühschoppen an jedem Sonntag werden die Preußen dem Haus Huth bis in die dreißiger Jahre die Treue halten, dann ziehen sie an den Wittenbergplatz 3 um, in die Bier- und Weinstuben Alois, die einem ehemaligen Kellner im Weinhaus Huth gehören: Alois Hitler, dem Halbbruder des Führers. Fast zehn Jahre ist Alois Hitler bei den Huths Kellner gewesen. Viele Angestellte erinnern sich noch gut an den nervösen Mann mit dem Oberlippenbärtchen, der es im Leben nicht so weit bringen wird wie sein Halbbruder Adolf und 1956 in Hamburg eines friedlichen Todes stirbt.

Am 10. Dezember 1921 erhält Albert Einstein, Direktor des Berliner Kaiser-Wilhelm-Institutes, den Nobelpreis für Physik, und bei der Premiere von Schnitzlers *Reigen* kommt es im selben Jahr zu antisemitischen Krawallen. Am Brandenburger Tor wird der Hotelkönig Lorenz Adlon überfahren. Er ist durch die mittlere Toreinfahrt gegangen, die bis 1918 nur dem Kaiser und den Seinen vorbehalten war. Aber nun gibt es keine Hohenzollern mehr, und Lorenz Adlon, an die neuen Zeiten noch nicht ganz gewöhnt, gerät unter die Räder.

Für das Weinhaus Huth beginnen die Goldenen Zwanziger Jahre, die freilich weder in Berlin noch anderswo so golden sind. Es ist eine Hochblüte der Boheme, ein Tanz aber auch auf dem Vulkan inmitten erbitterter politischer Auseinandersetzungen. Ein tiefer Riß geht durchs deutsche Volk. Zwischen Konservativen und Republikanern gibt es keine Brücken.

„Diese großen zehn Berliner Jahre", schreibt Fred

Hildebrandt, einst Feuilletonchef des renommierten *Berliner Tageblattes* über die Zeit von 1922 bis 1932, „waren nur und ausschließlich für folgende Leute zehn große Jahre: für Journalisten, Schriftsteller, Theaterdirektoren, Redakteure, Regisseure, Schauspieler und Schauspielerinnen jeglicher Art, Tänzerinnen und Tänzer, Kabarettisten, Maler, Bildhauer, Zeichner, Musiker und ihrer aller Anhang – diese allein und natürlich ihre Gäste, ihre Zuschauer und Zuhörer erlebten und genossen, schluckten, tranken, soffen und fraßen in diesen so viel zitierten ‚zehn großen Berliner Jahren'. Wir, die wir dazugehörten, hausten unter uns wie auf einer Insel. Denn rings um uns her, außerhalb unserer Welt, tobte ein erbitterter und gnadenloser Kampf in der politischen und geschäftlichen Arena. Es ging um Leben und Tod, um Existenz oder Untergang. Die Parteien zerfleischten sich. Das Land wankte dahin. Das Schlachtfeld war übersät von Leichen. Wir auf unserer Insel der Glückseligen kümmerten uns wenig um das Martyrium des Vaterlandes. Eine betäubende Fülle künstlerischer Ereignisse ließ uns gar keine Zeit dazu, die harte, erbarmungslose Wirklichkeit zu sehen, zu hören, zu empfinden oder sie gar mitzumachen."

Eine Weltstadt im Taumel. Die Menschen jubeln den Regisseuren Max Reinhardt und Erwin Piscator zu, Richard Tauber singt, Josephine Baker tanzt, Brecht und Weill führen ihre *Dreigroschenoper* auf. Es ist die Zeit der Atelierfeste, der Revuen und Fünf-Uhr-Tees. Niemals später gibt es wieder so verrückte Schlager – *Ausgerechnet Bananen, Ich wollt', ich wär' ein Huhn, Was will der Mayer am Himalaya.* Aber nicht Schlagerstars sind die Könige von Berlin, sondern die großen Tanzorchester: Bernhard Etté – eigentlich Bernhard Winter –, Hugo Strasser, Kurt Widmann. Im Hotel Eden am Zoo arbeitet Billy Wilder als Eintänzer und denkt noch nicht an Hollywood. Im Eden-Hotel hat 1919 auch der Stab der Garde-Kavallerie-Schützen-Division residiert, deren Soldaten Karl Liebknecht und Rosa Luxemburg umbrachten.

Goldene Zwanziger Jahre: Die Mädchen tragen kurze Röcke und Monokel, und fürs Wochenende im Hotel kann man sich zum Preis von drei Mark Trauringe leihen. 1921 hat es im Café Josty noch Kuchen aus gefrorenen Kartoffeln und Zigarren aus nikotingetränkten Kohlblättern gegeben, ein Jahr später wimmelt der Potsdamer Platz wieder von Vergnügungssüchtigen, als hätten die Jahre der Entbehrung und Verzweiflung nie existiert.

Die Weltstadt hungert nach Glanz und Zerstreuung, der Terror bleibt. Die Menschen singen *Ich fühl' in mir den Kasimir,* und am 24. Juni 1922 wird Außenminister Walther Rathenau von Rechtsradikalen erschossen. Bis morgens um vier hat er im Hotel Esplanade mit dem Industriebaron Hugo Stinnes diskutiert. Da hat er nur noch ein paar Stunden zu leben.

Die Inflation galoppiert. Im Weinhaus Huth werden die oberen Etagen zu Büros ausgebaut. Von Lokal und Weinhandel allein kann Willy Huth nicht mehr leben. Die Neuköllner Vollkornwerke ziehen ein, die Rechtsanwälte Bachwitz und Happek, die Bürobau AG. Im Erdgeschoß eröffnet ein Herr Hurwitz sein Zigarrengeschäft, dort, wo heute die Firma Hardy ihre Weine verkauft.

Am Potsdamer Bahnhof verschwindet das Rasenstück des ehemaligen Dreifaltigkeitsfriedhofs, längst ein lästiges Verkehrshindernis, und mit ihm Mutter Michaelis' berühmte Blumenhalle, die dort seit Menschengedenken an der Friedhofsmauer klebte. Die Idee, auf dem Friedhofsgelände ein Kaffeehaus zu eröffnen, scheitert an Protesten aus der Bevölkerung.

Über den Potsdamer Platz fahren täglich 40.000

Autos – 10.000 waren es vor dem Krieg. Wieder einmal müssen sich Stadtplaner mit dem Verkehrschaos beschäftigen. Der Platz soll überdacht werden, mit einer Plattform für Fußgänger, aber das Projekt verschwindet in den Schubladen, wie 60 Jahre später die unselige Westtangente.

Auf dem Höhepunkt der Inflation, 1923, kostet ein Brot zwei Milliarden Mark, im fernen München putscht im November ein Herr Hitler, und im Weinhaus Huth fängt Elsie van der Straeten an, Elsie aus Ost-Flandern mit dem kurzen Bubikopf. Sie arbeitet zuerst als Sekretärin und später an der Etikettiermaschine im Weinkeller. Die Kontrolle durch die Vorgesetzten ist hier nicht so streng, und man kann auch mal ein Gläschen heben. Eines Tages wird Elsie van der Straeten im Weinkeller die Flaschenpost verstecken, die den Untergang des Hauses Huth überlebt.

Im Jahr 1923 schlägt im Vox-Haus gegenüber auch die Geburtsstunde des deutschen Rundfunks. Wegen der räumlichen Enge müssen die Zimmer im dritten Stock mit Pferdedecken geteilt werden, und für aufwendige Sendungen werden Säle im benachbarten Rheingold gemietet. Den Hörern wird – noch immer ist Inflation – eine Jahresgebühr von 350 Milliarden Papiermark abverlangt. Das Schloßparktheater nimmt für den teuersten Platz ein Pfund Butter statt Geld, und die Kinder singen:

„Eins, zwei, drei, vier, fünf Millionen,
meine Mutter, die kauft Bohnen,
zehn Milliarden kost' das Pfund und
ohne Speck
du bist weg."

Im November 1923 beendet die Einführung der

Rentenmark den Spuk der Inflation. Der Potsdamer Platz wird zu einem Zentrum der vergnügungssüchtigen Masse, die nun für billiges Geld den Hauch der großen weiten Welt spüren will. Es lärmen die Straßenbahnen, es schreien die Zeitungsjungen und die Blumenfrauen, es dudeln die Leierkastenmänner auf ihren Drehorgeln, und bei jedem Verkehrsstau gibt es Hupkonzerte. Im September 1924 wird, eine Sehenswürdigkeit, der Verkehrsturm auf dem Potsdamer Platz errichtet, und ein Schutzmann gibt von der Kanzel aus Signale. Das Gedränge wird dadurch noch größer, denn nun kommen auch die Neugierigen von weit her und blockieren Fahrbahn und Bürgersteig. 1936 muß das weltbekannte Symbol dem Bau des S-Bahn-Tunnels weichen.

1999 wird ein Bahntunnel die Aufstellung einer Kopie nahe dem alten Standort blockieren. Im Schatten der Infobox wartet sie auf das Ende der Bauarbeiten und wirkt trotz ihrer originalgetreuen 8,50 m klein, weil ringsum alles so groß geworden ist.

„Der Führerschein II b", spottet Carl von Ossietzky 1924 in der *Weltbühne,* „ist heute mehr wert als der Dr. rer. pol. und beinahe schon so viel wie früher das Leutnantspatent." Im Kaufhaus Wertheim in der Leipziger Straße leuchten 100.000 Glühbirnen, staunen die Kunden über den Teppichsaal aus italienischem Nußbaumholz und die ostasiatische Abteilung mit riesigen Ballen Rohseide.

Kaufhäuser und Vergnügungspaläste sind die neuen Tempel des Massenwahns, und der Lebenshunger der Massen entlädt sich in einem Tanzkult ohnegleichen... Boston, Blackbottom, „da liefen einem die Beene von alleene wech", wie sich ein alter Mieter im Haus Huth wehmütig erinnert.

Der Potsdamer Platz 1926. Das Weinhaus Huth hinten in der Potsdamer Straße ist links der Linden nur an seinem Türmchen zu erkennen.

Vom Geschäfts- geht es direkt in den Amüsierbetrieb, und die Mädchen nehmen die Seidenstrümpfe gleich mit ins Büro. Nicht jedem gefällt die Emanzipation der 20er Jahre. „Immer mehr", so stellt der Schriftsteller Hans Ostwald in seinem Buch *Das galante Berlin* resigniert fest, „dringt der neu-sachliche Mädchentyp durch. Eine gymnastisch-tänzerische Generation, die keine Gemütshemmungen kennt, entzaubert und mechanisiert die Erotik. Sie ergibt sich einem übertriebenen Körperkulturfimmel, schminkt sich zwar die Lippen brennend rot in Herzform, kümmert sich aber um herzliche Bindungen nicht. Sie begnügt sich mit der kalten Phrase von der neuen

Sachlichkeit. Ihr Ziel ist, mit allen Mitteln der Schönheitsindustrie zu wirken und zu werben, und ihr Wesen wird im Grunde ebenso beschminkt und gepudert wie ihr Gesicht. Jedes unberührte Mädchen wird schamvoll bei dieser zu weit getriebenen körperlichen und seelischen Entblößung, die allen Reiz und alle Süße nimmt."

Eine deutsche Frau schminkt sich nicht. Bald wird einer kommen, der deutsche Tugenden predigt, und die Menschen werden ihm folgen. 1925, als der sozialdemokratische Reichspräsident Friedrich Ebert stirbt, wählen die Deutschen ausgerechnet den erzkonservativen Hindenburg zum Nachfolger, Heerführer des verlorenen Weltkrieges und Repräsentant einer vergangenen Epoche. Das zeigt, was sie wirklich halten von der ungeliebten Republik. Auch die Justiz macht dabei keine Ausnahme. „Die Bezeichnung ‚Schwarz-Rot-Mostrich' für die Farben der Republik", so hat der SPD-Politiker Wilhelm Hoegner über die Gegner der Demokratie geklagt, „wurde von den Gerichten nicht als Beschimpfung betrachtet. Ebenso stellte das Reichsgericht fest, daß die Benennung ‚Lappen' für die Reichsfahne keine Beleidigung sei."

Auch Herr Huth ist von gestern, nie käme er auf die Idee, sein Restaurant für ein Massenpublikum zu öffnen, das Menüs für eine Mark 50 essen will und lieber Bier trinkt als Wein. Ein kleiner Lieferwagen parkt vor der Potsdamer Straße 5, mit Girlanden geschmückt, und eine Tafel in altdeutscher Schrift wirbt: „Nach dem Kino, dem Theater, Weinhaus Huth sei dein Berater." Hoffnungslos altmodisch mutet das an inmitten einer Welt der Leuchtreklamen und des Flittervergnügens. In der Komischen Oper am Bahnhof Friedrichstraße sagt ein gewisser Hans Albers die Revue *Tausend süße Beinchen* an, und Eric Charell, Berlins Revuekönig, entdeckt einen neuen Star, La Jana, die eigentlich Henny Hiebel heißt und aus Frankfurt am Main stammt.

Nach der Premiere von Alban Bergs Oper *Wozzeck* entrüstet sich die *Deutsche Zeitung*: „Der Tag kann nicht mehr fern sein, da der Beischlaf auf der Bühne der Staatsoper coram publico vollzogen wird."

Die Berliner tanzen auf dem Vulkan, und 1926 muß Willy Huth bei der Deutschen Hypothekenbank erneut ein Darlehen aufnehmen, eine saftige Million Feingoldmark zu Zinsen von acht bis neun Prozent. Damit löscht er ein Jahr später den Kredit der Leipziger Lebensversicherung aus dem Baujahr 1911, aber die Schulden sind so hoch wie zuvor.

1926 ist ein ereignisreiches Jahr. Der Berliner Funkturm wird eingeweiht, und Joseph Goebbels wird Gauleiter der NSDAP für Berlin. Er bezieht ein Büro in der Potsdamer Straße 87 und wird bald die ersten Massenumzüge der Nazis organisieren.

1926 tritt auch Georg Wehner seine Stelle als Lehrling im Weinhaus Huth an, jener Herr Wehner, der 1983 seine frühere Arbeitsstätte am Potsdamer Platz noch einmal besichtigt hat und den ich schließlich in Neustadt an der Weinstraße ausfindig machte.

Für Herrn Wehner ist mein Besuch eine unverhoffte Begegnung mit der Vergangenheit. Ich kann ihm viel vom Weinhaus Huth erzählen und er mir.

Von 1926 bis 1929 hat er in der Potsdamer Straße gearbeitet und den Rest der Goldenen Zwanziger Jahre gerade noch mitbekommen. Noch heute schwärmt er von der Lehrzeit im Haus Huth. Erinnerung verklärt, auch hier.

Er zeigt mir alte Fotos. Herr Wehner im dunklen Anzug und stolz wie ein König, denn im Weinhaus Huth angestellt zu sein, das ist damals eine Auszeichnung gewesen. Es gibt auch andere Fotos: Georg Wehner als dritter von rechts in der Kochbrigade. Vor den riesigen gußeisernen Herden ist sie aufgereiht, 15 Mann hoch, und Herr Wehner erinnert sich nach mehr als einem halben Jahrhundert an jeden einzelnen Namen, den Küchenmeister August Brune, seinen Chef, den Sous-Chef Baumgartner, die Rotissiers Lutze und Exner, die Sauciers Christensen und Habermann, den Entremetier Pelkenickel, die Gesellen Oertel, Schulze und Romeike, die Lehrlinge Gerhard, Werner, Paul und Alfred.

Auf dem Herd stand der große Marmite-Topf, ein kupferner Kessel, in dem die Grundsaucen hergestellt wurden. Küchenarbeit in großen Restaurants ist auch heute kein reines Vergnügen, aber ein Labsal im Vergleich zu der Plackerei von damals.

Georg Wehner, Jahrgang 1912, war 14, als er zu Huths in die Lehre kam, und er weiß noch, daß er „selig und glücklich war", als man ihn nach der Unterzeichnung des Lehrvertrages durchs Haus führte. „Die Räume waren wunderschön gepflegt", erinnert sich der Herr Wehner, „kein Pomp, sehr geordnet und solide."

„Wie sind Sie eigentlich zu Huths gekommen?" frage ich. Georg Wehner stammt nicht aus Berlin, er ist in Beelitz geboren, dem berühmten Spargel-Städtchen im südlichen Umland. Als er zehn war, starb sein Vater, der in Beelitz ein Restaurant besaß, und die Mutter sagte: „Ich lass' dir eine gute Ausbildung zukommen, aber danach mußt du mir zur Seite stehen." Daß er nach der Lehre das Restaurant seiner Eltern übernehmen würde, war Georg Wehner klar.

Wehner hatte einen Onkel, der Koch war in einem Hotel unweit vom Potsdamer Platz, und der hat ihn ans Weinhaus Huth vermittelt.

Herr Wehner überlegt – wie hieß doch gleich das

*Die Kochbrigade im Weinhaus Huth. Augenzeuge Georg
Wehner, dritter von rechts, war 1926 noch Lehrling. Auf
dem Herd der große Topf für die Grundsaucen.*

Haus, in dem sein Onkel gearbeitet hat? Richtig, das
Hotel Prinz Albrecht ist es gewesen, „da war später die
SS drin." Nicht nur die SS, sondern der Reichsführer-SS
persönlich, Heinrich Himmler. Der Block an der Prinz-
Albrecht- und der Wilhelmstraße wird Hauptquartier
des SS-Staates, und in die Kunstgewerbeschule, früher
bekannt für ihre Faschingsfeste, zieht nach der Machtübernahme die Gestapo ein.

Keine Adresse allerersten Ranges sei das Hotel
Prinz Albrecht gewesen, schreibt ein Stadtführer der
Jahrhundertwende. Eine Adresse allerersten Ranges
für Massenmord und Ausrottung wird die Prinz-
Albrecht-Straße erst 1934 mit Heinrich Himmler und
seiner SS.

Vier Jahre wird Georg Wehner im Weinhaus Huth arbeiten, beim Frühdienst von morgens um acht bis nachmittags um fünf, beim Spätdienst von vier bis nachts um eins. Lehrlinge machen da keine Ausnahme, auch wenn sie erst 14 sind. Drei Mark pro Woche hat Georg Wehner als Kochlehrling im ersten Jahr verdient, danach gab es jedes Jahr eine Mark mehr. Das reichte nicht mal für die Miete, 30 Mark im Monat für das Zimmer bei einer Tante in Lichterfelde, dann noch das Fahrgeld für die Linie 74 bis zum Haus Huth. Es ist dieselbe Linie 74, mit der ich 20 Jahre später von Lichterfelde in die Kinos am Potsdamer Platz fahren werde.

Es sind schöne Jahre gewesen für Herrn Wehner, auch wenn er den Amüsierbetrieb rings um den Potsdamer Platz nur als Zaungast genießen konnte, zu spärlich war sein Lehrlingsgehalt. Aber die große weite Welt kam zu ihm ins Weinhaus Huth, es kamen die Schauspieler Fritz Kortner und Paul Wegener, der Dirigent Wilhelm Furtwängler von der nahen Philharmonie und einmal sogar der Großadmiral von Tirpitz, der nun schon fast 80 ist und seine Schlachtkreuzer auf den sieben Weltmeeren verloren hat.

Gleich vom ersten Tag an mußte der Lehrling Wehner mächtig ran, Silber putzen, eindecken, Wäsche holen, das Personalessen für die Angestellten kochen. Willy Huth, der Chef, aß da nicht mit. Er setzte sich an den Stammtisch, zu seinen Geschäftsführern, immer unnahbar und auf Distanz bedacht.

1927 gehen die Geschäfte im Weinhaus Huth wieder etwas besser, und Herr Huth kann sich Reisen nach Monte Carlo leisten oder zur Jagd nach Schweden. Das Wildbret bringt er für die Gäste mit. Wenn Dora Huth, seine Frau, in der Villenetage am Lützowplatz ihre kleinen Feste gibt, zu denen der Professor Sauerbruch kommt und der Flieger Ernst Udet, dann müssen die

Kochstifte mithelfen, das Essen in der Potsdamer Straße arrangieren und dann an den Lützowplatz schaffen. Dora Huth führt ein geselliges Haus, 30 Personen pro Abend und mehr sind dort zu Gast. Im Weinhaus Huth herrscht jetzt oft drangvolle Enge, „und wenn Grüne Woche war oder Automobilausstellung", sagt der Herr Wehner, „dann kochte der Laden über." Das bedeutete Hochbetrieb an dem sieben Meter langen Herd, der mit Steinkohle beheizt wurde. Die Fleischkochtöpfe dampften, und auf den drei Bratöfen stand Kupfertopf neben Kupfertopf. 300 Essen pro Abend waren keine Seltenheit, und die vier Geschirrspülerinnen kamen kaum noch nach. Da haben natürlich auch die Lehrlinge helfen müssen, die schweren Kupfertöpfe zu putzen und die Kohlen aus dem Keller zu holen. „Und wenn das nicht schnell ging", sagt der Herr Wehner, „dann gab's ein paar hinter die Löffel."

An den Tagen mit Hochbetrieb schafft Georg Wehner gerade die letzte Straßenbahn nach Lichterfelde, kurz vor eins. Herr Huth fährt mit seinem Horch nach Hause an den Lützowplatz, das heißt, er wird gefahren, denn natürlich haben die Huths einen Chauffeur.

Die 180 Plätze im Erdgeschoß und im ersten Stock sind fast jeden Abend ausgebucht, den Gästen werden die Speisen auf Silberplatten serviert, auch Herrn Adenauer, damals Oberbürgermeister von Köln und Präsident des Preußischen Staatsrats. Er hat es ja nicht weit vom Preußischen Herrenhaus in der Leipziger Straße.

Zeit zum Verschnaufen gab's da nicht, nur wenn ein Zeppelin über die Reichshauptstadt flog, dann durfte das Personal mit dem Lastenfahrstuhl rauf aufs Dach. Einen schönen Blick hat man da oben auf den Zeppelin und die Menschen unten am Potsdamer Platz.

Auch am 17. Juni 1953 werden Leute aufs Dach steigen, Mieter diesmal, obwohl es keinen Zeppelin zu sehen gibt, aber viele Menschen am Potsdamer Platz und russische Panzer, die den Ost-Berliner Aufstand niederwalzen.

1927 wird das Haus Vaterland am Potsdamer Platz umgebaut, alles soll noch größer, noch protziger werden, als es schon ist. Bis zu 9.000 Gäste kommen dann Tag für Tag, amüsieren sich im Puszta-Keller, in der Texasbar oder schauen in der ‚Bremer Kombüse‘ Dampfer- und Segelschiff-Modellen zu. 1.100 Angestellte hat das Haus Vaterland, darunter über 200 Kellner.

„Hier ist die Masse bei sich selbst zu Gast", hat der Journalist Siegfried Kracauer geschrieben. „Der Raum, in dem der Heurige genossen wird, bietet einen herrlichen Fernblick auf das nächtliche Wien. Matt hebt sich der Stephansdom vom gestirnten Himmel ab, und eine innerlich beleuchtete Elektrische entgleitet über die Donaubrücke. In anderen Räumen fließt der Rhein, glüht das Goldene Horn, dehnt sich fern im Süden das schöne Spanien. Je mehr die Monotonie den Werktag beherrscht, desto mehr muß sich der Feierabend aus seiner Nähe entfernen. Der genaue Gegenschlag gegen die Büromaschine ist die farbenprächtige Welt. Nicht die Welt, wie sie ist, sondern wie sie in den Schlagern erscheint." Ein Disneyland der 20er Jahre.

Ins Vaterland kommen natürlich nicht nur die Angestellten aus den Büros, sondern auch die Besucher aus der Provinz, die Onkels aus Neu-Ruppin. Sie schreiten durch eine Halle, die großartiger ist als die im Adlon, und schnuppern so vom Duft der großen Welt: Talmi für die kleinen Leute, denn die Stadt wirbt mit dem Slogan „Jeder einmal in Berlin".

Jeder einmal in Berlin: Richard Tauber kommt, der

Kronprinz kehrt aus dem holländischen Exil zurück und läßt seinen Sohn Wilhelm, den Kaiserenkel, nicht ganz legal als Beobachter an einem Reichswehrmanöver teilnehmen, was den General von Seeckt um die Heeresleitung bringt; es kommt Herr Hitler und hält eine Rede, und es kommt, aus Dresden, Erich Kästner, der über die Provinzbesucher ein Gedicht verfaßt:

„Sie stehen verstört am Potsdamer Platz
Und finden Berlin zu laut.
Die Nacht glüht auf in Kilowatts.
Ein Fräulein sagt heiser: Komm mit, mein Schatz!
Und zeigt entsetzlich viel Haut.

Sie wissen vor Staunen nicht aus und nicht ein
Sie stehen da und wundern sich bloß.
Die Bahnen rasseln. Die Autos schrein.
Sie möchten am liebsten zu Hause sein.
Und finden Berlin zu groß.

Es klingt, als ob die Großstadt stöhnt,
weil irgendwer sie schilt.
Die Häuser funkeln. Die U-Bahn dröhnt.
Sie sind das alles so gar nicht gewöhnt.
Und finden Berlin zu wild.

Sie machen vor Angst die Beine krumm.
Und machen alles verkehrt.
Sie lächeln bestürzt. Und sie warten dumm.
Und stehn auf dem Potsdamer Platz herum,
bis man sie überfährt."

Im *Baedeker* heißt es: „Für die Weiterfahrt ab Potsdamer Bahnhof stehen zur Verfügung: Anschluß an S- und U-Bahn, die Straßenbahnen 1, 6, 7, 8, 15, 21, 23, 24,

33, 40, 51, 52, 54, 57, 60, 61, 66, 67, 71, 72, 74, 80, 81, 87, 88, 101, 114, II, sowie drei Autobuslinien."

In Wedding fließt Blut, fliegen Biergläser und Stuhlbeine, schreien die Menschen, wird nach Sanitätern gerufen. In den Pharussälen kommt es am 11. Februar 1927 zur Schlacht zwischen SA und kommunistischer Rotfront. Herr Goebbels, erst ein Vierteljahr in Berlin, hat ganze Arbeit geleistet.

Immer heftiger werden die Bürgerkriegsarmeen in den nächsten Jahren aufeinanderprallen. Die Berliner amüsieren sich im Luna-Park am Halensee und im Kabarett der Komiker, im Femina, im Wintergarten und in der Katakombe – draußen auf der Straße schlagen sich SA, Thälmanns Rotfrontkämpfer und das Reichsbanner Schwarz-Rot-Gold der Sozialdemokraten. Die Berliner Polizei steht auf verlorenem Posten – 150.000 Mitglieder hat im Reich allein der ‚Rotfrontkämpferbund‘, drei Millionen das ‚Reichsbanner‘, eine Million der ‚Stahlhelm‘, SA und SS erreichen 1931 zusammen 100.000 Mann. Die Berliner Bürger werden gebeten, die Fenster zu schließen.

Herr Wehner macht nach der Koch- auch noch eine Kellnerlehre, den Smoking muß er sich für 130 Mark selbst kaufen, und daß er täglich ein frisch gestärktes Hemd trägt, darauf achtet schon sein Vorgesetzter, der Oberkellner Alois Hitler.

Georg Wehner hat ihn „als einen spitzen, sehr wienerischen Typ" in Erinnerung, der ab 1928 ständig zu den Nazi-Kundgebungen im Sportpalast gelaufen ist und den Herrn Hennings, einen der Geschäftsführer, belehrt hat, sein Halbbruder Adolf bringe es noch mal zu was. Da hat der Herr Hennings gesagt: „Ach, reden Sie doch nicht." Das Haus Huth ist deutschnational, in den Sälen hängen Bilder von Bismarck und dem Kronprinzen. Die Nazis sind den Huths zu ordinär.

1928, Herr Wehner ist im zweiten Lehrjahr, ziehen die Nationalsozialisten mit zwölf Abgeordneten in den Reichstag ein, zwei Mandate weniger, als sie 1924 bekommen hatten. Der deutsche Luft-Hansa-Pilot Hermann Köhl überquert mit seinem Landsmann Ehrenfried-Günther von Hünefeld und dem irischen Major James Fitzmaurice den Atlantik zum erstenmal in Ost-West-Richtung, ein Jahr nach Lindberghs Flug von New York nach Paris.

Im selben Jahr wird im zweiten Stock ein Weinbüro eröffnet. Willy Huth hat dafür einen Fachmann engagiert: Dr. Unruh von der renommierten Weinhandlung Lutter & Wegner. Er bringt eine Einlage von 40.000 Mark mit, das hilft der Firma wieder auf die Beine. Zu seinem großen Ärger wird Herr Dr. Unruh zwar nicht Mitinhaber, aber er engagiert Reisevertreter und vergrößert so den Umsatz außerhalb des Hauses.

Georg Wehner wird Kellner, bekommt endlich mal eine oder zwei Mark Trinkgeld und kann abends ausgehen, natürlich nicht in die feinen Häuser wie in den Fürstenhof oder das Esplanade, sondern in die Bierpaläste, ins Pschorrhaus oder in den Bayernhof mit seinen riesigen Sälen, wo die Menüs ein Drittel weniger kosten.

Herr Wehner zeigt mir sein Lehrzeugnis. „Sein zuvorkommendes Wesen", so hat ihm Willy Huth bescheinigt, „sein Fleiß, sein bescheidenes, aber doch bestimmtes Auftreten verleihen ihm eine besondere Qualität für den von ihm erwählten Beruf als Kellner. Seine Führung war tadellos." Mit diesem Zeugnis aus einem renommierten Hause hätte Georg Wehner überall unterkommen können, und er hat eine Zeitlang auch mit dem Adlon geliebäugelt, aber dann mußte er doch zurück nach Beelitz, um mit 18 den Betrieb seines verstorbenen Vaters zu übernehmen.

Vom 21. Dezember 1929 ist aus dem Haus Huth noch eine Speisekarte erhalten, von einer Hochzeitsfeier.

Ein Erwin Pikelke hat an diesem Tag ein Fräulein Inge Vorbrodt geheiratet, und es gibt Kraftbrühe mit Mark, Haffzander überbacken, Rehkeule in Sahne, Fürst-Pückler-Eis, Mokka und Liköre, dazu deutsche und französische Weine, die nun wieder reichlich vorhanden sind, obgleich man den ‚Franzmann' wegen seiner dreisten Reparationsforderungen noch immer nicht leiden kann.

Herr Wehner hat es nach dem Krieg in Neustadt an der Weinstraße zu einem eigenen Hotel gebracht und sich dann in den Ruhestand zurückgezogen. Wir sitzen in seiner Wohnung nahe dem Stadtzentrum, und Berlin ist weit. Ich lese ihm Namen von früheren Angestellten vor. Herr Wehner erinnert sich, aber er weiß nicht, wo seine Kollegen geblieben sind. Nur das Lokal am Wittenbergplatz, das seinem Vorgesetzten Alois Hitler gehörte, hat er viel später mal besucht, zusammen mit seinen Söhnen. Aber da gab es auch hier keinen Hitler mehr. Und dann hat er den alten Huth noch einmal getroffen, der freundlich war, aber unnahbar wie immer.

Herr Wehner erinnert sich, daß schon in den 20er Jahren immer über den schlechten Geschäftsgang gemunkelt wurde. Laut traute sich das natürlich niemand zu sagen, und tatsächlich, in den Grundbuchakten steht: Auch 1928 hat Willy Huth wieder ein Darlehen aufgenommen, 150.000 Mark von der Dresdner Bank diesmal. 1929 und 1931 werden dazu Sicherungshypotheken ins Grundbuch eingetragen.

1929 gibt es zweieinhalb Millionen Rundfunkhörer. Gustav Stresemann stirbt, viel zu früh, im Alter von 51

Jahren, und die Zahl der Arbeitslosen in Deutschland überschreitet die Drei-Millionen-Grenze. 450.000 sind es allein in Berlin.

Am Wittenbergplatz – Alois Hitler arbeitet da noch im Weinhaus Huth – machen die Gebrüder Franz und Erich Sass Schlagzeilen. Sie knacken den Tresor der Berliner Disconto Gesellschaft, nachdem sie vom Nachbarhaus aus einen Tunnel gegraben haben.

1985 bin ich auf der Suche nach einer jüdischen Familie in die Birkenstraße 57 in Berlin-Moabit gekommen. Niemand erinnert sich an die 1943 Deportierten, wohl aber an die Gebrüder Sass. Denn auch die haben in der Birkenstraße 57 gewohnt, im Hinterhof. 1940 sind die beiden von den Nazis ‚auf der Flucht erschossen' worden.

1929 gehen die Goldenen Zwanziger ihrem Ende zu, aber noch wird in Berlin gefeiert. Im Haus Vaterland wird die Revue *Berlin will lachen* aufgeführt, mit Loni Heuser und Grethe Weiser, es tanzen 16 Vaterland-Girls, fünf Stunden ohne Pause, und zwischen den Tischen kneifen ihnen die Gäste ins rosarot geschminkte Fleisch.

In der Scala tritt der Jongleur Rastelli auf, bei Aschinger kosten Erbsen mit Speck 50 Pfennig, und die Berliner singen „Oh, Donna Clara, ich hab' dich tanzen geseh'n, oh, Donna Clara, du bist wunderschön". Texter dieses Schlagers ist Dr. Fritz Löhner, der unter dem Pseudonym Beda auch den Klassiker *Yes, we have no bananas* zu *Ausgerechnet Bananen* umgedichtet hat und der 15 Jahre später in Auschwitz enden wird. Berlin gleicht „einem Kessel am Überkochen, mit einer Menge rosarotem Schaum drauf", so der Maler George Grosz.

Im Wintergarten tritt Josephine Baker auf, nur mit einem Bananenröckchen bekleidet, Kurt Tucholsky verfaßt den Schlager *Mir ist heut so nach Tamalan* und widmet ihn der Sängerin Fritzi Massary. Beim Film geht ein neuer Stern auf – Hans Albers spielt die Hauptrolle in einem der ersten deutschen Tonfilme, *Die Nacht gehört uns.*

1929 nimmt das Fernsehen den Sendebetrieb auf, und am Potdamer Platz werden die ersten Wolken-kratzer geplant, dort, wo noch das Café Josty steht. Die Pläne zerschlagen sich für die nächsten 70 Jahre. Erst zur Jahrtausendwende stehen Hochhäuser am Potsda-mer Platz, und beim Ausheben der Baugruben werden Kaffeetassen mit den Initialen CJ gefunden. Es soll auch wieder ein Café Josty geben wie einst im Mai, und vielleicht findet sich ein neuer Erich Kästner, der das Getümmel am Potsdamer Platz beschreibt.

Ist es eine Lust zu leben? Das seriöse *Berliner Tageblatt* veröffentlicht jeden Sonntag Hunderte von Kontaktanzeigen, die kaum mit Heiratsgesuchen zu verwechseln sind. In der Potsdamer Straße haben die Mokkadielen Hochbetrieb, über die Kurt Moreck in seinem *Führer durch das lasterhafte Berlin* berichtet: „Die Logen sind eng und der Vorhang kein hermetischer Verschluß, aber die Kellner sind diskret und vertrauen darauf, daß ihr Taktgefühl beim Zahlen berücksichtigt wird. Wenn das Gedeck serviert ist, erscheinen sie nur noch auf Wunsch. Vor allem zwischen fünf und sieben sind diese Knutschlogen sehr begehrt." Am Potsdamer Platz schreien die Wurstmaxen der Firma Koschwitz, täglich frisch im weißen Dress. Bei manchen ist nicht nur Bockwurst zu haben, sondern auch Kokain. Das war schon damals Mode in Berlin, lange vor den ‚Kindern vom Bahnhof Zoo'.

Eines Tages sitzt Marie Krause aus Neu-Ruppin, inzwischen Neuruppin, vor mir, Jahrgang 1903 und noch ziemlich munter. Bei der Berliner Weinhändler-innung hat man sich an ihre Schwester erinnert, die mal bei den Huths gearbeitet hat. So finde ich Herta Thiel, und Frau Thiel holt Mariechen, ihre Schwester, aus der DDR nach Berlin.

Ja, sagt Mariechen Krause, 14 Jahre habe sie bei den Huths gearbeitet, von 1926 an. Sie war eine der wenigen Angestellten, die auch im Haus gewohnt haben, unterm Dach mit Luke zur Straße und Fenster zum Innenhof, „nicht überwältigend schön, aber bequem." Zu acht sind sie da oben gewesen, aber Marie Krause erinnert sich nur noch an die Wirtschafterin Hulda Neumann und einen Heizer, der morgens den Herd, die Zentralheizung und den Heißwasserboiler für die Kaffeemaschine anstellte. Seinen Namen weiß sie nicht mehr. Zu zweit haben sie in den engen Kammern gewohnt, aber es war angenehm, daß man nach der Arbeit nicht mehr nach Hause mußte, denn manchmal ging es bis nachts halb zwei.

„Haben Sie denn mit Ihrer Schwester zusammengewohnt?" frage ich. „Nein", sagt Mariechen Krause, „mit meiner Schwester nicht. Mit Elsie."

Elsie?

„Ja, Elsie van der Straeten aus Belgien." So höre ich, nach drei Jahren Suche, zum erstenmal von Elsie, der Belgierin aus Ost-Flandern, die seit 1923 bei Huths gearbeitet hat und „im Jahr des Heils 1938" die Flaschenpost im Keller versteckte. Niemand hat sich im Bezirksamt Berlin-Tiergarten auf die Botschaft einen Reim machen können.

Die Elsie, sagt Frau Krause, sei eine bildhübsche Person mit braunen Haaren und schönen Beinen gewesen, aber leider immer etwas schlampig angezogen, ein leichter Vogel eben, etwas flatterhaft. Die alte Dame blickt pikiert.

Elsie van der Straeten hat zuerst in der Telefonvermittlung gearbeitet, aber sie kam oft zu spät, weil sie abends so gern ausging. Sie hat die Goldenen Zwanziger Jahre auf ihre Weise genossen, zum Mißvergnügen von Frau Krause, die vom Lande kam und an Elsies nächtlichen Ausflügen nicht teilgenommen hat.

Immerhin, sagt Frau Krause, hat Elsie ihrer Mutter jeden Monat 20 Mark geschickt.

Eines Tages muß es Herrn Huth wohl zuviel geworden sein mit dem ausgehfreudigen Fräulein Elsie und ihren vielen Verspätungen, und da hat er sie in den Weinkeller versetzt. Da saß sie nun und machte ab und zu „ein Prösterchen", wie Mariechen Krause vermutet, natürlich, sie saß ja an der Quelle.

„Ein leichtes Mädchen", sagt Frau Krause voller Mißbilligung. Sie weiß noch, daß die Kollegin aus Antwerpen stammte. „Die Elsie", sagt sie, „ist sicher schon lange tot." Marie Krause hat damals in der Warenannahme gearbeitet, und die Sitten waren streng. Es gab nicht nur eine Stempeluhr, sondern gelegentlich auch Leibesvisitationen beim Personal. Denn bei den feinen Huths wurde viel geklaut. Willy Huth zahlte bescheidene Gehälter, weil er es wohl als Ehre für das Personal ansah, in seinem Haus beschäftigt zu sein. Da hielten sich die Angestellten auf andere Weise schadlos.

Wenn Hochzeit war im Haus und Marie Krause zwölf Stunden auf den Beinen, wenn die Vorgesetzten im Trubel ringsum mal die Übersicht verloren, nutzten viele Angestellte die günstige Gelegenheit. Die meisten haben im Osten Berlins gewohnt, wo die Mietskasernen standen und der Tisch nicht so üppig gedeckt war wie am Potsdamer Platz. Ihrer Zimmernachbarin Hulda hat Frau Krause mal in die große Kaffeekanne geblickt, und da war ein Hühnchen drin statt Kaffee. Eine Kaltmamsell hat sie erwischt mit einer Büchse Ölsardinen und einem Stück Schinken unterm Hut, es aber nicht gemeldet, denn wer erwischt wurde, flog raus. Aus Angst vor der Leibesvisitation hat eine Angestellte einmal die gestohlene Butter in die Toilette gespült.

Herta Thiel, Mariechens Schwester, ist als Kaltmamsell zu Huths gekommen. Da war sie für die kalten Platten zuständig, den Aufschnitt und die beiden großen Kühlschränke in der kalten und der warmen Küche. Morgens um acht hat sie angefangen in der ersten Schicht, und um zwölf mußte die Küche stehen. „Wenn Grüne Woche war", sagt Herta Thiel, „dann hab' ich gedacht, ich werd' verrückt. Frau Bönsch, die Annonceuse, brüllte die Bestellungen, neben mir wurden Gemüse und Kartoffeln geputzt, der Wein kam mit dem Fahrstuhl aus dem Keller, und der Eis-Maxe brachte das Stangeneis, mit dem die Kühlschränke damals noch gekühlt wurden. Wir mußten Salate machen, Heringssalat und Fleischsalat, und viele Extras."

Eine Leine hatten sie gespannt vor der Glaswand zur warmen Küche mit den Zetteln für die Bestellungen, und wenn die Gutsbesitzer kamen, um mit 20, 30 oder auch 80 Personen zu tafeln, wenn die Vorspeisen raus mußten im Sekundentakt, die Speisen, das Eis, die Kompotte und der Kaffee, dann wußte Frau Thiel manchmal nicht, wo ihr der Kopf stand. Zwölf Stunden war sie oft auf den Beinen. Anschließend mußte sie noch aufräumen, die Lebensmittel in die Kühlräume bringen und die kalte Küche saubermachen. Das ging bis spät in die Nacht, so lange, bis auch der letzte Gast gegangen war. Aber auch dann war in der Abwaschküche nebenan noch Hochbetrieb, eine Frau für die Töpfe, eine fürs Geschirr und eine dritte fürs Silber. Am nächsten Morgen machten schon um zehn Probier- und Schoppenstube im Erdgeschoß wieder auf.

Und zwischendurch immer der Herr Huth, der sich Roggenbrötchen mit Gänseschmalz servieren läßt, entgrätete Ölsardinen mit Zwiebeln oder frisch angebratenes Roastbeef. Da springt das Personal, denn „wir hatten alle ein bißchen Angst vor ihm", sagt Herta Thiel. „Er war immer so zurückhaltend, so ..." Sie kommt nicht auf das Wort.

„Unnahbar?" frage ich.

„Ja", anwortet Herta Thiel. Unnahbar, das hat Georg Wehner auch gesagt.

23 Mark hat sie damals verdient pro Woche und nach der Lehre 90. Davon wurden pro Woche 49 Mark fürs Essen abgezogen und für die kleine Kammer unterm Dach.

Alle vier oder sechs Wochen wurde Inventur gemacht in Küche und Keller, die Konserven wurden durchgezählt und das Berndorfer Silber. Willy Huth war ärgerlich, wenn Bestecke fehlten, aber auch die kamen weg, trotz der Aufschrift ‚C. Huth & Sohn'.

„Er war der Herr", sagt Frau Krause, „wir war'n die Kleenen." Der Herr fährt abends mit der Limousine nach Hause in die Villenetage am Lützowplatz und später auch nach Hohengatow ins Sommerhäuschen, das in den 30er Jahren erworben wird, mit Blick auf die Havel. Die Angestellten scheuern die Fliesen. Die Frau in der Abwaschküche, schweißgebadet, kippt mal einen, um in der Hitze nicht verrückt zu werden. Dann geht es mit der Straßenbahn nach Hause. Herta Thiel ist oft gelaufen, um 20 Pfennig Fahrgeld zu sparen.

Alle Viertelstunde wird die Küche tagsüber geputzt, davon merkt der Prinz Louis Ferdinand von Preußen nichts, der gern Gast ist bei den kaisertreuen Huths, schließlich hängt das Bild seines Vaters, des Kronprinzen, im Restaurant. Es wird auch dann noch dort sein, wenn das Bild des ‚Führers' längst obligatorisch ist.

Die Goldenen Zwanziger Jahre gehen zu Ende, Thomas Mann erhält den Nobelpreis für Literatur, Alfred Döblins Roman *Berlin Alexanderplatz* erscheint, und Herta Thiel rafft einen ganzen Monatslohn zusammen, um sich für 100 Mark eine Kamera zu kaufen, „das durfte ich meinen Eltern nicht erzählen, weil das so wahnsinnig teuer war."

Himmler wird Reichsführer-SS, was 1929 kaum jemand zur Kenntnis nimmt, weil er noch nicht an der Macht ist, noch nicht Hausherr drüben in der Prinz-Albrecht-Straße, wo er die Massenmorde von Majdanek, Sobibor, Treblinka und Auschwitz organisieren wird. Noch ist Gelegenheit für den Literaten Franz Hessel, vor dem Palais des Prinzen Albrecht einen Augenblick innezuhalten, „um durch die schöne Säulenhalle auf den alten Hof und die alten Fenster zu sehen." Dort wird ein paar Jahre später das Reichssicherheitshauptamt einziehen.

Goebbels bereitet in Berlin das Terrain mit Sportpalast-Reden und Straßenschlachten, die Kleinbürger laufen in Scharen zu den Nazis über, in Berlin herrscht Hunger, blühen die Prostitution und der Korruptionsskandal. Noch zwei Jahre, dann werden auf dem Kurfürstendamm und anderswo Juden und als Juden Verdächtigte von SA-Trupps verprügelt. Die Berliner stürmen die Kinos, die Revue-Theater, die Tanz- und Freß- und Saufpaläste. Es blüht die Kunst des Boulevards, es blühen die seichten Schlager, aber es wetterleuchtet schon am Horizont, nein, kein künstliches Gewitter im Haus Vaterland, sondern der große Börsenkrach in Amerika, der Schwarze Freitag, und bald darauf die Weltwirtschaftskrise mit ihren Millionen Arbeitslosen. Konrad Adenauer nimmt ausgerechnet im Wohlfahrtsministerium an einem üppigen Büfett teil. Die Rechnung erscheint im Nazi-*Stürmer* als Beleg für die Dekadenz der Weimarer

Republik. Im Haus Huth wird Kaviar geschlemmt, 50 Gramm für sechs Mark, und Frau Thiel stellt die blauen Kilobüchsen raus mit dem Gummiband, wiegt vorher, wiegt nachher, auch wenn Willy Huths Verwandte an den Stammtischen schlemmen, wie der Herr Steuer, der Willy Huths Schwester Else geheiratet hat.

„Sind Sie denn am Potsdamer Platz auch mal ausgegangen?" frage ich die beiden Schwestern. „Natürlich", sagt Herta Thiel. „In die Winzerstuben in der Potsdamer Straße oder ins Café Telschow, Telschow-Schnitten für 50 Pfennig, ins Josty, Alt-Bayern oder Rheingold – und ins Vaterland, wenn wir Besuch vom Lande hatten, das war ja eine tolle Attraktion. Oder in den Pschorr-Bier-Palast vorn an der Ecke, der hatte eine Extra-Ausgabe für Rostbratwurst. Wissen Sie, wir haben damals fürs Ausgehen nicht so viel Geld ausgegeben, das war eher etwas für höhere Schichten." Vier Mark 50 hat das Menü im Weinhaus Huth da gekostet.

Wer kein Geld hat, geht spazieren und ißt sich mit den Augen satt, bestaunt die Kronleuchter aus Kristall im Kaufhaus Wertheim und die böhmischen Gläser, setzt sich in den Brunnenhof vor die vergoldeten Terrakotten. Die Schaufensterfront im Wertheim ist 330 Meter lang.

„Berlin", schreibt Siegfried Kracauer 1930, „ist die Stadt der Angestelltenkultur; das heißt, einer Kultur, die von Angestellten für Angestellte gemacht wird und von den meisten Angestellten für eine Kultur gehalten wird."

Herta Thiel spart 20 Pfennig für die Straßenbahn, die Gebrüder Sklarek, Leo und Willy, ergaunern in Berlin Millionen. Im September 1929 platzt ihr Textilimperium, das Krankenhäuser, Feuerwehr und Polizei mit Dienstkleidung versorgt hat. Dank ihrer guten Kontakte zu den Behörden haben die Sklareks von der Berliner Stadtbank großzügige Kredite bekommen, die sich schließlich auf knapp zehn Millionen Mark addierten. Stadträte und Bankdirektoren haben von den Sklareks Schmiergelder genommen, es ist eben alles schon mal dagewesen in der Geschichte der Berliner Korruptionsskandale – Filz auch in den 20er Jahren.

Oberbürgermeister Gustav Böß von der bürgerlichen Deutschen Demokratischen Partei hat seiner Frau einen Nutria-Pelz spendiert, der 4.000 Mark wert ist, und den Sklareks nur 375 Mark dafür bezahlt. Er tritt zurück. Goebbels kommen solche Skandale wie gerufen. Schuld an Korruption und Verfall der Sitten ist natürlich die verhaßte Weimarer Republik, der ‚Judenstaat'. Ein Jahr nach dem Sklarek-Skandal werden die Nazis im Reich ihren ersten großen Wahlsieg erringen.

Herta Thiel zeigt mir einen Band aus grauem Leinen, den sie gehütet hat wie einen Schatz. Es ist das Hausbuch des Weinhauses Huth, einst Geschenk für treue Gäste, und manchmal auch für treue Angestellte, wie Herta Thiel eine war.

In den letzten 60 Jahren, so lese ich in der Einleitung von 1930, habe sich das Haus Huth „von innen heraus stetig entwickelt und Kräfte aufgespeichert, die auch den Stürmen der Nachkriegszeit trotzen konnten." Aber die schlimmsten Stürme stehen dem Haus Huth erst noch bevor. Es wird alle seine Kräfte brauchen, und am Ende werden auch die nicht reichen.

Ich blättere in der schmalen Fibel. Ernst blickt Firmengründer Carl Friedrich Wilhelm Huth, ein vierschrötiger Mann im Bratenrock, ernst blickt auch Wilhelm Huth, sein Sohn. Sie haben das Haus Huth ins neue Jahrhundert geführt. Willy Huth, der schmächtige Enkel, trägt schwer an seinem Erbe. Er sieht mit seinem Kneifer eher wie ein Studienrat aus. Vom Vater

Im Keller der Firma Huth wurden die Flaschen abgefüllt und etikettiert. Hier wurde bei Aufräumungsarbeiten in den 80er Jahren eine Flaschenpost von 1938 entdeckt.

hat er die Arroganz, nicht aber die Kraft und den Elan, um ein solches Haus zu führen. Mit den Katastrophen zweier Weltkriege und den Stürmen danach wird er erst recht nicht fertig. 53 ist er im Jahr 1930. Er hat keine Söhne, keinen Nachfolger, nur Ilse, die Tochter, die von ihrer Mutter Dorothee verhätschelt, verzogen, unterjocht worden ist. „Ja, Dora. Nein, Dora. Wie du willst, Dora": So erinnern sich noch heute Verwandte an das verschüchterte Kind.

Ilse, jetzt 18, wird mit 22 einen Juristen heiraten, Dr. Kurt Hengsberger. Die Ehe geht schief und später auch die zweite. Ilse Huth bleibt allein mit ihren Depressionen. 1976 nimmt sie sich das Leben, mit 64 Jahren.

Auch die alte Villa mit der Holzveranda, die 1912 dem Neubau weichen mußte, ist in dem Hausbuch abgebildet, die Stammtische ‚Oberwelt' und ‚Unterwelt', deren Mitglieder niemand mehr kennt. Und da ist ja auch das neue Haus mit dem Türmchen, den Weinstuben im Erdgeschoß und den getäfelten Sälen im ersten Stock. In der Spirituosenabteilung steht eine junge Dame mit Bubikopf und grauem Kittel an der Etikettiermaschine. Das könnte Elsie van der Straeten sein, deren Flaschenpost fast 50 Jahre im Weinkeller lag. Düster wirken die Gewölbe mit den riesigen Stückfässern, ein ungemütlicher Arbeitsplatz, ohne Tageslicht, zwischen Flaschen und Regalen mit den Weinetiketten.

Nach diesen langen Reisen in die Vergangenheit bin ich Anfang der 80er Jahre manchmal zum Potsdamer Platz gegangen und habe in der Leere nach dem Gestern gesucht. Dort drüben, wo die Mauer einen Knick macht, muß das Vaterland gestanden haben, daneben, auf dem großen Schlammplatz, der Potsdamer Bahnhof. Der Wachturm drüben im Niemandsland erhebt sich auf dem Gelände des Hotels Fürstenhof. „Von der Terrasse", steht in einem Prospekt aus den frühen dreißiger Jahren, „haben Sie den besten Blick auf diesen Brennpunkt des Berliner Lebens." Nach dem Mauerbau blicken Grenzer mit Ferngläsern aufs Haus Huth, und die Mieter sehen, wie im Wachturm zu Weihnachten Kerzen angezündet werden.

An der Wilhelmstraße entstehen neue Häuserblocks. Über tausend Wohnungen, Läden, Gaststätten errichtet die DDR auf dem Regierungsareal, und an Alte und Neue Reichskanzlei, das Palais des Reichspräsidenten und das Auswärtige Amt, Symbole der deutschen Geschichte im Guten wie im Bösen, erinnern nach der Wende Tafeln, aber keine Konturen mehr. Bei den Bauarbeiten kamen die alten Fundamente und Kellergeschosse zum Vorschein, ein unterirdisches Tunnelsystem mit Luftschutzbunkern und langen Gängen, die gesprengt werden mußten. Große Teile des Führerbunkers wurden abgeräumt, nur zwischen Mauer und Hinterlandmauer blieb die Brache bis zum Mauerfall.

Das Achteck des Leipziger Platzes und der Verlauf der Voßstraße waren bis zur Wende von der Plattform am Potsdamer Platz aus noch vage zu erkennen. Da drüben haben die Schinkelschen Torhäuser gestanden und links davon das Palast-Hotel. Verschwunden die letzten Bäume im Niemandsland und die S-Bahn-Schilder.

Busse hielten vor der Mauer, Touristen stiegen aus. Auf dem schmuddeligen Parkplatz stand früher das Café Telschow, daneben der Pschorr-Bier-Palast. Andenkenbuden ersetzen das Café Josty, wo des Kaisers Gardeoffiziere Fleischpasteten aßen oder Billard spielten.

Das weiße Rechteck hinter der Mauer, ein zubetonierter S-Bahn-Eingang, sah wie eine Grabplatte aus. Kein Gedenkstein kündete von den Menschen, die hier in den letzten Apriltagen 1945 gestorben sind, als eine Granate direkt in den Eingang schlug. „Volltreffer", hat ein Offizier der Division Müncheberg damals in sein Tagebuch geschrieben. „Männer, Frauen und Kinder kleben buchstäblich an den Wänden." Wer weiß noch von diesen Toten?

Am alten Haus Huth gingen die meisten Touristen achtlos vorbei. Nach dem Blick vom ‚Abscheugerüst' stiegen sie wieder in ihre Busse und fuhren die neue Potsdamer Straße entlang, die über das Gelände des ehemaligen Volksgerichtshofes führt.

Kaiser Wilhelms Größenwahn und dann der von Adolf Hitler, das war zuviel für das Herz von Berlin.

„Veiji, du altes,
auch dich befehligte damals ein König,
auf deinem Marktplatz ward golden der Thron ihm
gestellt.
Heute ertönt in den Mauern das Horn des gemäch-
lichen Hirten,
und über eurem Gebein werden die Felder
gemäht."
Properz

Wo bis 1989 die Mauer stand, gähnt zehn Jahre später die Baugrube für den Bahntunnel, der Tiergarten
und Potsdamer Platz unterquert. Die Orientierung ist
schwieriger geworden. Der Leipziger Platz ist noch
immer auszumachen, aber den Potsdamer Platz mit
Verkehrsinsel und Ampelturm kann man nur noch
ahnen. Durch die Voßstraße fahren wieder Autos, auf
dem Gelände der Reichskanzlei wurden die letzten
Bunker ausgebuddelt und wieder zugeschüttet,
Bomben entschärft und Skelette in Plastiktüten einge-
sammelt. Stahlhelme, Panzerfäuste und Unterstände
erzählen von den letzten Getreuen des ‚Führers', die
hier sinnlose Kämpfe fochten. Ausgerechnet auf dem
Gelände, das für das Holocaust-Mahnmal vorgesehen
ist, wurden die Reste der Goebbels-Villa entdeckt. Die
Vergangenheit läßt sich von der Gegenwart nicht trennen, auch wenn es vielen lieber wäre, man würde das
Gras pflegen, das über sie gewachsen ist.

„Man überquert", so feiert eine Reklamebroschüre
1929 den Rhythmus der Großstadt, „den Potsdamer
Platz, den Spittelmarkt, den Alexanderplatz, die Straße
am Stettiner Bahnhof, den Wedding und dergleichen
Punkte mehr. Da merkt man die gigantische Bewegung, das Flitzen, Flirren, Huschen und Sausen. Welle
auf Welle jagt heran und flieht. Rasendes Tempo! Das

Herz des Reiches, dies Berlin, pulst Leben! Vier Millionen Menschen in Betrieb, ein Fünfzehntel des deutschen Volkes im Schnellschritt."

Wo führt er hin, der Schnellschritt? „Zehn Jahre später", prophezeit die Werbeschrift, „wenn im gleichen Tempo der Aufstieg weitergeht, ist vieles höher vollendet. Dann wird Berlin der Mittelpunkt Europas sein." Zehn Jahre später, 1939, beginnt der Zweite Weltkrieg, und nichts wird höher vollendet. Bomben ebnen die Hauptstadt ein.

Der 1929 beschworene Aufstieg verwandelt sich noch im selben Jahr in einen ebenso temporeichen Abstieg. Mit dem ‚Schwarzen Freitag' an der New Yorker Börse beginnt im Herbst die Weltwirtschaftskrise. Sie gibt der Weimarer Republik den Rest. 3,2 Millionen Arbeitslose im Reich, da naht die Stunde der Radikalen, und Goebbels hat die Nase vorn. „Die Straße", schreibt er in seinem *Kampf um Berlin*, „ist nun einmal das Charakteristikum der modernen Politik. Wer die Straße erobern kann, kann auch die Massen erobern, und wer die Massen erobert, der erobert damit den Staat."

Anfang 1930 wird der SA-Mann Horst Wessel von dem Kommunisten Ali Höhler erschossen, und Joseph Goebbels wertet den Krimi – Wessel und Höhler waren mit einer Prostituierten befreundet – für seine Haßparolen aus. Aus Wessel wird ein ‚Kämpfer für das erwachende Deutschland', sein Lied *Die Fahne hoch* zur Nationalhymne der Nazis.

Willy Huth sitzt mal wieder zwischen den Stühlen. Die Sozialdemokraten mochte er nie leiden, aber mit den Nationalsozialisten kann er auch nicht. Die rüden Straßenkrawalle, die aggressiven Reden der NS-Führer schrecken ihn ab. Wie hat doch Gregor Strasser, Hitlers Reichsorganisationsleiter, gesagt? „Höflichkeit bis zur letzten Leitersprosse, aber gehenkt wird doch." Pech für Strasser, daß er sich mit seinem ‚Führer' zerstreitet. 1934, beim sogenannten Röhm-Putsch, fällt er selbst von der Leiter und wird in der Prinz-Albrecht-Straße exekutiert.

„Es werden Köpfe rollen", hat Adolf Hitler versprochen, und der Kabarettist Willi Schaeffers fragt:

„Wenn wir wüßten, was der Adolf mit uns vorhat,
Wenn er die Macht erst mal am Brandenburger Tor hat.
Müßten wir dann alle braune Kragen tragen?
Dürft' kein Mensch dann mehr das Wörtchen ‚Nebbich' sagen?
Wünschen wir dem Adolf Heil?
Oder nur das Gegenteil?"

Weiter reicht die Phantasie von Willi Schaeffers nicht. Aber da ist er nicht der einzige.

1930 schließt das Café Josty, auch ein Symptom. Es hat sich überlebt, ein Relikt aus der Kaiserzeit wie das Weinhaus Huth.

Willy Huth, ein Mann in den besten Jahren, wird endlich Herr im Haus. Seit 1905 führt er die Firma, ein Vierteljahrhundert lang, aber bis jetzt hat das Haus noch seiner Mutter Martha Huth gehört, obwohl sie nun draußen in Kohlhasenbrück wohnt und kein Auge mehr hat auf das Kommen und Gehen im Restaurant. Ja, wenn es das alte Haus noch gäbe mit der Holzveranda, mit den Stammgästen Fontane, Menzel und Paul Wallot, dem Reichstagserbauer, mit den Salons im ersten Stock, wo auch ‚Muttchen Huth' zum Inventar gehörte, vielleicht wäre sie dann am Potsdamer Platz geblieben. Aber nun wohnt sie draußen vor den Toren der Stadt und kann ihren Sohn nicht länger kujonieren. Das hat Dora übernommen, die Ehefrau.

Am 5. Mai 1930 verkauft Martha Huth ihr Haus an

Willy Huth und seine Schwester Else für anderthalb Millionen und eine Leibrente von jährlich 40.000 Mark. Das ist viel Geld für die neuen Besitzer. Doch am 20. Dezember stirbt Muttchen Huth in Kohlhasenbrück. Sie ist 74 Jahre alt geworden.

Schulden belasten den Besitz. 1,1 Millionen Mark der Hypothekenbank Meiningen, 150.000 der Dresdner und noch mal 150.000 Mark der Darmstädter und Nationalbank – Willy Huth weiß kaum noch weiter. Im Juli 1930 beantragt er beim städtischen Bauamt den Ausbau des Dachgeschosses für zusätzliche Mieter und begründet das „mit großen Lasten und dem nicht befriedigenden Geschäftsgang des im gleichen Hause befindlichen Betriebes."

Neue Mieter ziehen ein – die Firma Zeiss, die Märkische Haftpflicht, der Patentanwalt Stöckicht, die Ingenieure Fürstenau & Valerius, Baustoff-Schulz, der Optiker Fromm.

Bei der Uraufführung des Filmes *Im Westen nichts Neues* 1930 lassen die Nazis weiße Mäuse los, es gibt Tumulte, bis der Antikriegsfilm nach dem Buch von Erich Maria Remarque verboten wird. Aufsehen ganz anderer Art erregt *Der blaue Engel,* weil Marlene Dietrich dort ihre Beine zeigt. Im Tiergarten sitzen die Arbeitslosen herum, alte Frauen müssen Zeitungen oder Streichhölzer verkaufen, entlassene Angestellte hängen sich Schilder um: „Nehme jede Art von Arbeit an." Aber es gibt keine. Glücklich kann sein, wer jetzt bei Huths in Stellung ist.

Mehr Bettler als sonst gibt es in der Stadt der Lichtreklamen, in der so viel Schatten ist. Mehr Betrunkene, mehr Eckensteher, mehr ambulante Händler – Scherenschleifer, Lumpensammler, Stiefelputzer mit und ohne Gewerbeschein, die nur Pfennige verdienen. Ums nackte Überleben kämpft zuletzt auch die

Weimarer Republik, es hilft ihr nichts. Im März 1930 ist Heinrich Brüning Reichskanzler geworden, er geht gegen die Wirtschaftskrise mit Notverordnungen an, die die Not noch größer machen. Die Steuern werden erhöht und die Beiträge für die Arbeitslosenversicherung, das treibt Hitler neue Wähler zu. Ende 1930 wird es im Reich viereinhalb Millionen Arbeitslose geben, und die Nazis ziehen bei den Wahlen im September mit 107 Abgeordneten in den Reichstag ein.

Mit 6,4 Millionen Stimmen ist die NSDAP zweitstärkste Partei nach der SPD geworden, Grund zum Jubeln für Goebbels im ‚Sportpalast' und für den Kellner Alois Hitler aus dem Haus Huth, der ja schon immer gesagt hat, daß es sein Halbbruder mal zu etwas bringen werde. Achtmal so stark wie noch vor zwei Jahren ist die Partei von Adolf Hitler und noch drei Jahre von der Macht entfernt. Dafür hat mit seinem Geld und seinen Zeitungen vor allem der Pressezar Alfred Hugenberg gesorgt.

Marie Krause, die im Haus Huth als Wirtschafterin bis jetzt in der Dachkammer gewohnt hat, wird das Zimmer gekündigt. Willy Huth braucht die Räume für seine neuen Mieter, er braucht vor allem die Miete, und Frau Krause kann nun sehen, wie sie nachts um halb zwei nach Hause kommt. Sie hat keinen Horch wie der Herr Huth, und manchmal ist auch die letzte Bahn schon weg.

Der Herr Huth mag vom guten Leben nicht lassen, trotz der drückenden Schulden, und das Personal serviert Hummer und Kaviar bei den Feiern in der Villenetage am Lützowplatz. Auch Hermann Köhl, der zwei Jahre zuvor den Atlantik in Ost-West-Richtung überquerte und nun ein berühmter Mann ist, kommt jetzt zu Huths. Inzwischen ist er Leiter der Nachtflugdienste bei der Luft Hansa, ab 1933 Lufthansa, in

Berlin. Er hat die Strecke nach Königsberg mit Anschluß nach Moskau und Leningrad eingerichtet.

Bei Huths wird geschlemmt. Frack und Abendkleid,
so hat Elfriede Köhl erzählt, die Frau des Atlantikfliegers, wären bei den Einladungen am Lützowplatz
selbstverständlich gewesen. Als „ganz reizende Menschen" hat Frau Köhl, ‚Peterle' genannt, die Huths in
Erinnerung und Ehefrau Dorothee als „heitere, tapfere
Frau." Jahrelang gehen die Köhls bei Huths ein und
aus, und 1938 widmet Hermann Köhl „seiner lieben
Freundin Dora" ein Gedicht.

„Liebe Mutti Huth,
es geht mir schon ganz gut.
Denn nicht nur das ‚Befinden',
sondern auch das ‚Sich-selber-Finden'
ist ausschlaggebend in der Zeit,
wo Schmerz und Trübsal Menschen oft entzweit.
Ich hab in dieser Zeit so recht empfunden,
wie Peterle ihr Herz für mich zerschunden,
und strahlend leuchtet jetzt dem ‚Herrle'
der gute Peter, meine große Perle."

Hermann Köhl stirbt wenig später im Alter von 50
Jahren. Seine „große Perle" hat den Lufthansa-Pionier
um Jahrzehnte überlebt.

45 Morgenzeitungen, 14 Abend- und zwei Mittags-
blätter erscheinen Anfang der dreißiger Jahre in Berlin,
die Extra-Ausgaben nicht mitgerechnet. Am Potsdamer Platz glitzern die Leuchtreklamen, obwohl es den
Leuten immer schlechter geht. Lord-Zigaretten „scho-
nen die Nerven" für sechs Pfennig das Stück, so verkündet ein Plakat am Columbus-Haus, das anstelle der
ursprünglich geplanten Galeries Lafayette im Lenné-
Dreieck errichtet wird, und da hat wohl auch jemand

Augenzeugin Anni Rockstroh war von 1930 bis 1934 Kaltmamsell bei Huth.

im Haus Huth gemerkt, Reklame könne nichts schaden, nimmt einen Zettel und notiert: „Es bricht sich Bahn nur das, was gut, drum geh' ins Weinhaus Huth." Besonders mitreißend ist das nicht, deshalb verschwindet das Blatt in einer Schublade. 50 Jahre später gibt es mir eine Angestellte, die es aufgehoben hat.

Anni Rockstroh hat 1930 als Kaltmamsell im Haus Huth angefangen. Damals hieß sie noch Anni Richter und war froh, endlich Arbeit zu haben. Aber 22 Mark Wochenlohn, das war auch 1930 herzlich wenig, und dann wurden ihr noch elf Mark fürs Essen abgezogen. „Montags stand Mutter vor der Tür und holte den Rest", sagt Frau Rockstroh. Montags war Zahltag.

Morgens um sieben ging es mit der Arbeit los, und ein freies Wochenende gab es nicht. Huths Angestellte bekamen nur dienstags frei. Schon um neun Uhr wurden die ersten warmen Essen geordert, Omeletts und halbe Portionen Pökelkamm. In der zweiten Schicht lief der Betrieb bis tief in die Nacht, mit Prärieaustern und Krabbencocktails. „Da mußte man ganz schön flitzen", sagt das damalige Fräulein Richter und zeigt mir Fotos aus den dreißiger Jahren. Ein hübsches junges Mädchen ist sie gewesen mit braunen gelockten Haaren, kein Wunder, daß sich der Koch Gerhard Rockstroh für sie interessierte. Er hat seit 1928 bei Huths gearbeitet und ist damals extra aus Eisenach gekommen, um sich als Commis vorzustellen. Im vornehmen Hotel Excelsior, gegenüber vom Anhalter Bahnhof, hat ihn Herr Huth nach Hummer und Austern befragt, was eben die Gäste so essen in seinem Haus, und Gerhard Rockstroh hat sich nicht einmal zu fragen getraut, was er denn bei Huths verdienen würde. „Der Alte war ein verrückter Kerl", sagt er mir, „ein Pedant, und eingebildet. Ein Zeugnis aus einem Bierlokal hat er nicht für voll genommen."

Ich sitze bei den Rockstrohs in Ost-Berlin zwischen Speisekarten und Fotoalben. 1936 haben sie geheiratet, das ist lange her, aber Anni Rockstroh lacht immer noch so fröhlich wie auf den alten Fotos aus dem Weinhaus Huth, obwohl die Zeit damals nicht zum Lachen war. Zu viert stehen sie mit dem dicken Koch Erich Thiemen in der Mitte, Frau Linzer, Frau Rockstroh, Frau Ofgerowski und der Lehrling Götz. Herr Thiemen ist schon lange tot, und die anderen sind verschollen. Das Foto wurde im Hof bei Huths gemacht, das erkenne ich an den weißen Fliesen. Die sind noch da, als der Potsdamer Platz 1994 Großbaustelle wird, wenn auch mit Einschußlöchern. Heute ist dort ein Anbau mit dem Eingang zum Restaurant ‚Diekmann im Haus Huth'.

Anni Rockstroh wird sich noch ein zweites Mal im

Hof mit den weißen Fliesen fotografieren lassen. Da ist der Krieg gerade zu Ende, ihr Mann ist verschollen, und Frau Rockstroh ist im Haus Huth der einzige Koch. Das ist im September 1945, Frau Rockstroh trägt ein flottes weißes Käppi, aber gelacht hat sie sicher nur für den Fotografen.

1930, als junges Mädchen, mußte sie als Kaltmamsell tüchtig ran. Die Vorspeisen und die kalten Platten anrichten, den Hummer aufschlagen, die Mayonnaisen mit der Hand anrühren, 30 Eigelb, neun Flaschen Öl. „Wir hatten ja keine Küchenmaschinen", sagt Frau Rockstroh. Sie hat die Butter ausgestochen, das Aalgelee hergerichtet, die Sülzkoteletts und das Gänseweißsauer, den Kaviar für die feinen Leute auf Eis gestellt und die Trüffeln in Aspik. Da ist sie manchmal kaum zum Essen gekommen, höchstens mal einen Knüppel mit Thüringer Pflaumenmus zwischendurch, und dann kam auch noch Willy Huth, wollte einen Kopfsalat, bitte, Fräulein Richter, aber nur das Herz, und eine Prise Zitrone und etwas Zucker, und ist die Crême double auch frisch? Natürlich ist sie frisch, hat die spätere Frau Rockstroh gesagt, und hier ist der Kopfsalat, nur das Herz, wie gewünscht, Herr Huth, und sich wieder vor die Zwiebeln gesetzt. 50 Pfund hat sie geschält pro Tag, dann die Gurken und zuletzt den Aufschnitt. Bis nachts um elf war Hochbetrieb, und wenn um eins der Orchesterkönig Barnabas von Gezy mit Frau Adlon aus dem Vox-Haus kam und mit 30 Freunden essen wollte, wurden natürlich noch einmal die Öfen angeworfen.

Für den Textilkönig Brenninkmeyer hat der Kochlehrling Hans Guilleaume mal eine Languste holen müssen, die im Haus nicht mehr vorrätig war, und in der Eile das Krustentier beim Lieferanten mit der Hand gegriffen. Unterwegs zwickte ihn die Languste in die Hand und verschwand unter einem Bus.

Eine Krebssuppe hat damals im Haus Huth 1,35 Mark gekostet, Lachs gebraten, mit Mayonnaisesalat, 2,50 Mark. Zu teuer für die einfachen Leute, zu teuer auch für Anni Rockstroh, die sich in der Küche nur bedienen durfte, wenn es Bruch gab, eine Hohlrippe, die auf den Boden gefallen war, zerdrücktes Gebäck. Aber manchmal hat Frau Rockstroh das Gebäck eben selbst zerdrückt, wenn sie Appetit hatte auf was Süßes.

Vor dem Willy Huth haben sie alle gezittert, „eine Majestät war das", sagt Frau Rockstroh. Die Angestellten läßt er den Klassenunterschied spüren, ich bin ich, und wer bist du. Die da unten haben das damals wohl als selbstverständlich hingenommen. Eine Etagenwohnung am Lützowplatz, Horch und Kaviar für den einen, die Wohnung am Prenzlauer Berg, Straßenbahn und Bruch aus der Küche für die anderen.

Aber Anni Rockstroh ist ja froh, daß sie nicht zum Millionenheer der Arbeitslosen gehört, daß sie nicht Bolle-Eis verkaufen muß oder Schnürsenkel am Potsdamer Platz. Die Armut und das Elend kann sie täglich sehen, wenn sie von der Arbeit kommt. Selbst im Haus Huth sind Kollegen schlechter dran. „Die Frauen, die in der Abwaschküche das Kupfer putzten", sagt Anni Rockstroh, „waren klatschnaß und haben schon um elf die Wäsche gewechselt. Kochend heiß war es vor den Herden mit den glühenden Platten, und die Hitze machte aggressiv."

1934, zwei Jahre vor ihrer Hochzeit, verläßt Anni Rockstroh das Weinhaus Huth und nimmt eine andere Arbeit an. Daß sie elf Jahre später noch einmal in der Potsdamer Straße vor den Herden stehen wird, ahnt sie nicht.

Ende 1931 gibt es in Deutschland fünfeinhalb Millionen Arbeitslose, Goebbels tobt gegen „Novemberverbrecher" und „Asphaltliteraten", und Lion

C. Huth & Sohn, Berlin W. 9

Wein-Großhandlung ✳ Wein-Stuben

Potsdamer Straße 139   Linkstraße 45

mm-Adresse: Weinhuth Berlin.
...cher: B 2 Lützow 1300, 1643 u. 1644.

BERLIN W. 9, den 20. Oktober 193 4.

Zeugnis.

Frl. Anni R i c h t e r , geb. am 12/12/1913 in
Berlin-Schöneberg, die in unserem Hause die »Kalte Küche« er-
lernt hat,,worüber ihr ein besonderes Zeugnis erteilt worden
ist, war hieran anschliessend vom 1. Oktober 1932 bis zum 20.
Oktober 1934 in dem Küchenbetrieb unserer Weinstuben als »II.
Kalte Mamsell« beschäftigt.

Wir bestätigen Frl. Richter gern, dass sie eine tüch-
tige und fleissige Mamsell war, die sich in der Erledigung
ihrer Obliegenheiten unsere vollste Zufriedenheit erworben hat.
Auch ihre Führung gab zu Klagen niemals Anlass.

Frl. Richter scheidet am heutigen Tage auf eigenen
Wunsch aus unseren Diensten; unsere besten Wünsche für ihr fer-
neres Wohlergehen begleiten sie.

C. Huth & Sohn
Berlin W.
Potsdamerstr. 139 und Linkstr. 45

*Als Anni Rockstroh 1934 ihr Zeugnis erhält, ahnt sie
nicht, daß sie im Oktober 1945 noch einmal bei Huth arbeiten wird. Da stehen ringsum nur noch Ruinen.*

Feuchtwanger ahnt in einem Zeitungsartikel: „Was
also die Künstler und Intellektuellen zu erwarten
haben, wenn erst das Dritte Reich sichtbar wird, ist
klar: Ausrottung. Das erwarten denn auch die meisten,
und wer irgend unter den Geistigen es ermöglichen
kann, bereitet heute seine Auswanderung vor. Man
hat, wenn man unter den Intellektuellen Berlins her-

umgeht, den Eindruck, Berlin sei eine Stadt von zukünftigen Emigranten."

Aber wer glaubt denn wirklich an Ausrottung und industriellen Massenmord? Daran glaubt ja nicht einmal Feuchtwanger selbst, der sich noch ein Haus im Grunewald kauft. 1933 wird ihm die deutsche Staatsbürgerschaft aberkannt.

Im Juli 1931 macht die Darmstädter- und die Nationalbank, bei der auch Willy Huth 150.000 Mark Schulden hat, Pleite. Durch den Zusammenbruch des zweitgrößten deutschen Geldinstitutes werden die Sparer nervös und räumen auch anderswo ihre Konten, mehr und mehr Banken geraten in die Krise. Da werden zwei Tage alle Schalter geschlossen, und in den Gaststätten geht der Umsatz um die Hälfte zurück. Das hat Willy Huth gerade noch gefehlt.

Im August kommt wieder einmal eine Sicherungshypothek aufs Haus, 102.000 Mark diesmal. Noch mehr Mieter ziehen in die oberen Etagen, auch der Verlag Delius und Klasing mit seiner Zeitschriftengruppe. Er ist den Mietern im Haus nicht nur wegen der Maibockfeiern in guter Erinnerung, sondern auch deshalb, weil Seniorchef Konrad Delius noch nach 1933 laut und deutlich ,Guten Tag' oder ,Guten Abend' sagt.

Auf den Berliner Straßen wird geschlagen. Rotfrontkämpfer der Kommunisten schlagen Polizisten und umgekehrt. SA schlägt Rotfront und umgekehrt. Die Weimarer Republik taumelt, Arbeitslosenheere prägen das Stadtbild. Charlie Chaplin kommt nach Berlin und wohnt im Esplanade am Potsdamer Platz. Die begeisterte Menge reißt ihm die Knöpfe vom Anzug, der *Völkische Beobachter* nennt Chaplin einen „jüdischen Clown".

Willy Huth schirmt sich hinter altdeutschem Buntglas ab gegen die Häßlichkeit jener Tage, er stiftet aus seinen Weinbeständen dem Kaiserhaus im holländischen Doorn ein paar hundert Flaschen und erhält dafür ein „Brieftelegramm Ihrer Majestät der Kaiserin und Königin" mit „herzlichem Dank für die liebenswürdige Stiftung des Weins und Ihr Interesse an meinem ‚Herminen-Hilfswerk'", gezeichnet Hermine. Das ist Kaiser Wilhelms zweite Frau, die natürlich weder Kaiserin noch Königin ist, weil es 1922, im Jahr der Eheschließung, kein Kaiser- und Königreich mehr gab. Aber warum soll Hermine nicht von vergangenen Zeiten träumen wie Willy Huth, der vielleicht hofft, mit Adolf Hitler käme die Monarchie zurück, was damals manche hofften.

Die Etagenwohnung der Huths am Lützowplatz bleibt eine Insel der Seligen, während die Straße den SA-Trupps gehört. Sie singen *Wenn's Judenblut vom Messer spritzt,* und die feinen Bürger halten sich die Ohren zu.

Dorothea Kahnert erinnert sich noch gut an die feine Wohnung am Lützowplatz. Ihr Vater war Dorothee Huths Bruder, er nahm sie mit zu den Familientreffen. Frau Kahnert, damals noch ein Kind, hat sich dort immer ein bißchen fehl am Platz gefühlt, zwischen Zimmerpalmen und Spitzendeckchen. Unbehaglich war ihr vor allem Onkel Willy Huth, „der war mir zu streng, mit seinem Monokel."

Wenn in dem über 60 Quadratmeter großen Speisezimmer gegessen wurde, mit sieben, acht, manchmal sogar zwölf Gängen und endlosen Tischreden, hat Dorothea Kahnert mit den anderen Kindern am Katzentisch gesessen und sich gelangweilt. Aufregend waren allein der Speiseaufzug in der Küche und die Gegensprechanlage, ein Rohr mit Stöpsel, durch das die Kellner von oben ihre Kommandos riefen. Das Personal hat die Speisen im Restaurant in der

Potsdamer Straße vorgekocht, weil die Küche in der Wohnung am Lützowplatz zu klein war für die 30 oder 40 Gäste. Die Huths hielten gern Hof, wenn schon der Kaiser keinen Hof mehr hielt, und unter den Verwandten machte das Wort von der ‚Befehlsstelle Lützowplatz' die Runde.

Am Potsdamer Platz hängt ein riesiges Filmplakat, und ganz Berlin singt: „Das gibt's nur einmal, das kommt nicht wieder, das ist zu schön, um wahr zu sein." Lilian Harvey trällert dieses Lied in dem Film *Der Kongreß tanzt*, der anderthalb Millionen Mark Produktionskosten verschlungen hat, was soll's: Ein neues Traumpaar ist geboren, Lilian Harvey und Willy Fritsch, und Träume können die Berliner im Herbst 1931 gut gebrauchen.

Der Filmregisseur Richard Eichberg hat die Engländerin Lilian Harvey, die eigentlich Lilian Pape heißt, als Solotänzerin in einer Wiener Revue entdeckt und zur Ufa nach Berlin geholt. Lilian Harvey ist klein und pummelig, aber sie hat eine hübsche Stimme. Und da ist ja auch noch ein gewisser Willy Fritsch, der aus Kattowitz stammt und an der Technischen Hochschule Berlin eigentlich Ingenieur studieren wollte. Lilian Harvey und Willy Fritsch, der so strahlendschön lachen kann, werden das Traumpaar des jungen deutschen Tonfilms, obwohl sie privat gar kein Liebespaar sind, wie viele glauben oder glauben wollen. Millionengagen haben beide damals verdient, in einer Zeit, in der Millionen Deutsche keine Arbeit hatten. Aber die Zuschauer konnten wenigstens zwei Stunden träumen und das Kino mit der Gewißheit verlassen, daß die Harvey und ihr Fritsch für immer vereint und glücklich waren. Opium fürs Volk.

Der Pressezar Alfred Hugenberg schließt seine Deutschnationale Volkspartei mit den Nazis zur

*Der Potsdamer Platz 1930. Vorn das Hotel Fürstenhof,
hinten die Kuppel des Vaterland, daneben der Potsdamer
Bahnhof und rechts der Pschorr-Bier-Palast.*

‚Harzburger Front' zusammen. Er möchte Hitler dominieren, doch es kommt natürlich umgekehrt, und
Hugenberg darf sich von Goebbels als „Hugenzwerg"
bespötteln lassen.

In diesen undurchsichtigen Zeiten haben Hellseher
und Wahrsager Konjunktur, und den größten Zulauf
hat Erik Jan Hanussen, der in seinem ‚Haus des
Okkultismus' in der Lietzenburger Straße sogar hohe
NS-Führer berät. Sie sitzen vor seiner beleuchteten
‚magischen Hausbar', und Hanussen sieht zwar, daß
bald „eine sehr starke Faust über Deutschland kommen wird", aber nicht, daß er die gefährliche Liaison

1933 mit dem Leben bezahlen wird. Ein SA-Kommando erschießt den lästigen Mitwisser hinterrücks im Grunewald.

Wie viele Nazis mag es in den dreißiger Jahren im Weinhaus Huth gegeben haben? Gerhard Rockstroh, der Koch, überlegt: Da war Alois Hitler, den man wohl aus familiären Gründen ausklammern muß, und dann der Kellner Kraft Kramer, der bei der SS war, und der Mann von der Ofgerowski bei der SA, also vielleicht 20 insgesamt von den 50 Angestellten, die noch geblieben sind. „Man ist halt so mitgelaufen", sagt Georg Wehner, der damals Kellnerlehrling war.

1932 macht Willy Huth die oberen Etagen zu. Das Personal hat er schon seit geraumer Zeit reduziert. Aus der Kochbrigade werden alle Gesellen entlassen. Wenn er jetzt die Mieteinnahmen nicht hätte, wäre er wohl pleite.

Am Potsdamer Platz wächst das Columbus-Haus, der modernste Bürobau der dreißiger Jahre, nach einem Entwurf des Architekten Erich Mendelsohn, dem man das Häuserbauen bald verbieten wird. Im Mai 1932 stürzt der unfähige Reichskanzler Brüning, dem der unfähige Franz von Papen folgt. Immerhin hatte Heinrich Brüning der SA und SS verboten, Uniformen zu tragen, das hebt Herr von Papen jetzt wieder auf. Er ernennt sich zum Reichskommissar für das Land Preußen und setzt die sozialdemokratisch geführte Landesregierung ab, die bis dahin ein mächtiges Gegengewicht zur Reichsregierung war und für die Nazis ein Hindernis auf dem Weg zur Macht. Unter Papen machen sie einen gewaltigen Sprung nach vorn: Bei den Reichstagswahlen im Juli wird die NSDAP mit 230 von 608 Mandaten noch vor der SPD stärkste Partei.

Zwar gibt es bei den zweiten Wahlen im November

einen Rückschlag, und die Nazis verlieren zwei Millionen Wählerstimmen, aber Hitler und die Seinen trennen nur noch ein paar Monate von der Macht. Goebbels darf zum erstenmal im Rundfunk sprechen, den er später zu seinem liebsten Propagandainstrument macht, per ,Volksempfänger'.

Auf der Internationalen Funkausstellung wird die Hakenkreuzfahne gehißt. Vergeblich schreibt Kurt Tucholsky gegen die Nazis an, die ja nicht als Besatzungsmacht über die Deutschen kommen, sondern durch Millionen Wählerstimmen – ebenfalls vergeblich reimt auch Erich Kästner über ein Soldatentreffen:

„Heute Spaß, morgen Gas,
übermorgen Würmerfraß."

Aber wer hört ihnen noch zu?

Herr von Papen möchte die „öffentliche Ordnung und Sicherheit" wiederherstellen. Er bringt die Arbeitslosen nicht von der Straße, da erscheint Hitler vielen als Retter in der Not.

Bei den Wahlen im November ist wieder mal Krawall am Potsdamer Platz. Kommunisten haben Barrikaden errichtet, es kommt zu schweren Zusammenstößen, und die Polizei haut dazwischen. Im Haus Huth bleiben tagelang die Gäste weg. 1932 hat es in Preußen bei 461 Saalschlachten insgesamt 82 Tote und 400 Verletzte gegeben. Die Zahl der Arbeitslosen wächst in Berlin auf 639.000, und 5,7 Millionen sind es im Reich. Im Dezember 1932 wird General Kurt von Schleicher für acht Wochen Reichskanzler. Mit seinem Rücktritt ist die Republik am Ende.

Die Firma Huth hat traurige Jahre hinter sich. Nur mit dem Weinhandel hat sich Willy Huth vor einem Konkurs retten können. Ob es jetzt wieder aufwärts geht? Das Haus in der Potsdamer Straße wird 20 Jahre alt, aber es gibt keinen Grund zum Feiern.

Der *Querschnitt*, in dem Benn und Hemingway schreiben, Chaplin und Feuchtwanger, für den Beardsley und Beckmann zeichnen, Kirchner, Klee und Grosz, und der wohl die gescheiteste Zeitschrift war, die es je in Deutschland gegeben hat, erscheint im Januar 1933 mit einem Brevier für den Herrn.

„Haartracht", so heißt es in der Satire, „seitlich gescheitelt, glatt. Lächeln: Vorgesetzten und Gleichgestellten gegenüber nach beiden Seiten einen halben bis anderthalb Zentimeter breit, Mundwinkel nach oben verzogen. Nachgesetzten gegenüber einen halben Zentimeter breit, Mundwinkel nach unten verzogen. Hutlüpfen: Politischen Gegnern gegenüber um einen halben Zentimeter kürzer. Frauen gegenüber: über den Ehegatten nur wenig, höflich, mit zartem Mitleid eingefaßt – ungefähr so, wie man sich nach dem Personal erkundigt, rasch, auf ein anderes Thema übergreifend.

In der Politik ein halbliberales Dunkelgrau, mit diskreten demokratischen Streifen."

Da freilich irrt der *Querschnitt*. Diskrete demokratische Streifen sind im Januar 1933 nicht mehr gefragt. Der Reichskanzler Kurt von Schleicher tritt zurück, und Hindenburg macht den ungeliebten böhmischen Gefreiten Hitler zu dessen Nachfolger. Noch bevor Goebbels und der SA-Führer Röhm im Hotel Kaiserhof von dem „Wunder" (Goebbels) erfahren, schreien die Gassenjungen vor dem Reichskanzleipalais in der Wilhelmstraße bereits:

„Adsche hat es geschafft."

Die Farbe Braun ersetzt nun das halbliberale Dunkelgrau, und nur zwei Monate später wird der *Querschnitt*, diese geniale Gründung des Kunsthändlers Alfred Flechtheim, verboten. Da ist die Zeitschrift gerade 13 Jahre jung.

„Berlin ist heute nacht in einer reinen Faschings-stimmung", schreibt der Diplomat Graf Kessler über den 30. Januar 1933. „SA- und SS-Trupps sowie uniformierter Stahlhelm durchziehen die Straßen, auf den Bürgersteigen stauen sich die Zuschauer. Auch über den Potsdamer Platz marschierten fortwährend kreuz und quer SA-Trupps in militärischen Formationen."

Auch Dorothea Kahnert, die mit den Huths verwandt ist, sieht am Tag der Machtergreifung den braunen Fackelträgern zu, sie steht auf einem Briefkasten in der Friedrichstraße und friert entsetzlich. Ihr Vater, deutschnational wie Willy Huth, sagt, dies sei ein tiefer Einschnitt in die deutsche Geschichte. Den Tag müsse man sich merken: „Hoffentlich bekommt er uns nicht schlecht."

Der Vater hofft vergeblich. Zwölf Jahre später hat sich der tiefe Einschnitt als verhängnisvoll erwiesen. Die Friedrichstraße liegt in Trümmern. Nicht einmal den Briefkasten, auf dem Dorothea Kahnert stand, gibt es noch.

Mariechen Krause kann nun vorm Haus Huth den Führer sehen. Der fährt von der Reichskanzlei die Potsdamer Straße hinunter zum Sportpalast, um markige Reden zu halten, und Frau Krause staunt über die lange Eskorte.

Andere Berliner haben nicht soviel Glück. Die ziehen dann vor die Reichskanzlei und schreien so lange „Eins – zwei – drei – vier – sechs – acht – zehn, wir wollen unsern Führer sehn" oder „Beim Führer brennt noch Licht, nach Hause gehn wir nicht", bis sich der neue Reichskanzler blicken läßt.

Das ist ein Jubel, da kann sogar Willy Fritsch nicht mit.

Die SA macht Jagd auf ihre politischen Gegner. Noch wehren sich die Kommunisten gegen die Erstürmung ihrer Hochburgen in den Arbeitervierteln, und wieder einmal kommt es zu Straßenschlachten, die in den ersten Wochen des neuen Jahres 69 Tote fordern.

„In zwei Monaten", hat Franz von Papen, jetzt Vizekanzler, geträumt, „haben wir Hitler in die Ecke gedrängt, daß er quietscht." Dabei steht er selbst längst in der Ecke.

Wieder einmal heben in Deutschland große Zeiten an, ähnlich denen, die der Dichter Paul Lindenberg 1914 bei Kriegsausbruch im Weinhaus Huth beschworen hat. Diesmal sind die Zeiten noch größer als damals, und das gehört sich so, wo das neue Reich doch tausend Jahre halten soll.

Ein paar Jahre vor der Machtübernahme hat bei Huth Hildegard Hennings angefangen. Sie ist 23 Jahre jung und bleibt den Huths fast 20 Jahre erhalten. Das ist eine Zeit, die sie nie mehr vergißt. Denn Hildegard Hennings erlebt am Potsdamer Platz nicht nur das Ende der Weimarer Republik und den Aufstieg der Nazis, sondern auch den Krieg, die Bomben und das Ende. Ein Glück, daß sich Herta Thiel, die Kaltmamsell, an Frau Hennings erinnert hat.

Hildegard Hennings wohnt in Berlin-Steglitz und sagt: „Ich weiß nicht, ob ich Ihnen viel erzählen kann. Ich habe einen Schlaganfall gehabt und kann mich an vieles nicht erinnern." Aber sie erinnert sich gut. Auch Frau Hennings hat, wie Anni Rockstroh, ihren Mann bei Huths kennengelernt, er war einer der drei Geschäftsführer. Herr Hennings, Herr Höhnemann und Herr Brand haben unter Willy Huth das Restaurant geleitet, und Herr Hennings war am längsten im Haus. Er hat die Gäste noch im ehemaligen Pferdestall auf der anderen Straßenseite bewirtet, als 1912 die alte Villa mit der Holzveranda abgerissen wurde und das neue Haus Huth entstand.

Winzig klein sei der Stall gewesen, hat Herr Hennings seiner Frau erzählt, nicht viel größer als eine Wohnung. Aber es war ja nur für kurze Zeit.

1930 hat Willy Huth im Betrieb eine Küchenkontrolle eingeführt, weil er wissen will, was die einzelnen Abteilungen im Haus an Umsatz haben, das Restaurant, die Schoppenstuben und der Weinversand. Für das Kontrollsystem ist ein Fräulein Hirschburg zuständig gewesen, und von ihr ist Frau Hennings an das Weinhaus Huth vermittelt worden. Frau Hennings fängt dort als Stenotypistin an, im Büro im ersten Stock. Kurz darauf stirbt eine Buchhalterin, und Frau Hennings soll den Posten übernehmen. Ihrem späteren Mann sagt sie, die Vorgängerin habe immer so lang Überstunden gemacht, das sei ihr zuviel. Aber Herr Hennings redet ihr zu, und so übernimmt Fräulein Kowalewski, denn so heißt sie damals noch, die Kasse. „Da kam das Geld aus dem Restaurant, den Weinstuben, dem Weinhandel und von den Mietern im Haus zusammen", sagt Hildegard Hennings. „Und das habe ich dann verwaltet. Der Herr Huth war ja keine große Leuchte. Der konnte ja nicht mal einen anständigen Brief diktieren. Der sagte immer: Schreiben Sie doch mal, wie Sie darauf antworten würden." Kam aus dem Tiergarten ins Büro, unterschrieb – noch im Reitzeug – die Post und ging dann wieder.

Schlechte Gehälter habe der Chef gezahlt, sagt Frau Hennings. „Beim Personal war er nicht sonderlich beliebt. Dazu war er viel zu arrogant. Unten im Restaurant hing das Goethe-Zitat »Was du ererbt von deinen Vätern, erwirb es, um es zu besitzen«. Da haben wir unter vorgehaltener Hand gesagt: Na, der erwirbt es ganz bestimmt nicht."

Nein, man kann wirklich nicht sagen, daß Frau Hennings ihren Chef übermäßig geschätzt hat. Er da oben, die da unten, das ging ihr auf den Geist. Als ihr

Mann sein 25. Firmenjubiläum feierte, wurden die gerade wieder eröffneten Räume im ersten Stock für Gäste geschlossen, aber das Geld für die Feier hatten die Angestellten gesammelt.

Herr Huth, sagt Frau Hennings, habe sich immer mit ihrem Mann und den anderen Geschäftsführern gestritten und behauptet, daß sie nichts weiter als Oberkellner wären, und so würden sie auch bezahlt. „Dabei haben sie die ganze Arbeit gemacht", sagt Frau Hennings. „Stellen Sie sich vor, in der Firma gab es einen Tronc, eine Sammelkasse wie im Spielcasino, in den die Kellner einen Teil ihres Einkommens und der Trinkgelder geben mußten, und davon wurden dann die drei Geschäftsführer bezahlt. Das macht sie doch von ihren Kellnern abhängig! Wie konnte mein Mann einem Angestellten die Meinung sagen, wenn er sein Geld von ihm bekam?"

Auch die Feste in der Etage am Lützowplatz hat Frau Hennings noch in Erinnerung. Wenn das Personal bei den Huths servierte, hat ihr Mann für den rei-bungslosen Ablauf sorgen müssen, kam nach Hause und erzählte, Herr Huth habe seinen Gästen gesagt, er ernähre 100 Familien, weil es doch 100 Angestellte waren. Wütend sei ihr Mann gewesen – der Herr Huth wisse doch gar nicht, was wirkliche Arbeit sei. „Aber bloß nicht beim Gehalt zulegen, da könnten ja auch die anderen kommen", sagt Frau Hennings heute. „Der machte auch bei den Sozialabgaben nur das Nötigste. Krankenkasse notgedrungen, aber Rentenversiche-rung und alles andere hielt er für überflüssig."

‚Muttchen Huth', damals schon in Kohlhasenbrück wohnhaft, fährt in einer Kutsche vor und trägt einen großen Hut, Willy Huths Ehefrau Dora möchte mit Gnädige Frau angeredet werden und ist überhaupt sehr von sich eingenommen. Tochter Ilse, damals 18, kommt nach einem Jahr aus einem Internat in England zurück und hat nicht viel gelernt, nein danke, sagt die Frau Hennings, das war kein Fall für mich.

Vielleicht wäre sie schon viel früher gegangen, wenn ihr Mann nicht gestorben wäre an seiner kaputten Lunge nach nur vier Jahren Ehe, der Geschäftsführer Hennings, dem der Kellner Alois Hitler immer erzählt hat, sein Stiefbruder Adolf bringe es noch mal zu was. „Herr Hennings", hat der Alois zu ihrem Mann gesagt, „der Adolf kommt ran, warten Sie's nur ab." Und: „Er hat ja recht behalten", sagt Frau Hennings. „Es kam allmählich so mit dem Hitler. Wegen der hohen Arbeitslosigkeit haben ihn viele gewählt, die gar nicht für ihn waren."

Willy Huth zieht die Deutschnationalen des Herrn Hugenberg vor, die mit den Nazis gemeinsame Sache machen. Aber Herr Hugenberg hat sich verrechnet, so, wie sich der Herr von Papen verrechnet hat, der Hitler in die Ecke drängen wollte. Warum soll sich da nicht auch Willy Huth verrechnen? Schließlich hat sich auch der Sänger Rolf Biberti von den *Comedian Harmonists* vertan, der noch im Januar 1933 geglaubt hat, der Spuk würde höchstens zwei Monate dauern.

„Berlin bleibt rot", so träumen auch Gewerkschaften und SPD am 7. Februar auf einer ihrer letzten Kundgebungen vor immerhin 200.000 Teilnehmern. Aber da sind es nur noch knapp drei Wochen hin bis zu Reichstagsbrand und KPD-Verbot.

Verhaftungswellen folgen dem Brand des Parlamentsgebäudes, Notverordnungen sollen wieder einmal „die Sicherheit und öffentliche Ordnung wiederherstellen." Im Juli wird die SPD aus allen Parlamenten ausgeschlossen.

Immer öfter ziehen die braunen Kolonnen der SA über den Potsdamer Platz, nun auch noch bewaffnet und als Hilfspolizisten vereidigt. Im Frühjahr 1933, noch vor der Verabschiedung des ‚Ermächtigungsgesetzes' in der Kroll-Oper, waren alle jüdischen Ärzte aus den Krankenhäusern entlassen worden. Im gleichen Zeitraum wurde das KZ Oranienburg errichtet, weil die berüchtigten illegalen Lager der Totschläger von SA und SS die ‚Schutzhäftlinge' kaum noch fassen konnten. Dichter und Denker, Journalisten, Maler, Schauspieler, Autoren und Wissenschaftler verlassen das Dritte Reich, Schimpfworte von Goebbels begleiten sie.

Aus Berlin emigrieren Alfred Döblin, Bertolt Brecht, George Grosz, Max Reinhardt, Albert Einstein, Elisabeth Bergner, Fritz Lang, Alfred Kerr, Lion Feuchtwanger, Arnold Zweig, Walter Mehring, Heinrich Mann, es geht auch Erich Mendelsohn, der das Columbus-Haus am Potsdamer Platz gebaut hat. Viele Emigranten geraten den Nazis noch Jahre später in die Hände, wie Theodor Wolff, der Chefredakteur des Berliner Tageblattes.

Nach Wilhelm II., dem Halbgott der Deutschen, wird Adolf Hitler zu ihrem Abgott und der Nationalsozialismus neues Glaubensbekenntnis. Dazu passend bietet das Zigarrengeschäft Otto Regenberg die Sorte ‚Unser Führer' (Sumatra) für 15 Pfennig an.

Am 1. April 1933 wird zu einem großen Judenboykott aufgerufen, „Jude verrecke", so steht es auch auf den Schaufenstern, die Willy Huths Schwiegervater Bodo Diede für das Kaufhaus Wertheim gesetzt hat. „Dieser verbrecherische Wahnsinn", so empört sich der Graf Kessler an diesem Tag, „hat alles vernichtet, was in 14 Jahren an Vertrauen und Ansehen für Deutschland wiedergewonnen worden war. Ich weiß nicht, ob man mit diesen strohdummen, bösartigen Menschen mehr Ekel oder mehr Mitleid empfindet."

Im Mai darf Erich Kästner zusehen, wie auf dem Opernplatz seine Bücher verbrannt werden, Polizei und SA machen nun gemeinsam Jagd auf Kommunisten und Sozialdemokraten. Im Juni sterben während der ‚Köpenicker Blutwoche' 91 Menschen.

Dem ‚Ermächtigungsgesetz' haben auch Theodor Heuss von der Deutschen Demokratischen Partei und Konrad Adenauer vom Zentrum zugestimmt. Und Herr von Papen, der Hitler beiseite schieben wollte, muß erkennen: „Wer von uns hätte es für möglich gehalten, daß die unwiderstehliche Angriffskraft des Nationalsozialismus dieses deutsche Reich für sich eroberte, daß keine der bürgerlichen Parteien mehr das Feld behauptete, daß die Institutionen des demokratischen Jahrhunderts wie mit einem Federstrich ausgelöscht wurden, daß der Reichskanzler eine Machtfülle in sich vereinigt, die kein deutscher Kaiser vor ihm besessen hat."

Daß der neue Kaiser an den alten Kaiser in Doorn von dieser Machtfülle nichts abgeben will, wird nun wohl auch Wilhelm II. begreifen und der Kronprinz, der um Herrn Hitler scharwenzelt ist. Vielleicht begreifen es nun auch jene, die von einer Wiedereinführung der Monarchie geträumt haben.

Rings um die Reichskanzlei richten sich die neuen Herren ein. Goebbels bezieht sein Propagandaministerium in der Wilhelmstraße, Himmler macht sich in der Wilhelm- und Prinz-Albrecht-Straße breit, und Göring baut an der Leipziger Straße sein häßliches Luftfahrtministerium, das nahezu unversehrt den Krieg übersteht und in der DDR als Haus der Ministerien, später als Sitz der Treuhand und schließlich als Finanzministerium der Bundesrepublik neue Blütezeiten erlebt.

Die Angestellten im Weinhaus Huth registrieren die Veränderungen nach dem Machtwechsel. Hochbetrieb herrscht jetzt im Haus, „es kamen", wie Mariechen Krause sagt, „immer mehr Hitler-Leute." Es kommen sogar ganz prominente Hitler-Leute, zum Beispiel SA-

Chef Ernst Röhm mit seinem Berliner Vertreter, dem Gruppenführer Karl Ernst, denn sie haben Grund zu feiern. „Die Straße frei den braunen Bataillonen", hat Horst Wessel getextet, nun ist die Straße frei, aber die braunen Bataillonskommandeure haben ihre rauhen Sitten beibehalten. Entsetzt kommt Geschäftsführer Höhnemann aus dem ersten Stock und klagt indigniert vor den Angestellten, Röhm und Ernst hätten oben auf dem Tisch getanzt.

Es stört sich nicht nur das Personal im Weinhaus Huth an den Manieren der neuen Gäste, es stört sich auch Herr Hitler an der immer noch mächtigen, aber jetzt beschäftigungslosen SA, es stören sich Herr Göring und Herr Himmler am mächtigen Rivalen, und beim Röhm-Putsch, der gar kein Putsch ist, wird die SA-Führung am 30. Juni und 1. Juli 1934 ausgerottet.

Gottfried Benn will nun nichts mehr von den Nazis wissen, nachdem er noch 1933 im Rundfunk gesagt hat: „Es handelt sich bei den Vorgängen in Deutschland um das Hervortreten eines neuen biologischen Typs, die Geschichte mutiert, und ein Volk will sich züchten. Es handelt sich hier gar nicht um Regierungsformen, sondern um eine neue Vision von der Geburt des Menschen, vielleicht um die letzte großartige Konzeption der weißen Rasse, wahrscheinlich um eine der großartigsten Realisationen des Weltgeistes überhaupt..."

Besonders großartig realisiert sich der Weltgeist in der Prinz-Albrecht- und der Wilhelmstraße, wo nun die Reichsführung der SS residiert, Sicherheitsdienst und Geheime Staatspolizei, Postkürzel ‚Gestapo', weil der Name für die Adressiermaschinen zu lang ist.

Auch KPD-Chef Ernst Thälmann sitzt 1934 in den Gestapo-Kellern ein und ein Jahr später der kommunistische Widerstandskämpfer Erich Honecker, damals 23 Jahre alt.

„Aufforderung an mich, sofort die Hose auszuziehen", so beschreibt Thälmann später eine Vernehmung, „gleich darauf packten mich zwei Mann im Nacken und legten mich über einen Schemel. Ein uniformierter Gestapomann, mit einer Nilpferdpeitsche in der Hand, schlug dann in gewissen Abständen auf mein Gesäß ein. Von den Schmerzen getrieben, schrie ich aus Leibeskräften mehrmals ganz laut auf. Dann wurde mir der Mund vorübergehend zugehalten, und es gab Hiebe ins Gesicht und Peitschenschläge über Brust und Rücken."

Elf Jahre Tod und Terror. Die SPD-Politiker Fritz Erler und Kurt Schumacher werden hier mißhandelt, der Hitler-Attentäter Georg Elser, die Ehepaare Schulze-Boysen und Harnack von der Spionageorganisation ‚Rote Kapelle', der Kommunist Robert Havemann, der Theologe Dietrich Bonhoeffer, die Verschwörer und Widerstandskämpfer Helmut Graf von Moltke, Hans Oster, Justus Leber, Eugen Gerstenmaier, Wilhelm Canaris und Carl Friedrich Goerdeler. Hunderte sterben in den Zellen, werden erschossen wie der frühere Gefolgsmann Hitlers, Gregor Strasser, oder stürzen sich im Treppenhaus in den Tod, wie der Kommunist John Sieg. Rund 50 Gefangene sitzen in den 38 Zellen des Gestapo-Hausgefängnisses, da haben die Herren mit der Nilpferdpeitsche Dienst rund um die Uhr.

Nach Dienstschluß aber möchten sie sich entspannen bei einem guten Essen und einem Schoppen Wein. Für die kleinen Schläger ist das Weinhaus Huth natürlich zu teuer, nicht aber für die Amtschefs, Referats- und Gruppenleiter. Ins Haus Huth führen die SS-Offiziere ihre Frauen und Freundinnen aus, und einmal ist sogar der Reichsführer-SS persönlich gekommen, der stille Herr Himmler, für den die Angestellte

Marie Krause „das besondere Besteck" rauslegt. Kein Vergleich mit den SA-Rabauken Röhm und Ernst, die längst der grüne Rasen deckt. Adolf Eichmann sitzt zu dieser Zeit noch als kleiner Scharführer in der SS-Zentrale und legt Karteien über Freimaurer an. Ein Jahr später wird er sich mit ‚Fragen des Weltjudentums' befassen.

1934 wird bei Huths gleich um die Ecke, in der Bellevuestraße 15 am Hotel Esplanade, der Volksgerichtshof eingerichtet. Er residiert im ehemaligen Königlichen Wilhelms-Gymnasium und ist als oberstes politisches NS-Gericht für ‚Hoch- und Landesverrat' zuständig. Unter dem meist brüllenden Freisler, der 1942 Präsident wird, sind bis 1945 rund 5.200 Todesurteile verkündet worden, über Helden und kleine Wichte, Diebe und Denunzierte, auch über Elfriede Scholz, die Schwester des Schriftstellers Erich Maria Remarque, der schon 1931 das Land verlassen hat. Frau Scholz hat deutsche Soldaten als Schlachtvieh bezeichnet, das kostet sie wegen Wehrkraftzersetzung den Kopf. Gerichtskosten: 495,80 Reichsmark.

Vom Haus Huth konnte man lange Zeit auf die Reste des Esplanade und das Gelände des Volksgerichtshofes blicken. Die Gebäude des Gymnasiums wurden im Krieg zerstört und später abgetragen. Darüber führt heute die neue Potsdamer Straße. In den Ausschreibungen der städtbaulichen Wettbewerbe nach der Wende heißt es noch, das Gedenken an den Standort solle erhalten werden, dann senkt sich der Mantel des Schweigens über das Vorhaben. Der Eingang zur Bellevuestraße 15 liegt auf dem heutigen Sony-Areal. Vor 100 Jahren befand sich hier der Georgesche Garten, der für seine Wurst und von Mai bis Juni für seine Kalbskoteletts mit Spargel berühmt war.

*Im September 1934 heiratet Ilse Huth den Juristen Kurt
Hengsberger. Der Brautvater rechts, neben dem Vater des
Bräutigams und Ehefrau Dora. Zweiter v. l.: Bodo Diede.*

Viele neue Herren gibt es nach der Machtübernahme rund um den Potsdamer Platz, viele neue Gäste
auch im Weinhaus Huth. Am 2. August 1934 stirbt der
greise Generalfeldmarschall von Hindenburg, und bei
der einminütigen Verkehrsruhe grüßen Passanten und
die Verkehrspolizisten mit den weißen Ärmelstulpen
am Potsdamer Platz mit dem gerade eingeführten
deutschen Gruß. Der ‚Führer‘ und Kanzler übernimmt
nun auch das Amt des Reichspräsidenten.

Einen Monat später findet im Haus Huth, oben im
Roten Saal, eine pompöse Hochzeit statt. Willy Huths
Tochter Ilse heiratet den Juristen Dr. Kurt Hengsberger,
da hat die Kaltmamsell Anni Rockstroh viel zu tun und

auch ihr Mann, der Koch, mitsamt dem übrigen Personal. Die Huths haben 60 Gäste eingeladen, und die posieren nun vor den eichenholzgetäfelten Wänden für den Fotografen. Die Braut, ganz in Weiß, lächelt still, und der zehn Jahre ältere Bräutigam blickt sie zärtlich an. Tutti Petersen, damals acht, sitzt zu Füßen des Bräutigams. Sie hat bei der Hochzeit die Blumen gestreut und erinnert sich noch heute gut an das pompöse Fest. Willy Huth trägt Frack, wie die meisten anderen Gäste. Dora, seine Frau, hat den Amtsgerichtsrat Hengsberger eingehakt, den Vater des Bräutigams. Auch Bodo Diede, der Glasermeister, nun schon sehr alt, ist auf dem Hochzeitsfoto. Viele Orden sind zu sehen, Eiserne Kreuze an Frack und Smoking. Hermann Köhl, der Atlantiküberquerer, ist unter den Gästen, Offiziere in Zivil, Ärzte, Geheim- und Landgerichtsräte. Ilse Huths Hochzeit ist ein Fest des Berliner Großbürgertums, das so tut, als gäbe es die braunen Herren ringsum nicht. Nur auf dem Revers des Bräutigams schimmert ein heller Fleck – es könnte das Parteiabzeichen der NSDAP sein, aber genau kann man es nicht erkennen.

Schöne Zeiten im Haus Huth?

Der Verband der Berliner Weingroßhändler, zu denen auch die Firma Huth gehört, ist zwangsweise in den Reichsnährstand überführt worden. Aber die Weine des ‚Franzmanns‘, den man nach wie vor nicht leiden kann, gibt es noch reichlich, und bei der Großen Automobil- und Motorradausstellung im März 1934 hat man sich vor Gästen nicht retten können.

Hochbetrieb auch beim Verlag Delius und Klasing im vierten Stock. Dort wird der Ausstellungskatalog hergestellt, die Zeitschriften *Startag, Yacht, Deutsche Erde* und sogar eine *Deutsche Schirmzeitung*. Da hat das Personal bis tief in die Nacht zu tun, und Chef Konrad Delius, der für den deutschen Gruß nicht viel übrig hat, fährt anschließend mit der Wannseebahn nach Hause, anders als Herr Huth mit seinem Horch.

Willy Huth geht jetzt mit der Zeit. Er hat eine 20 Meter lange Leuchtschrift an die Fassade montieren lassen, und in der Küche werden die lästigen Kohleherde gegen einen großen Elektroherd gewechselt.

Nur zweieinhalb Millionen Arbeitslose gibt es noch im Dritten Reich, und das Silvesterfest wird im Haus Huth bei Musik und Tanz gefeiert, Gesellschaftsanzug ist erbeten. Es gibt klare Ochsenschwanzsuppe, Krebssuppe, Karpfen blau mit frischer Butter und Haffzander mit Austerntunke, getrüffelten Mastputer und Rehrücken in Sahne mit Johannisbeergelee, zum Nachtisch eine Silvester-Bombe oder Käse. Das Menü kostet sechs Reichsmark, mit Hummer eine Mark 50 mehr.

1935 wird im Reich die allgemeine Wehrpflicht eingeführt, und das 100.000-Mann-Heer wächst im Laufe der Jahre auf 700.000 Soldaten. Die Saar kehrt heim ins Reich, und im April heiratet Hermann Göring, preußischer Ministerpräsident und Reichsluftfahrtminister, in einer Prunkhochzeit ohnegleichen die Schauspielerin Emmy Sonnemann.

Die Deutschen freuen sich über ein Jahr des inneren Friedens, mit kleinen Schönheitsfehlern. Die antisemitischen Nürnberger Gesetze werden verabschiedet, „zum Schutze des deutschen Blutes und der deutschen Ehre". Juden sind vom Wehrdienst ausgeschlossen, jüdische Beamte werden entlassen. Kurt Tucholsky begeht im schwedischen Exil Selbstmord. „Ich habe mit diesem Land, dessen Sprache ich so wenig wie möglich spreche, nichts mehr zu schaffen", hat er wenige Tage vor seinem Tod an Arnold Zweig geschrieben. Tucholsky hat, wie die Huths, im Bezirk Tiergarten gelebt.

Nach seiner Ausbürgerung 1933 hat ihn die *Berliner*

Nachtausgabe als „den größten Schmierfink, den die an solch traurigen Talenten keineswegs arme Republik der Demokratie aufzuweisen hatte", bezeichnet. Was ist aus dem geworden, der diesen Satz geschrieben hat?

Die Berliner sehen Paraden zu und flanieren im Tiergarten. Schließlich ist ja alles halb so schlimm, haben die meisten wieder Arbeit gefunden, und die „Juden sind unser Unglück", das können sie im *Stürmer* fast täglich lesen.

Auch bei den *Comedian Harmonists* singen Juden mit, daran hat bei der Gründung der Truppe niemand gedacht. Jetzt, im April 1935, muß eine neue Besetzung proben, Juden sind nun unerwünscht, das künden Schilder vor Läden, Restaurants und Ortseingängen.

Die *Comedian Harmonists* singen *Kannst du pfeifen, Johanna* und *Ich hab' für dich 'nen Blumentopf bestellt,* sie wechseln geschmeidig ihre jüdischen Sänger aus, aber auch mit der neuen ‚rassenreinen' Besetzung läßt sich kein Blumentopf mehr gewinnen. Den Nazis schmeckt die ganze Richtung nicht. Vielleicht erinnert sie der Schmelz der *Comedian Harmonists* zu sehr an die goldenen Jahre der verhaßten ‚Novemberrepublik'. „Wir waren", sagt Rolf Biberti, „nicht geeignet, den Wehrgedanken im deutschen Volke zu fördern." Schluß ist da mit der Truppe, und Rolf Biberti, der oft im Vox-Haus gesungen hat und dann schräg über die Straße ins Weinhaus Huth gegangen ist, muß sich eine neue Beschäftigung suchen.

Rolf Biberti ist 83 Jahre alt, als er mir von den schönen und schlechten Zeiten am Potsdamer Platz erzählt, vom Glanz der Kaiserzeit, den bitteren Kohlrübenwintern im Ersten Weltkrieg, den für ihn so erfolgreichen 20er Jahren. „Als die Nazis kamen", sagt er, „war es mit dem bunten Treiben am Potsdamer Platz vorbei." Ein Jahr nach unserem Gespräch stirbt Rolf

Biberti in Berlin. „Es stimmt mich traurig", sagt er bei meinem letzten Besuch, „wenn ich die Gegend dort heute sehe."

250 Eil- und Fernzüge kommen 1935 täglich nach Berlin, und die Stadt quillt von Besuchern über.

Das Geschäft im Weinhaus Huth floriert, aber noch immer drücken Willy Huth die Schulden. Allein die nichtgezahlten Hypothekenzinsen machen rund 100.000 Reichsmark aus, und Herr Huth bittet die Berliner Baubehörde, „die Gültigkeit des Bauscheines Nr. 929 vom 11. Januar 1930 um ein weiteres Jahr zu verlängern, die augenblicklichen wirtschaftlichen Verhältnisse der Eigentümer gestatten einen Umbau z. Zt. nicht" – mit deutschem Gruß, Heil Hitler, Willy Huth.

Ein paar Häuser weiter eröffnet die Firma Cyliax-Konfitüren eine Filiale, 30 Pfennig kostet die Tafel Schokolade, und der Laden erweist sich als Goldgrube. Vier Jahre hat Hildegard Kirski aus Schöneberg hier gearbeitet.

„Potsdamer Bahnhof gleich um die Ecke, U- und S-Bahn praktisch vor der Tür, da war immer Hochbetrieb", sagt Frau Kirski. „Damals endete ja die Wannseebahn noch am Potsdamer Platz, und die Leute stiegen dort in die Straßenbahnen und Busse um. Da nahmen sie dann unsere selbstgemachten Pralinen mit."

Eine Mark 25 hat das Pfund damals gekostet, das weiß Frau Kirski noch genau. Auch die Herrenmenschen von der SS aus der Prinz-Albrecht-Straße kaufen die Pralinen gern als Präsent, und drüben in der Mohrenstraße, wo Frau Kirski anschließend arbeitet, kommen Magda Goebbels und Emmy Göring und fragen nach den beliebten Bonbonnieren für 25 Mark. Im Krieg werden die Filialen auf zehn reduziert, die Verkäuferinnen dienstverpflichtet, und die schönen selbstgemachten Pralinen gibt es nur auf Punkte der Lebensmittelkarte, sofern es überhaupt Pralinen gibt.

Die Stammkunden in der schwarzen Uniform werden im Krieg nur noch selten kommen. Von den 7.000 SS-Angehörigen haben dann viele ihren Arbeitsplatz von der Prinz-Albrecht-Straße in den Osten verlegt und schaffen dort durch Ausrottung Lebensraum fürs deutsche Volk.

1936 stirbt der Glasermeister Bodo Diede, Willy Huths Schwiegervater. Der ‚Führer' ruft die Jugend der Welt zu den Olympischen Spielen, ausländische Journalisten besichtigen die Reichshauptstadt und bestaunen die sauber gefegten Straßen. Die nordische Rasse der Deutschen – nach dem Reichsausschuß für Volksgesundheit „die für die Menschheit und ihre Entwicklung wertvollste Rasse" – beweist ihren Wert und erkämpft die meisten Goldmedaillen, 33 insgesamt. Viermal Gold erkämpft auch der farbige Amerikaner Jesse Owens, nicht gerade ein nordischer Typ. Der Führer gibt ihm nicht die Hand.

Kurz vor den Spielen ist im Norden Berlins das KZ Sachsenhausen errichtet worden, darüber sehen die prominenten Gäste und Funktionäre des Olympischen Komitees hinweg. Nur der amerikanische Schriftsteller Thomas Wolfe erkennt, daß hinter der blanken Fassade des Dritten Reiches „die giftigen Ausstrahlungen von Unterdrückung, Verfolgung und Angst die Luft verpesten". Carl von Ossietzky erhält den Friedensnobelpreis, drei Jahre ist er in Konzentrationslagern mißhandelt worden, jetzt liegt er schwerkrank in einer Berliner Klinik und hat noch zwei Jahre zu leben. Das Haus Vaterland bewirtet während der Olympischen Spiele über 138.000 Gäste. Wenige Monate später wird das Kempinski-Unternehmen durch Aschinger arisiert.

Willy Huth, der Hitler als Parvenü betrachtet, lebt in

einer anderen Welt. „Sehr geehrter Herr Huth", schreibt am 25. September 1936 Adolf Friedrich Herzog zu Mecklenburg, „Sie hatten die Güte, der unter meinem Präsidium stehenden staatlich anerkannten Mildenstiftung ‚Kolonialkriegerdank im Reichskolonialbund' für die Tombola der Wohlfahrtsveranstaltung eine Spende zur Verfügung zu stellen…" Man sieht, Willy Huth hängt noch immer an Monarchie und Adel, als habe es die Weimarer Republik nicht gegeben und keine braunen Fackelträger am Potsdamer Platz.

Da bekommt sogar der Reichsbauernführer und Ernährungsminister Walter Darré bei einem Besuch einen Tobsuchtsanfall, verlangt den Inhaber zu sprechen und schreit „Was erlauben Sie sich!", weil im ganzen Haus kein Hitler-Bild hängt, nur die Konterfeis von Bismarck und vom Kronprinzen.

Im April 1937 wird die NS-Ausstellung ‚Gebt mir vier Jahre Zeit' eröffnet, eine Bilanz seit 1933. Man werde Deutschland nicht wiedererkennen, hat der ‚Führer' schon bei der Machtübernahme versprochen. Die vier Jahre sind jetzt rum, aber er hat noch Großes vor. Albert Speer wird zum Berliner Generalbaumeister ernannt und soll die Stadt neu gestalten. Eine mächtige Nord-Süd-Achse wird sich, so plant es der Herr Speer, quer durch die Berliner Stadtmitte ziehen, sieben Kilometer lang, 156 Meter breit. Der rabiate Kahlschlag ist nicht neu, ähnlich, wenn auch nicht ganz so verwegen, hat vor Speer schon der Architekt Martin Mächler gedacht. Albert Speer aber hat den ‚Führer' hinter sich, da kennt der Größenwahn keine Grenzen mehr. Am Spreebogen soll eine Versammlungshalle für 150.000 Menschen erstehen, mit einer Kuppel, die 290 Meter hoch ist und einen Durchmesser von 250 Metern hat. Der Petersdom hätte mehrfach darin Platz. Speers Nord-Süd-Achse überquert die

Potsdamer Straße kurz vor dem Landwehrkanal und trennt sie in zwei Teile. Berlin wäre nach dem Umbau in der Tat nicht wiederzuerkennen gewesen, aber der ‚Führer' fängt den Weltkrieg an, und Speers schöne Pläne werden Makulatur. Den Abriß der alten Bausubstanz, mit dem in der Innenstadt schon begonnen wurde, besorgen dann Bomben und Granaten.

Im August 1937 ist 700-Jahr-Feier in Berlin, und der Potsdamer Platz erstrahlt im Lichterglanz. 1987, bei der 750-Jahr-Feier, ist Berlin gleich doppelt vorhanden, und von Lichterglanz am Potsdamer Platz kann keine Rede sein. Die paar Straßenleuchten, die Lichter im Niemandsland hinter der Mauer und die im Haus Huth kommen gegen die Dunkelheit am einstigen Nabel Berlins dann nicht mehr an.

1937 wird das Haus in der Potsdamer Straße 25 Jahre alt. Es hat nun schon eine Menge erlebt, mehr, als ihm lieb ist.

Zum Glück bleibt Speers Kahlschlag der Stadt und dem Weinhaus Huth erspart. An der Potsdamer Straße wird mit dem Haus des Fremdenverkehrs begonnen, aber das riesige Reichsmarschallamt gegenüber von Huths wird nicht mehr gebaut und der Abriß von Potsdamer und Anhalter Bahnhof auf die Zeit nach dem Endsieg verschoben. Die Kopfbahnhöfe aus der Kaiserzeit paßten nicht ins neue Germania.

„Der heutige Potsdamer Bahnhof", hat das *Organ für Fortschritte des Eisenbahnwesens* 1938 orakelt, „wird in wenigen Jahren verschwunden sein." Er verschwindet tatsächlich, wenn auch anders als gedacht, und mit ihm verschwinden alle Berliner Kopfbahnhöfe, ganz im Geiste des Herrn Speer.

Die ‚Volksgemeinschaft' sammelt nun ‚Kraft durch Freude', und fast 800.000 Berliner arbeiten in der Rüstungsindustrie. Kanonen sind jetzt wichtiger als

Butter. Vor einem kleinen Kreis von Eingeweihten ent-hüllt der ‚Führer‘ erstmals seine Kriegspläne, die „Sicherung und Erhaltung der Volksmasse und ihrer Vermehrung" durch mehr Lebensraum im Osten.

Davon ahnt die ‚Volksgemeinschaft‘ nichts und will nichts ahnen. „Wer Hitler wählt, wählt den Krieg", hieß es vor 1933, aber wer hat das damals schon geglaubt.

Im August 1937 macht die Firma Huth einen Betriebsausflug in den Grunewald, obwohl der Chef kein Freund von solchen Feiern ist. „Aber die waren behördlich verordnet", sagt Anni Rockstroh, die damals den ersten Preis im Sackhüpfen gewonnen hat. Ja, es gibt noch Fotos von dem Fest. Herta Thiel, die Kaltmamsell, hat ihr Album über die Jahrzehnte geret-tet. Ich betrachte die kleinen Bilder mit den gezackten Rändern zwischen Blättern aus durchsichtigem Papier. Ich sehe Mariechen Krause als junges Mädchen, Hildegard Hennings und Elsie van der Straeten, die ein Jahr nach dem Betriebsausflug im Huthschen Keller ihre Flaschenpost verstecken wird. Eine große, schlanke Frau im gestreiften Kleid steht da auf einer Wiese an der Havel, und da ist ja auch der Chef beim Eierlauf, im grauen Anzug mit Einstecktuch und ein bißchen steif. Umständlich hält er den Eßlöffel mit dem Ei, und die Angestellten laufen an ihm vorbei. Ach, wie fröhlich sind sie da gewesen und was haben sie gelacht. Die Kollegen Chinnow, Balke, Kuchländer, Kröplin und Bobkowski: Frau Thiel weiß noch fast alle Namen.

Zwei Mann mit dem Schifferklavier voran, so ging es runter vom Schiff. Vor dem Dampfer posieren sie noch mal fürs Gruppenbild, die Damen lächeln ein bißchen verschämt, die Herren geben sich flott. Im Hintergrund strahlt der Kellnerlehrling Rudi Vogel, im grauen Anzug mit gestreifter Krawatte. Es sind noch zwei Jahre hin bis zum großen Krieg, nie wieder wird die Belegschaft so fröhlich zusammenkommen wie an diesem Augusttag des Jahres 1937. Hitler braucht mehr Platz im Osten, für dessen Eroberung der Kellnerlehrling Vogel als Soldat mit dem Leben zahlt.

1985, als ich im Rundfunksender RIAS nach Angestellten und Gästen des Weinhauses Huth suche, meldet sich eine Frau Höpner. 1937 hat sie bei Huths ihre Hochzeit feiern wollen, aber der Raum für die Festlichkeiten war schon besetzt. An diesem Tag, hat man ihr gesagt, sei der Professor Sauerbruch zu Gast, und seine Runde dürfe niemand stören.

Das sind sicher die ‚Jenaer Preußen' mit ihrem Stammtisch gewesen. Seit Jahrzehnten trifft sich die schlagende Verbindung sonntags im Haus Huth. Jetzt wird Abschied gefeiert. Die ‚Jenaer Preußen' ziehen an den Wittenbergplatz um. Der Kellner Alois Hitler hat dort sein Lokal eröffnet, mit angeschlossener Konditorei. Halbbruder Adolf ist ‚Führer' geworden, da soll die Verwandtschaft nicht darben.

Die Eröffnung seines Lokals feiert Alois Hitler mit einem kleinen Gedicht:

„Als neuer Wirt lad' ich Euch ein:
Kommt's liebe Leute, kommt's herein!
Gemütlich ist's in meinen Hallen,
also wird es euch gefallen!
Laßt bei mir den Tisch Euch decken,
was ich koche, wird Euch schmecken!
Eisbein, Haxen, Bärenschinken
und was Zünftiges zu trinken
als wie Münchner Bier vom Faß,
Wein in Flaschen oder Glas.
Jeder kann auf seine Weise
und zu recht bescheidnem Preise

bei mir haben, was er mag,
da gibt's nix, des is koa Frag!
Müßt halt bald mal einischaugn,
selber seht' mit eigne Augen
was sich tut bei mir herin,
was ich kann und wer ich bin –
Also kommt's, recht schöne Grüß,
sendt Euch Euer Alois."

Beim Halbbruder Adolf in der Reichskanzlei geht es nicht so gemütlich zu. Immer unerträglicher werden die Lebensbedingungen für die jüdischen Bürger im Reich. Jüdische Ärzte haben Berufsverbot, jüdische Pässe werden mit einem ‚J' gekennzeichnet, ‚Israel' und ‚Sara' als zusätzliche Vornamen eingeführt. Jüdische Kinder dürfen keine öffentliche Schule besuchen, jüdische Anwälte nicht mehr plädieren, Teile des Regierungsviertels werden mit einem ‚Judenbann' belegt.

Auch Österreich kehrt nun als Ostmark „heim ins Reich", und in der Nacht vom 9. auf den 10. November 1938 klirren die Scheiben der jüdischen Geschäfte, brennen die Synagogen, werden 35.000 Juden in Konzentrationslager verschleppt.

Hildegard Hennings, die am Morgen des 10. November in ihr Büro will, tritt in der Potsdamer Straße auf Glas – die ‚Reichskristallnacht' ist vorüber, Deutschlands Ansehen im Ausland endgültig lädiert.

Die jüdischen Besitzer der demolierten Geschäfte räumen die Scherben beiseite, Gitter in den Schaufenstern ersetzen die demolierten Scheiben, die Auslagen sind meist geplündert. Die Ladenbesitzer in der Potsdamer Straße müssen – wie überall im Reich – die angerichteten Schäden bezahlen. Einen Monat später werden die meisten gezwungen, ihre Betriebe unter Wert zu verkaufen.

Willy Huth bekommt einen neuen solventen Mieter: Im Erdgeschoß und im ersten Stock richtet die Deutsche Bank eine Filiale ein. Die Miete von 50.000 Mark im Jahr kann Willy Huth gut gebrauchen. Am 31. Mai 1938 hat die Bank bei der Städtischen Baubehörde den Einbau eines Aktenaufzuges und eines „einbruchsicheren Tresors mit den Maßen 4,50 mal 1,70 Meter" beantragt. Das Ungetüm kommt in den Keller und überlebt dort Krieg, Kriegsende und auch das Ende der Bankfiliale. Erst 1983 wird es bei Aufräumungsarbeiten unter dem Trümmerschutt entdeckt. Niemand weiß, wem das leere Monstrum gehört, und so kommt es nach Ost-Berlin auf den Müll, denn in West-Berlin ist Abraum knapp.

Georg Wehner, bis 1929 Kellner im Haus Huth, kommt einmal im Monat aus Beelitz zu Besuch und tratscht ein bißchen mit den Kollegen. Die schönen Räume im ersten Stock, so registriert er betrübt, sind 1938 zweckentfremdet worden. Im Jagdzimmer und im Blauen Salon sind die Büros der Deutschen Bank. Auch die anderen Säle wurden umgebaut. Unten im Erdgeschoß gibt es nur noch eine Schoppenstube, die zweite ist auf Kosten der Küche zu einem kleinen Restaurant erweitert worden.

Seit 1933 ist einmal im Monat ‚Eintopftag', und „Berlin ißt heute sein Eintopfgericht", so heißt es in der NS-Propaganda. Das ist nicht gerade die Kost, die man im Weinhaus Huth servieren möchte. Nach Hummer und Kaviar wurde der Lehrling Rockstroh befragt, als er sich 1928 bewarb – und nun das.

Ein paarmal hat Herr Huth die Plakate zum Eintopfsonntag nicht pünktlich aufgehängt, da muß er fünftausend Mark Strafe zahlen.

Georg Wehner, der draußen in Beelitz Hotel und Gasthof führt, hat inzwischen prominentere Gäste als das Weinhaus Huth, wo er einst Lehrling war. Zu Wehner kommt der Reichsaußenminister Ribbentrop, dessen Yacht ganz in der Nähe liegt, und Generaloberst von Fritsch, Oberbefehlshaber des Heeres von 1934 bis 1938.

Das Weinhaus Huth kann mit Generälen und NaziGrößen nicht aufwarten. Daß Heinrich Himmler mal da war, ist wohl eher ein Versehen gewesen. Die NSProminenz bevorzugt das ,Horcher' in der MartinLuther-Straße, und der ,Führer' ißt ja sowieso nicht gern.

Zu sehr haftet den Huths das monarchistische Ambiente an, doch auch das kann hilfreich sein. Bald spricht sich herum, daß man bei Huths freier reden kann als anderswo, weil nicht an jedem Tisch ein Nazi sitzt, und diese „unterirdische Propaganda", wie Rolf Biberti sie genannt hat, sichert dem Haus Huth seine Stammgäste bis in den Krieg hinein.

,Kleine Karte' aus den dreißiger Jahren:

Austern pa. Holländer auf Eis, Stück	*0,35 Mark*
Krebsschwanzpastetchen	*1,50 Mark*
12 Krebsschwänze in Dill mit Reis	*2,00 Mark*
12 Krebsschwänze auf Feinschmecker Art	*2,50 Mark*
12 Krebsschwänze mit Gemüsesalat	*2,50 Mark*
Krebsschwanzmayonnaise	*2,50 Mark*
1/2 frischer Hummer kalt mit Remoulade	*3,75 Mark*
1/2 frischer Hummer warm mit	
Trüffelbutter	*dito*
Mayonnaise von frischem Hummer	*dito*
Prima Malossol Kaviar auf Eis	
mit Butter und Röstbrot	*5,00 Mark*
1/4 Pfund mit Butter und Röstbrot	*12,50 Mark*

Frieda Kempfer zeigt mir ein Bild. Drei Generationen Berliner Blumenfrauen sind da zu sehen:

Großmutter Klara, Tochter Martha und sie, die Enkelin. Das Foto ist 50 Jahre alt. Klara und Martha sind schon lange tot, und Frieda, damals ein junges Mädchen mit Bubikopf, ist zu diesem Zeitpunkt längst selbst Großmutter.

Die Blumenfrauen am Potsdamer Platz waren berühmt und wegen ihrer großen Klappe auch gefürchtet. Wie war das damals? Lassen wir Frieda, die Blumenfrau, erzählen: „Unser Stand ist eine Goldgrube gewesen. Mitte der dreißiger Jahre war das Leben am Potsdamer Platz noch familiär und gemütlich. Viel Laufkundschaft und dann die offenen Kutschen, das kann man sich heute gar nicht mehr vorstellen. Von morgens halb fünf bis abends um sieben war viel zu tun. Dann machte das Kaufhaus Wertheim zu und wir auch.

Ein großes Bund Schneeglöckchen hat 15 Pfennig gekostet, das Dutzend Rosen 30. Wir hatten viel jüdische Kundschaft aus den Läden in der Leipziger und der Potsdamer Straße. Ja, das war noch ein Reichtum und Wohlstand damals. Gegessen haben wir bei Aschinger in der Küche, Kaffee für 30 Pfennig und die Brötchen umsonst. Das Weinhaus Huth habe ich noch gekannt, aber ohne Geld war da nicht viel zu machen. Über 40 Blumenfrauen sind wir damals gewesen, am Potsdamer und am Leipziger Platz. Der Hermann Göring hat auch bei uns gekauft, sein Ministerium gleich um die Ecke. Er fuhr im offenen Wagen vor. Kunden wie ihn hatten wir reichlich, weil doch das Regierungsviertel ganz in der Nähe war."

Aus Werder vor den Toren Berlins kamen die Freilandblumen in großen Kiepen, denn „irgend jemand hat ja immer Geburtstag, verlobt sich oder heiratet", sagt Frau Kempfer. „Die Deutschen haben nun mal Blumen gern."

Erinnert sich Frieda Kempfer auch an die ‚Reichskristallnacht' im November 1938? Sie erinnert sich. „Da wurde alles kurz und klein geschlagen", sagt sie. „Die Juden verprügelt, sogar die Kinder. Es war furchtbar. Natürlich wurde auch geplündert. Ganze Wagenladungen haben die zusammengesucht. Der Lichthof im Wertheim, eine Augenweide, alles weg, kaputt, zerschlagen." Nach dem Krieg ist Frau Kempfer umgezogen. Zu armselig war da das Geschäft am Potsdamer Platz geworden. Nach dem Bau der Mauer fahren dort, wo einmal der Stand der Kempfers war, die Geländewagen der Nationalen Volksarmee. Leipziger und Potsdamer Platz liegen im Niemandsland, und Schmutzfahnen wirbeln über die leere Fläche. Erst verschwanden die Juden, dann Hermann Göring. Wertheim ging unter und Aschinger auch. „Eine Schande", sagt Frieda Kempfer, „daß alles kaputtgehen mußte. Wäre doch nicht nötig gewesen."

Am 9. Januar 1939 kann der ‚Führer' das Diplomatische Corps in seiner Neuen Reichskanzlei empfangen. Nur neun Monate hat Reichsbaumeister Albert Speer für die Machtzentrale in der Voßstraße benötigt, einschließlich Führerbalkon. Das seelenlose Gebäude läßt ahnen, wie ‚Germania', das neue Berlin, nach dem Willen seiner Planer einmal aussehen soll. Doch Speers Bauvorhaben kommen mangels Endsieg nicht zustande.

Auch vor dem Neubau schreit die jubelnde Menge nun nach ihrem ‚Führer', doch der kann nicht dauernd auf den Balkon. Er hat Saar- und Rheinland wieder, Österreich kassiert und das Sudetenland. Nun fehlen ihm noch Danzig und der Korridor nach Ostpreußen, die ‚Rest-Tschechei' und der ‚Lebensraum im Osten'. Da gibt es viel zu planen.

Am Potsdamer Platz siedeln sich immer mehr NS-Behörden an. Im Haus Huth belegt die Staatliche Überwachungsstelle für die Deutsche Lederwirtschaft anderthalb Etagen. Immerhin, sie zahlt 13.000 Mark Jahresmiete, da kann Willy Huth nicht klagen.

Im April 1939 wird der unterirdische S-Bahnhof Potsdamer Platz eröffnet, mit neun Zugängen und 17 Fahrkartenschaltern. Die Anlage, von der Firma Diede mit Opaxit verglast, ist weiträumig und bietet viel Platz für die Menschen, die im Zweiten Weltkrieg darin Zuflucht suchen werden. Im August 1939 sind bei einem Wassereinbruch im Tunnel 19 Arbeiter umgekommen, mit dem tückischen Baugrund aus Schwemmsand und Torf werden auch die Bauherren am Potsdamer Platz 40 Jahre später unliebsame Erfahrungen machen.

Im Februar 1939 hat unterm Funkturm noch die Internationale Automobilausstellung stattgefunden, eine gewaltige Schau, zu der über 800.000 Besucher gekommen sind. Die ersten Exemplare des neuen Volkswagens waren zu sehen, doch die 300.000 gläubigen VW-Sparer werden vergeblich auf ihre Zuteilung warten. Erst einmal müssen Räder rollen für den Krieg, und die Rüstungsproduktion läuft auf vollen Touren.

Immer erbarmungsloser wird der Umgang mit den Juden im Reich, es gibt Berufsverbote für jüdische Tier- und Zahnärzte, Dentisten, Apotheker, Krankenpfleger und Heilpraktiker. Schmuck und Edelmetalle müssen abgeliefert werden, die Einweisung von Juden in sogenannte ‚Judenhäuser' beginnt. „1938", so hat mir ein Stammgast aus dem Weinhaus Huth erzählt, „konnte man sich noch mit jüdischen Freunden treffen. 1939 war's aus."

Bis zum Kriegsbeginn hat mehr als die Hälfte der rund 170.000 Berliner Juden die Stadt verlassen. Die Berliner sehen dem Terror zu, ängstlich, apathisch, gleichgültig, mitleidig. Wenige, allzu wenige greifen ein.

Am 20. April 1939 feiert der ‚Führer‘ in der Reichskanzlei seinen 50. Geburtstag. An seinem 56. wird er schon unter der Erde sein, im Bunker, den er nicht mehr lebend verläßt.

Jetzt aber marschiert noch einmal die NS-Prominenz auf, die Parteibonzen, die Herren Generäle voller Stolz auf schimmernde Wehr und Waffen, das Diplomatische Corps. Vier Wochen zuvor hat der ‚Führer‘ auf den Trümmern der ‚Rest-Tschechei‘ das Protektorat Böhmen und Mähren errichtet und vom ängstlichen Litauen das Memelland zurückerhalten. Das Maß ist nun voll, der ‚Führer‘ glaubt es nur noch nicht. Die Garantieerklärung Englands, Polen im Fall eines Angriffes zu helfen, nimmt er nicht ernst.

Kanonen statt Butter

An den Tag des Kriegsausbruches haben Huths ehemalige Angestellte keine besondere Erinnerung. Bedrückt ist man gewesen – was war noch? Die Erinnerung bleibt blaß. Es gab keine Begeisterungsstürme im Restaurant wie 1914, und die patriotischen Gesänge auf dem Potsdamer Platz blieben aus. Die Menschen sitzen deprimiert vorm Radio, während der ‚Führer‘ in der Kroll-Oper erklärt, daß er seit 5.45 Uhr zurückschießen lasse und den Polen Bomben mit Bomben vergelten wolle. Aber da sind ja noch gar keine Bomben aufs Reich gefallen. Die werden erst noch kommen, und zwar so zahlreich, daß der ‚Führer‘ sie nicht mehr Stück für Stück vergelten kann.

Die Stadt wird verdunkelt. Am 3. September trifft die Note mit dem britischen Ultimatum ein, und der überraschte Hitler fragt seinen Außenminister Ribbentrop: „Was nun?"

Ja, was nun?

Es ist Krieg, die Berliner erhalten sieben Gramm Bohnenkaffee, 90 Gramm Butter, 150 Gramm Käse, 125 Gramm Fett, 700 Gramm Fleisch pro Kopf und Woche, es ist alles rationiert. Seifenpulver, Toilettenseife, Scheuerlappen, Kleidung, Schuhe, Leder gibt es auf Extraschein. Die Überwachungsstelle für die Deutsche Lederwirtschaft im Haus Huth hat viel zu tun. Sie braucht mehr Büroraum und plant einen Durchbruch zum Nachbarhaus.

Der Koch Gerhard Rockstroh, der nur zu Huth kam, weil er so gut über Kaviar und Hummer Bescheid wußte, muß nach den Eintopfsonntagen die Speisekarte noch einmal zusammenstreichen. Die Küche stellt sich auf Tellergerichte um, gegen Marken. Trotzdem wird es abends voll im Restaurant, und nach der Oper stehen die Menschen sogar Schlange. Aus dem ‚Volksempfänger‘ tönen die Siegesfanfaren. Polen wird in wenigen Wochen zerschlagen, England und Frankreich können nicht helfen und halten an der Westfront Ruhe. Hoffnung auf einen baldigen Frieden keimt – wie trügerisch. Himmler richtet das Reichssicherheitshauptamt ein und ernennt Reinhard Heydrich zu dessen Leiter. Das Referat IV B4 für Judenangelegenheiten übernimmt Adolf Eichmann, nun schon Sturmbannführer. Im Februar 1940 beginnen die ersten Massendeportationen deutscher Juden.

Im Februar muß auch der Koch Rockstroh zur Großdeutschen Wehrmacht. Der ‚Führer‘ hat in den nächsten Monaten viel vor, er will Frankreich und England schlagen, da muß auch Herr Rockstroh helfen, obwohl er schon 30 ist. Aber die Jüngeren sind schon eingezogen. Sechs Jahre wird es dauern, bis Gerd Rockstroh aus Krieg und Gefangenschaft heimkehrt. Zwei Jahre wird seine Frau Anni nicht wissen, ob er noch lebt.

Am 18. Juli läuten im ganzen Reich die Kirchenglocken, und durchs Brandenburger Tor ziehen die Truppen ein, die Frankreich in einem Blitzfeldzug geschlagen haben. Nun jubeln endlich die Berliner über die erfolgreichen Siege des größten Feldherrn aller Zeiten. Am 25. Juli gibt es eine Sonderzuteilung von 125 Gramm Butter. Daß im August zum erstenmal englische Bomber die Reichshauptstadt angreifen, wird eher als Kuriosität empfunden, obwohl es die ersten Toten gibt. Familien ziehen zum Trichtergucken an den Savignyplatz und zur Wilmersdorfer Straße.

Willy Huth aber schließt wieder einmal die obere Etage. Im Aufschwung der letzten Friedensjahre hat er ein paar Festräume für Hochzeiten, Geburtstage und andere Feiern geöffnet, damit ist nun Schluß. Die meisten Männer sind im Krieg, es gibt nur noch sechs ältere Köche in der Brigade und zwei Lehrlinge.

*Das Feldherrnzimmer muß wie alle Räume in der feinen
ersten Etage wegen Gästemangel immer wieder geschlossen
werden. Ab 1940 ist endgültig Schluß.*

Nie wieder werden nun Jagd- und Feldherrnzimmer geöffnet sein, Blauer Salon und Roter Saal, nie
wieder werden Gäste in Frack und Abendkleid über
die Treppe nach oben schreiten. Restaurant und
Schoppenstube im Erdgeschoß sind kein Ersatz. Die
feinen Leute haben immer im ersten Stock gefeiert.
Aus und vorbei.

Auf dem Potsdamer Platz wurden die Leuchtrekla-
men abgeschaltet. Die Wohnungen und Büros sind ver-
dunkelt, und die Scheinwerfer der Autos haben nur
noch schmale Schlitze. Die Nonsens-Schlager *Mein
Papagei frißt keine harten Eier* und *Ich wollt', ich wär' ein
Huhn* der von Goebbels verteufelten ‚Asphalt-Litera-
ten' passen nicht mehr in die heroische Zeit. Jetzt wird
Nach jedem Abschied gibt's ein Wiedersehn gesungen und
Einmal wirst du wieder bei mir sein, darin zeigen sich die
Hoffnungen und Sehnsüchte im Kriegsjahr 1940.

Im Roten Saal, dem größten Raum im Weinhaus Huth, hat
Willy Huths Tochter Ilse 1934 ihre Hochzeit gefeiert. Nach
dem Krieg wird die Beletage nur noch für Büros genutzt.

Willy Huth ist 63 und ein alter Herr. Seit 35 Jahren
führt er nun die Firma, und zum zweitenmal ist Krieg.
Da verstieben die Illusionen. Wer soll das Haus nach
ihm führen? Lutz, der Sohn seiner Tochter Ilse, ist erst
vier Jahre alt. Teilhaber hat Willy Huth in seinen
Familienbetrieb nicht aufnehmen wollen. Nun ist es zu
spät.

Willy Huth ist nie ein starker Mann gewesen. Stark
waren immer nur die Frauen, erst ,Muttchen Huth',
dann Dora, Willys Frau.

Willy Huth ist kein vorbildliches Mitglied der natio-
nalsozialistischen ,Volksgemeinschaft'. „In seinem
Lokal", sagt der Rentner Arnold Bauer, ein Stammgast,
„traf sich nach wie vor eine konservative Honoratio-
rengesellschaft, meist unter dem Tarnanstrich ,Fami-
lienfeier'." Für Stammgäste hielt der Chef immer eine
Flasche in Reserve.

Das Wappenzimmer, schon in den 30er Jahren verkleinert, blieb als einziger Raum erhalten und dient nach der Sanierung DaimlerChrysler als Veranstaltungsraum.

„Genußmittel waren ja schon vor dem Krieg knapp geworden", sagt Herr Bauer, „für Kaffee und Butter wurden bereits 1935 Kundenkarteien angelegt." Hummer und Kaviar gibt es nun natürlich auch bei Huth nicht mehr, schon gar nicht auf Marken, aber Herr Bauer arbeitet in der Rüstungsindustrie und ist nicht wählerisch.

„Parteibonzen gingen kaum zu Huths", sagt er, und weil die ‚Goldfasane' nicht kamen, ist er gern hingegangen. Leider hat er im Restaurant einmal zu laut über die Siegesmeldungen gewitzelt und zu einem Bekannten gesagt: „Das glaubst du?" – da kam ihm ein Soldat auf die Straße nach und wollte ihn festnehmen lassen. Spitzel gibt es überall. Herr Bauer ist zur U-Bahn runter, dort hat ihn sein Verfolger aus den Augen verloren.

Das Denunziantentum blühte, und wer eine böse Bemerkung über den ‚Führer' machte, riskierte Kopf und Kragen. Das hat auch Anne Marie Kühnemann erfahren müssen. Frau Kühnemann, geborene Huth, meine älteste Augenzeugin, die sich noch an den Bau des Hauses im Jahre 1912 erinnert, muß nun um ihre Tochter bangen. Die hat eine Nachbarin mit Lebensmitteln versorgt und ist von ihr angezeigt worden. Der Hitler würde sie alle ins Unglück führen, hat Anne Marie Kühnemanns Tochter gesagt, dafür kommt sie vor den Volksgerichtshof, und ihr Vater, der eilig aus Frankreich anreist, muß sich von einem Richter sagen lassen, ein Offizierskind, da würde er sich doch sehr wundern. Das habe sie wohl in ihrem Elternhaus gehört?

„Da war ich um ein Haar auch mit dran", sagt Frau Kühnemann, die die Gemeinheit der Nachbarin noch Jahrzehnte später nicht fassen kann. Zum Glück ist ihre Tochter mit einer Gefängnisstrafe davongekommen, vielleicht weil sie ein Offizierskind war.

Als Emmy Bredenförder aus Friedenau im Weinhaus Huth anfing, war Krieg. Zum Potsdamer Platz war es nicht weit, aber in der Nachkriegszeit ist sie da kaum noch hin. Zuviel Schlimmes hat sie dort erlebt, den Krieg, die Bomben, daran möchte sie nicht gern erinnert werden.

Seit dem 15. November 1940 hat sie bei den Huths gearbeitet, saß am Bon-Brett und gab im Magazin die Ware aus, Lebensmittel und frische Wäsche. Das Fleisch war knapp, und der Küchenchef schnitt es zentimeterweise. Ständig waren Preis- und Gewichtskontrolleure im Haus, da mußte für die Portionen sogar die Briefwaage her. „Anfangs wurde noch mit Butter gekocht", sagt Frau Bredenförder, „und als es die nicht mehr gab, mußten wir ein Schild ins Fenster hängen: ,Hier werden noch andere Fette verbraucht.'"

Bei Huths hat sich Frau Bredenförder mit der

Kaltmamsell Grete Zieke angefreundet, die dort seit 1937 arbeitet. Daraus wird eine Freundschaft fürs Leben, denn die Bombennächte und die Angst im Luftschutzkeller verbinden. Grete Zieke hat die letzten Friedensjahre am Potsdamer Platz noch genossen, ist nach Feierabend mit den Köchen ins Rheingold neben-an gezogen, weil da bis drei Uhr nachts geöffnet war, und mit den Schuhen in der Hand nach Hause gekom-men, um den Vater nicht zu wecken. 16 Jahre war sie damals alt. Als der Krieg beginnt, darf sie ihre Lehre vorzeitig beenden, denn die Männer werden eingezo-gen, und das Personal bei Huth wird knapp.

Kurz vor dem Angriff auf die Sowjetunion im Juni 1941 ist Rudolf Heß noch zu den Briten geflogen. Der ‚Führer' tobt und läßt erklären, sein Stellvertreter sei nicht ganz richtig im Kopf. Da geht im Reich ein Spottvers um:

„In Deutschland ist ein Lied bekannt,
Wir fahren gegen Engelland,
doch wenn dann wirklich einer fährt,
dann wird er für verrückt erklärt."

Die deutschen Heere stürmen nach Rußland hinein, da ist der Sonderflug des Herrn Heß bald vergessen, und wieder tönen Siegesfanfaren. 1914, beim Tannenberg-Sieg über die Russen, klang das Huthsche Haus von „hellstem Jubel wider", wie sich der Dichter Paul Lindenberg in seinen Memoiren erinnerte. So hell ist der Jubel diesmal nicht. In der Küche arbeitet nur noch ein Koch, eine ältere Dame hilft als Beiköchin aus, und Gerhard Rockstrohs Kollege Herbert Rühl ist bereits für Führer, Volk und Vaterland gefallen. Als nächsten trifft es den Kellner Wenzel Mulz, dessen Arbeitsbuch ich noch habe.

Herr Huth beliefert das Militär mit Wein, er hat noch große Bestände im Keller, und mit ein paar Flaschen läßt sich vieles regeln, auch beim Einkauf fürs Restaurant. Davon profitieren Küche und Gäste in den ersten Jahren des Krieges.

Von September 1941 an müssen die Juden einen gelben Stern tragen, und im Oktober beginnen die Deportationen in Berlin. Reinhard Heydrich hat das Reichssicherheitshauptamt im Prinz-Albrecht-Palais verlassen und ist Reichsprotektor von Böhmen und Mähren geworden.

Er wird erst im Juni 1942 zurückkehren, im Sarg auf einer Geschützlafette, mit einer Hakenkreuzfahne bedeckt. Tschechische Partisanen haben ihn in Prag getötet. Passanten und die Belegschaft heben den rechten Arm zum deutschen Gruß, und die Gefangenen in den Zellen der Gestapo dürfen sich ein heimliches Lächeln leisten.

Im Spätherbst 1941 bleibt die deutsche Offensive im Osten stecken. Hitlerjungen, Wehrmachtssoldaten und Parteifunktionäre betteln auf den Straßen für die Winterbekleidungssammlung. Berliner spenden Skihandschuhe und Seehundfelle für die bestausgerüstete Armee der Welt.

Juden dürfen – außer auf dem Weg zur Arbeit – keine öffentlichen Verkehrsmittel mehr benutzen. Die Berliner fahren auf den Kurfürstendamm zum Flanieren. In den Kinos läuft Veit Harlans *Jud Süß*, aber auch *Trenck, der Pandur* mit Hans Albers und *Bal paré* mit Ilse Werner, denn Goebbels hat „optimistische Sachen" befohlen, weil im Osten zu Optimismus wenig Anlaß ist.

Im Dezember beenden Minustemperaturen um 37 Grad den deutschen Vormarsch vor Moskau, bei Huths wird Silvester gefeiert, und die Gäste dürfen zum

Bleigießen in die Küche. Treue Angestellte bekommen von Herrn Huth Handtaschen geschenkt. Emmy Bredenförder behält ihre ein Leben lang.

Im Januar 1942 müssen die Berliner Gaststätten zweimal wöchentlich ein ‚Feldküchenessen' anbieten. Die Vorspeise entfällt.

Die Versorgungslage wird immer schlechter. Willy Huth macht jetzt sonntags zu und setzt überzählige Angestellte als Weinvertreter ein, da bringen sie manchmal ‚schwarz' auch für die Küche etwas mit.

Grete Zieke beschwert sich bei ihrem Chef über den niedrigen Lohn. Sie bekommt nur 15 Mark die Woche. Willy Huth sagt, zu mehr sei er nicht verpflichtet, aber Frau Zieke macht Krach, die ‚Arbeitsfront' vermittelt, und ihr Gehalt wird auf 45 Mark erhöht. Zu Emmy Bredenförder, die eine Lungenentzündung hat, sagt Willy Huth vorwurfsvoll: „Wie können Sie sich eine so unheilvolle Krankheit zuziehen!" Das ärgert Frau Bredenförder noch Jahrzehnte später.

Berlin trägt das Gesicht des Krieges. Die Schaufensterauslagen sind leer oder mit Attrappen dekoriert, die Schlangen vor den Geschäften werden immer länger, Kohle und Kartoffeln sind schon im ersten Kriegswinter knapp geworden. Das Kopftuch wird Mode.

Trist wird es auch am Potsdamer Platz, der einmal der Nabel war von Berlin. Die Autos kann man jetzt zählen. Neun von zehn Privatfahrzeugen sind beschlagnahmt worden. Benzin gibt es nur bei ‚kriegswichtigem Grund' auf Bezugsschein.

„Die Potsdamer Straße", schreibt der amerikanische Journalist Howard K. Smith in seinen Erinnerungen über die ersten Jahre des Krieges, „war einmal ein lebhaftes Einkaufszentrum. Heute besteht sie aus einer

Reihe aufgegebener Geschäfte, auf deren verdreckten Schaufenstern die kleinen Jungen mit ihren Daumen rumgemalt haben. Viele Geschäfte sind leer, weil sie nichts mehr anzubieten haben. Einige sind angeblich wegen Reparaturarbeiten geschlossen, aber es wird nichts repariert. In manchen Fällen haben Frauen und Töchter der zur Armee eingezogenen Besitzer das Geschäft noch eine Weile weitergeführt, aber jetzt sind auch sie dienstverpflichtet und arbeiten in den Munitionsfabriken. Parallel zur Potsdamer Straße verlaufen linker Hand die Schienenstränge des Potsdamer Bahnhofes. Ich erwähne diesen Ort, weil auf den drei am weitesten östlich gelegenen Gleisen immer lange Züge abgestellt sind, deren Waggons deutlich mit einem roten Kreuz im weißen Kreis gekennzeichnet sind: Lazarettzüge, aus denen verstümmelte Deutsche von der Ostfront ausgeladen und in Berliner Krankenhäuser transportiert werden."

Anfang 1942 wird auf der Wannsee-Konferenz die ‚Endlösung der Judenfrage' beschlossen und so der Massenmord organisiert. In Berlin wie im Reich dürfen Juden keine Zeitungen mehr kaufen und müssen ihre Wohnungen mit dem Davidstern kennzeichnen.

Die Fleischration wird von 700 Gramm auf 300 Gramm pro Woche mehr als halbiert. Die Gestapo spürt die Spionageorganisation Rote Kapelle auf und verschleppt sie in die Keller der Prinz-Albrecht-Straße. Im Weinhaus Huth kostet das Gedeck jetzt neun Mark, bei Fleischgerichten sind 100 Gramm in Marken abzuliefern. Für eine Hochzeitsfeier berechnet Willy Huth den Gästen 295 Mark, darunter 5,25 Mark für die Flasche Mercier, 50 Pfennig für die Flasche Fachinger, Kriegssteuer 21 Mark. Für Hochzeiten gibt es Sondermarken.

Im Osten kommen die deutschen Heere wieder voran, metallisch klingende Nachrichtensprecher künden von Kesselschlachten, im September 1942 dringt die Sechste Armee nach Stalingrad vor. Mariechen Krause besucht die Kollegen bei Huths, die noch nicht im Krieg sind, ganz alte oder ganz junge, und bekommt eine halbe Ente vorgesetzt. Willy Huth hat noch immer seine Quellen.

Er kennt einen prominenten Bonzen in der Reichskanzlei, deshalb darf er seine Weine sogar an den ‚Führer' liefern. Das Hausfaktotum, Josef von Janta-Lipinski, Heizer, Maschinist und Küfer im Haus Huth, fährt mit den Kartons in die nahe Voßstraße, hat einen Spezialausweis und bekommt etwas zu essen, während er auf das Leergut wartet.

Im Radio wird der Schlager *Wann wirst du wieder bei mir sein?* von Peter Igelhoff gespielt. Das ist eine bange Frage, auf die es keine Antwort gibt. Zehn Tage vor Weihnachten trifft in Berlin ein Sonderzug mit Lebensmitteln aus der Ukraine ein, und der Gauleiter von Berlin, Joseph Goebbels, wendet sich mit einem Flugblatt an seine „lieben Berliner Mitbürger". In Stalingrad ist die Sechste Armee mit 220.000 Mann eingeschlossen. Berlin steht vor dem Katastrophenjahr 1943. Das beginnt am 17. Januar mit einem unerwarteten Großangriff britischer Bomber auf die Reichshauptstadt. Über ein Jahr hat es kaum noch Alarm gegeben, und die Berliner haben geglaubt, sie würden vom Schicksal Hamburgs oder Kölns verschont. Jetzt aber beginnen die Bombennächte, kein schönes Jubiläum für den ‚Führer', der doch am 30. Januar den zehnten Jahrestag der Machtübernahme feiern wollte. Das Drama im Kessel von Stalingrad neigt sich im Januar seinem Ende zu, im Radio wird von einem „großen und ergreifenden Heldenopfer" gesprochen.

Die Sechste Armee kapituliert am 2. Februar, und Joseph Goebbels ordnet für den Heldenkampf bis zur letzten Patrone drei Tage Staatstrauer an. Luxuslokale, in denen man noch ohne Marken essen kann, für ein Menü aber 50 bis 100 Mark zahlen muß, werden geschlossen. Huth trifft das nicht. Das Weinhaus ist schon lange kein Luxuslokal mehr. Zum Jahresanfang 1943 hat Willy Huth ein Abgeltungsdarlehen über 178.500 Reichsmark aufnehmen müssen.

Am 18. Februar findet eine Großkundgebung im Sportpalast statt. Hier fragt Joseph Goebbels die ‚Volksgemeinschaft', ob sie den totalen Krieg wolle und erntet orkanartigen Beifall. Der Gauleiter schickt die tobsüchtige Menge mit einem Aufruf des Dichters Theodor Körner aus den Befreiungskriegen nach Hause: „Nun, Volk, steh auf, und Sturm, brich los!"

Der bricht dann auch tatsächlich los, anders als gedacht. In der Nacht zum 2. März geht ein verheerender Bombenangriff auf die Reichshauptstadt nieder. Hunderte werden folgen. Huths Wirtschafterin Marie Krause hat kurz zuvor geheiratet, und Tante und Onkel aus Ostpreußen sind zu Besuch. „Die sind fluchtartig abgereist", sagt Frau Krause. In Königsberg, hat der Onkel gesagt, gäbe es so etwas nicht. Noch nicht.

Im Mai kapituliert in Tunis die Heeresgruppe ‚Afrika', über 250.000 deutsche und italienische Soldaten gehen in Gefangenschaft. Berlin ist nach den pausenlosen Deportationen nun fast ‚judenfrei'. Auch die jüdischen Zwangsarbeiter sind festgenommen worden, und in den Berliner Bezirken macht die Gestapo Jagd auf untergetauchte Juden. Knapp 7.000 leben noch in Berlin, nur knapp 1.000 werden überleben. 170.000 sind es mal gewesen.

Am 1. August 1943 ruft Goebbels die Berliner Haushalte auf, Frauen, Kinder und Rentner in „weniger gefährdete Gebiete" zu evakuieren. Bereits am Tag darauf setzt ein Massenansturm auf Behörden und Fahrkartenschalter ein. Bis November werden fast

700.000 Berliner die Stadt verlassen haben, darunter 260.000 Kinder.

Am 23. August wird Berlin wieder schwer bombardiert. Auch am Potsdamer Platz fallen Bomben. Bei Huths rennen die Angestellten in den Keller, ringsum krachen die Einschläge, das Haus Vaterland brennt und der Potsdamer Bahnhof. Die Angestellte Hildegard Hennings stellt in der Potsdamer Straße 5 ihre Koffer ab, weil das Haus wegen des Stahlskelettbaus als sicher gilt. Das stimmt, und die Koffer überleben Bomben und Granaten, aber bei Kriegsende werden sie Frau Hennings aus dem Keller gestohlen.

Fremde überschwemmen Berlin. Franzosen, Rumänen, Ungarn, Italiener, Serben sind als Facharbeiter in die Reichshauptstadt zwangsverpflichtet worden, und manchmal hört man auf den Straßen kaum noch ein deutsches Wort. Schon sorgt sich der Sicherheitsdienst in der Prinz-Albrecht-Straße um die Moral an der Heimatfront. Undenkbares geschieht: Die deutsche Frau gibt sich den Fremdvölkischen hin, für Brot, Zigaretten oder Bares. Zwölf Millionen Fremdarbeiter leben im Reich, 250.000 in Berlin, und in den Bierlokalen können die Fremden ihre Freude über den Kriegsverlauf kaum verbergen.

Am 18. November 1943 beginnt die Luftschlacht um Berlin. Bombenteppiche, wie sie die Berliner bisher noch nicht erlebt haben, gehen nun auf die Reichshauptstadt nieder. Berlin wird zu einer Ruinenlandschaft. Tausende sterben in den Kellern, unter Trümmerbergen, und eine halbe Million wird obdachlos. Obdachlos wird auch Herr Huth, und obdachlos wird Frau Hennings, die ihre Koffer rechtzeitig in Sicherheit gebracht hat, zumindest bis zum Ende des Krieges.

In den Bombennächten vom 22., 23. und 26. Novem-

ber trifft es besonders den Berliner Westen, das Tiergartenviertel und die Stadtmitte. Die Gedächtniskirche
brennt, und im Zoo sterben Elefanten, Giraffen,
Antilopen. Im Aquarium birst die Krokodilhalle durch
eine Luftmine, platzen die Bassins in der Meeres- und
Süßwasserabteilung. Flammen schlagen aus National-
bibliothek, Stadtschloß und Universität. In der
Leipziger Straße stirbt das arisierte Kaufhaus Wertheim, jetzt AWAG, am Potsdamer Platz verglühen
Fürstenhof und Palast-Hotel. Das Gebäude, in dem
sich früher das Café Josty befand, stürzt ein, und der
Pschorr-Palast wird zur rauchgeschwärzten Ruine.

Der Bombenkrieg hat nun endgültig den Potsdamer
Platz erreicht. Auch die Wohnung der Huths am
Lützowplatz bleibt nicht verschont und brennt am 22.
November aus. In Schutt und Asche gefallen sind
Palmengarten und Speisesaal, verschwunden Küche,
Speiseaufzug und Gegensprechanlage, die Dorothea
Kahnert als Kind so fasziniert haben, zerstört der
gesamte Lützowplatz.

Keine Feste mehr bei Huths, keine Menüs mit acht
und zwölf Gängen, kein Hummer, kein Kaviar, kein
Personal mit vorgekochten Speisen. Das Haus mit der
Etagenwohnung, Geschenk des Brautvaters Bodo
Diede an seine Tochter bei der Hochzeit im Oktober
1910, ist eine ausgeglühte Ruine. Die Huths haben
überlebt, ob im Keller, in einem Bunker, im Sommerhäuschen draußen an der Havel, ich weiß es nicht.

Abends um sieben war Alarm. Im Weinhaus Huth
stürzt die Spätschicht in den Keller, auch Emmy
Bredenförder, Grete Zieke und der Geschäftsführer
Höhnemann. Sie setzen sich zwischen die großen
Stück- und die Halbstückfässer, es riecht nach Wein,
und draußen brummen die Bomber, dröhnen die
Flakgeschütze. Immer lauter werden die Einschläge,
und sie kommen immer näher.

Diesmal ist am Potsdamer Platz die Hölle los. Bomben schlagen in die Häuser ringsum ein, und das Haus Huth vibriert bis in die Kellerräume. „Das Gebäude wird als zusammenhängende Eisenkonstruktion errichtet", hat das Ingenieurbüro Leitholf 1911 in den Bauantrag geschrieben, jetzt wird sich das teure Stahlskelett rentieren. Während in der Potsdamer Straße die Häuser einstürzen und die Menschen unter sich begraben, bebt der Stahlbau von Huth in den Fundamenten und hält. Es ist wie ein Wunder, daß er in dieser Nacht, in der 2.000 Tonnen Sprengbomben auf die Berliner Stadtmitte regnen, keinen einzigen Treffer abbekommt. Aber der Luftdruck bläst die Ziegel weg, und Stabbrandbomben fallen auf den Dachboden.

Der Potsdamer Platz brennt. Weil es im Keller nach Rauch riecht, quetschen sich die Angestellten durch eine Öffnung in der Mauer ins Reichseisenbahnamt nebenan. Erst nach der Entwarnung können sie wieder nach oben, und ringsum ist ein Flammenmeer. „Die ganze Straße hat gebrannt", sagt Grete Zieke, „lichterloh, und der Phosphor lief von den Wänden."

Entsetzt sehen sie das Feuer im Dachstuhl des eigenen Hauses. Frau Zieke und die anderen wollen löschen, „aber die Etagentüren waren abgeschlossen, und wir hatten keine Schlüssel." Eisentüren sind überall, da ist kein Weiterkommen.

Frau Bredenförder tränkt ein paar Tischtücher mit Wasser, dann brechen sie aus der Potsdamer Straße aus, rennen an den Häuserwänden entlang, weichen stürzenden Balken aus, stolpern über Äste, Geröll und Straßenbahndrähte. Der Potsdamer Bahnhof brennt und das Columbus-Haus, sie laufen durch den Funkenregen, laufen um ihr Leben unter den nassen Tüchern. Die Hitze ist kaum zu ertragen. Am Alexanderplatz kommt Grete Zieke nicht mehr weiter.

Sie weicht dem Flammenmeer über die Jannowitz-brücke und den Bezirk Friedrichshain aus und ist morgens um halb vier endlich zu Hause. Schon von weitem sieht sie die brennende Gasanstalt, aber ihr Elternhaus ist heil. Die Eltern erwarten sie schon. Grete Zieke bricht zusammen. 22 Jahre alt ist sie da.

Der Küfer Josef von Janta-Lipinski hat den Angriff im S-Bahn-Tunnel am Potsdamer Platz überlebt. Als er sich endlich nach oben traut, sind die anderen schon weg. Lipinski hat die Schlüssel für die Eisentüren, und er weiß auch, was jetzt zu tun ist. Auf dem Dach steht ein großer Wassertank, der Niederdruckbehälter für die Dampfheizung. Herr Lipinski rafft an Eimern zusammen, was er finden kann, und fängt an zu löschen. Auf die Feuerwehr kann er in dieser Kata-strophennacht nicht hoffen. So hat der Küfer Josef von Janta-Lipinski am 22. November 1943 das Weinhaus Huth gerettet.

Herbst 1985. Herr von Janta-Lipinski liegt in seiner Wohnung in Mariendorf auf der Couch und sucht nach Worten. Es geht ihm nicht gut, und er hat eigentlich keinen Besuch empfangen wollen, vor allem niemanden, der ihn an die Brandnacht von damals erinnert, als er mit Eimern durchs Treppenhaus raste.

Das Feuer fraß sich bis zum zweiten Stock durch, Tafelsilber schmolz, die Dachbalken verkohlten, und das Fensterglas der oberen Stockwerke platzte in der Hitze. Aber der Küfer Lipinski ist gerannt wie nie in seinem Leben, zum Tank und zurück, immer wieder, bis der Brand erlosch. Erst dann sah er, daß ringsum die Häuser brannten und die Autos auf der Straße. „Es ist ein Wunder", sagt er, „daß wir in dieser Nacht davongekommen sind." Seit 1934 hat er bei Huths gearbeitet, ist immer nur das Hausfaktotum gewesen, im blauen Anton und mit Baskenmütze. Die Ange-stellten haben ihn kaum wahrgenommen. „Ja", sagt

Josef von Janta-Lipinski voller Stolz, „danach hat mich der Herr Huth sehr geachtet."

Am Morgen nach dem Angriff kommen die Angestellten zum Aufräumen, fegen die Glassplitter weg, räumen verbrannte Möbel aus den Büros und werfen Dachbalken in den Hof. Auch Frau Bredenförder und Frau Zieke sind wieder da.

Die Schreckensnacht steckt ihnen noch in den Knochen, aber es treibt sie wieder zur Arbeit. Willy Huth steht apathisch herum. Die große Wohnung am Lützowplatz ist weg, aber seine Familie lebt, und das Haus in der Potsdamer Straße ist ihm geblieben, dafür kann er sich bei Herrn von Lipinski bedanken.

Noch einmal pflügen am 23. und am 26. November Luftminen und Bomben die Trümmerlandschaft um, aber das Haus wird nicht getroffen. Sogar in den Schären vor Stockholm riecht man das brennende Berlin.

4.000 Menschen sterben in diesen Novembernächten, aber der Rüstungsproduktion tut das keinen Abbruch. Pünktlich kehren die Arbeiter in die Maschinenhallen zurück, in die Panzer- und Munitionsfabriken, jetzt erst recht. Bald läuft die Produktion wieder auf vollen Touren. Die Angriffe sollen die Bevölkerung demoralisieren, aber das gemeinsam ertragene Schicksal schließt die ‚Volksgemeinschaft' nur noch enger zusammen, so schrecklich die Angriffe auch sind. „Wir wollten lieber hungern", sagt Grete Zieke, „wenn dafür nur die Bomben aufhören würden." Doch der Bombenkrieg wird noch zwei Jahre dauern.

Joseph Goebbels spricht von „Terrorangriffen", und die Berliner merken, daß Luftwaffe und Flak gegen die vielen Bomber machtlos sind. 670 Maschinen haben Berlin am 22. November angegriffen, und die Abschußzahlen erreichten nicht einmal fünf Prozent. Ein Jahr hat sich die alliierte Luftwaffe auf diese Offensive gegen die Reichshauptstadt vorbereitet. Niemand hat damit gerechnet. Viel zu wenig Bunker wurden in Berlin gebaut.

Sonderzuteilungen sollen den überstandenen Schrecken lindern. Am 29. November gibt es pro Kopf 1 Dose Fischkonserven, 1 Dose Kondensmilch, 1 Pfund Frischgemüse, je 50 Gramm Bohnenkaffee und Tabak.

Kinos und Varietés sind geöffnet. An den Ruinen steht „Wir leben noch". Manchmal auch nicht. Drei Tage nach den Angriffen fahren die meisten Straßenbahnen wieder.

Anni Rockstroh, seit 1941 bei Oetker dienstverpflichtet, schaut bei den Huths rein und entdeckt Löcher in Decken und Wänden. „Der Dachstuhl war zerstört, die Balken wurden, soweit verwendbar, als Brennholz benutzt."

Oben in den Büros sieht es chaotisch aus. Die Möbel sind verbrannt, und die Überwachungsstelle für die Deutsche Lederwirtschaft existiert nicht mehr.

Am Potsdamer Platz gähnen Ruinen. Traurigkeit über die verschwundene Pracht stellt sich nicht ein. Ruinen sieht man jetzt überall, ganze Stadtbezirke liegen in Trümmern. Ende 1943 sind in Berlin 68.000 Wohnungen zerstört.

Anni Rockstroh, die frühere Kaltmamsell, hilft bei den Aufräumungsarbeiten und bekommt von Willy Huth zum Dank eine Vase.

In den nächsten vier Monaten gehen zwölf Flächenbombardierungen über die Reichshauptstadt nieder. 270.000 Wohnungen werden vernichtet. Die Stadtmitte wird Brachlandschaft, zwischen Wittenbergplatz und Tiergarten sind ganze Straßenviertel gesperrt.

Nach den Angriffen werden in den Schulen Wurstbrote verteilt, es gibt Notspeisungen und Sonderzuteilungen für die ‚Volksgemeinschaft', die sich bald nicht mehr solidarisch fühlt. Sie zerfällt in Tote und Überlebende, Ausgebombte und Noch-nicht-Ausgebombte, Hungrige und Satte, die Führerpakete bekommen und Beutegut von Fronturlaubern.

Berlins Stadtmitte geht unter, und sie wird so nie mehr auferstehen. Das Regierungsviertel ist verglüht, dahin sind die Bier- und Tanzpaläste, Kaufhäuser und Bahnhöfe, da wollen auch die Menschen nicht mehr zum Potsdamer Platz. Das Weinhaus Huth hat überlebt, aber wozu?

Die Berliner ziehen mit Gasmasken durch die Straßen, den Bollerwagen hinter sich, schleppen Kinder oder Säcke und sind immer unterwegs, kommen irgendwoher, wollen irgendwohin. Die Reichshauptstadt lebt von einem Alarm zum anderen. Die Siegesfanfaren werden spärlicher. In Italien wird gekämpft, im Osten rücken die Russen an.

Kurz vor Weihnachten erhalten die Huths einen Brief von ihrem Freund, dem Weinlieferanten Julius Kayser aus Traben-Trarbach an der Mosel. Dort hatten sie früher oft Urlaub gemacht.

„Meine liebe Dora", schreibt Herr Kayser, „in banger Sorge, wie es euch ergehen mag, richte ich diese Zeilen an die Firma, da ich annehme, daß sie Dich dann eventuell erreichen werden. Lotte war nämlich in den Tagen der Bombenangriffe in Berlin und erzählte mir nach ihrer Rückkehr, daß sowohl Euer Geschäft sowie die Wohnung total zertrümmert seien. Sie hat die Stätte der Verwüstung am Lützowplatz sofort aufgesucht. Dort erfuhr sie von einer Frau, daß Du und Willy aufs Land gefahren wäret, was uns eine große Beruhigung ist. Ich hoffe von Herzen, daß diese

Angaben gestimmt haben und Ihr wohlbehalten seid. Sehr nehmen wir Anteil an Eurem Geschick. Ihr werdet schmerzliche Festtage dieses Jahr verleben, und unsere Gedanken werden in alter Freundschaft bei Euch sein."

Es wird in der Tat ein trauriges Weihnachtsfest, nicht nur für die Huths. Zum Glück ist das Haus in der Potsdamer Straße nicht zerstört, wie die Kaysers vermuten. Die Huths sind in ihr Sommerhäuschen nach Hohengatow gezogen.

Immer wieder fallen Bomben. Am 30. Januar 1944, dem Jahrestag der Machtergreifung, wird die Philharmonie in der Bernburger Straße zerstört, in der Furtwängler dirigiert und Rolf Biberti mit den *Comedian Harmonists* gesungen hat. In der Linkstraße nebenan wird ein Ehepaar von der Gestapo abgeholt, das Lebensmittel an Juden verkauft hat. Anni Rockstroh, ins Erzgebirge evakuiert, schaut noch einmal vorbei und staubt bei dem Koch Erich Thiemen etwas Margarine ab. Es ist ihr letzter Besuch vor dem Zusammenbruch.

Die Post hat einen ‚Eilnachrichtendienst' eingerichtet. Auf rot und grün markierten Karten können Überlebende der Bombennächte ein Lebenszeichen an Verwandte und Bekannte geben.

Auch Willy Huth schreibt Briefe. „Sehr geehrter Herr Huth," anwortet am 24. Januar 1944 Karsten Henkell von der Sektkellerei Henkell in Wiesbaden. „Sie haben freundlicherweise an meine Firma sehr interessante Ausführungen über Ihre Erfahrungen bei der Ausstattung von Schaumwein gerichtet. Daß wir im großen gesehen die jetzige, mehr als bescheidene Art der Ausstattung unserer Schaumweine sehr bedauern, ist ja selbstverständlich. Sekt war, ist und wird auch in Zukunft immer ein Getränk für die festliche Stunde sein, das nicht nur die Zunge und das Herz, sondern auch das Auge erfreuen soll. Ein ganz großer Schritt in der Verbilligung von Schaumwein wird zweifellos auf dem Gebiete der Kronenkork-Verwendung kommen. Selbstverständlich werden nach unserer Ansicht Kronenkorken nur für die einfachsten, zum schnellen Konsum bestimmten Schaumweine in Frage kommen, während alle besseren Marken, auch schon mit Rücksicht auf die längere Lagerdauer, mit Korken verschlossen werden, wenn sie wieder einmal aus dem zur Zeit recht wenig lieferfreudigen Spanien eingeführt werden können."

Am 1. März 1944 beginnen die Amerikaner mit Tagesangriffen auf die Reichshauptstadt. Nun muß bei Huths auch die Frühschicht in den Keller, und Grete Zieke packt die Lebensmittelmarken, Ordnung muß sein, in eine Eisenkassette. Die sind ihr wichtigster Besitz, „mein Heiligtum", weil sie doch abrechnen muß, auch nach einem Angriff.

Noch immer ist großer Andrang im Restaurant, auch wenn nur Einfachgerichte auf der Speisekarte stehen. „Wenn Fischtag war", berichtet Frau Zieke, „haben die Leute Schlange gestanden, und schon vor zwölf war jeder Tisch besetzt."

Das tausendjährige Reich schwindet dahin. Am 6. Juni landen die Alliierten in der Normandie, und am 20. Juli wimmelt es auf dem Potsdamer Platz von Soldaten des Berliner Wachbataillons ‚Groß-Deutschland'. Auf den ‚Führer' ist ein Attentat verübt worden, und nun warten im Hotel Esplanade drüben in der Bellevuestraße Offiziere des Widerstands auf das Stichwort ‚Walküre' – Startsignal für den Versuch, mit den Truppen des Ersatzheeres Schlüsselpositionen in der Reichshauptstadt zu besetzen.

Doch der chaotisch organisierte Putsch mißglückt, der ‚Führer' hat den Bombenanschlag überlebt, und hitlertreue Soldaten schlagen den Staatsstreich nieder. Das Regierungsviertel wird abgeriegelt, und Huths Angestellte müssen weite Umwege machen.

Wieder einmal füllt sich das Hausgefängnis der Gestapo in der Prinz-Albrecht-Straße nebenan. Wilhelm Canaris, Eugen Gerstenmaier, Ulrich von Hassell... bald sind es so viele, daß ein Teil der Gefangenen umquartiert werden muß.

Fast täglich ist nun in Berlin Alarm, im August werden „alle Veranstaltungen nicht kriegsmäßigen Charakters" verboten, die Theater schließen, die Varietés, die Tanzlokale.

Es gibt Dünnbier und ein markenfreies Stammgericht, und selbst das ist oft am frühen Abend ausverkauft. Zwischen sieben und acht hasten die Berliner nach Hause, sie verschwinden in den S- und U-Bahn-Schächten, und die Stadt versinkt im Dunkeln. Das Warten auf die Luftlagemeldung beginnt, und still ist es auf den Straßen. Wie ausgestorben ist der Potsdamer Platz.

Am 1. September 1944 macht ein Goebbels-Erlaß die meisten Berliner Gaststätten dicht. Beim Weinhaus Huth ist nicht mehr viel zu schließen. Die eichenholzgetäfelten Säle im ersten Stock stehen leer, das Restaurant im Erdgeschoß ist wieder in eine Schoppenstube verwandelt worden.

Georg Wehner, der bis 1929 Kellner im Haus Huth gewesen ist und nun in Beelitz, fern der Luftangriffe auf die Reichshauptstadt sein eigenes Hotel leitet, bahnt sich einen Weg zum Potsdamer Platz und ist entsetzt. „Rundherum war alles weg." Nur das Haus Huth steht einsam zwischen den Trümmern, leer sind die oberen Etagen, in Küche und Schoppenstube arbeiten Frauen und Lehrlinge.

Im September müssen sich alle Männer zwischen 16 und 60 Jahren, die noch nicht in der Wehrmacht sind oder als Luftwaffenhelfer dienen, zum Volkssturm melden. Sie sollen den kostbaren ‚Heimatboden' verteidigen, der in Gefahr ist, denn die Russen stehen an der Weichsel und in Ungarn. Im Oktober greifen sie Ostpreußen an, und die Amerikaner nehmen Aachen ein, die erste große Stadt im Westen des Großdeutschen Reiches, das nun immer kleiner wird.

Die Durchhalteparolen im Rundfunk werden ernster, die Schlager trauriger. Ralph Benatzky komponiert das Lied *Einmal kommt der Tag. Nach jedem Abschied gibt's ein Wiedersehen*, das mag er nun nicht mehr behaupten.

Auch bei Gestapo und SS in der Prinz-Albrecht-Straße blättert der Lack. Die Angriffe im Sommer 1944 haben den Gebäuden schwer zugesetzt. Die Fenster sind notdürftig verschalt, die Mauern haben Risse. Aber noch funktioniert der Folterbetrieb, wird der Transport von Juden in die Vernichtungslager organisiert.

Und womit beschäftigt sich Heinrich Himmler in seiner Terrorzentrale? Gesprächsnotiz vom 15. November 1944: „Bei den Ausführungen über die biologische Bekämpfung der Stubenfliege stellte der Reichsführer-SS die Frage, ob nicht an eine Züchtung von Schlupfwespen oder einer ähnlichen Insektenart herangegangen werden könne, die Mücken oder Fliegen vertilge."

Italienische Kriegsgefangene helfen im Haus Huth bei der Beseitigung des Brandbombenschadens. In der Küche müssen russische Hilfsköchinnen an den Herd, so knapp ist jetzt schon das Personal.

Elfriede Köhl, die früher im Abendkleid zu den Festessen der Huths gegangen ist, serviert zu Hause gehackte Kartoffeln in der Schale. Von den vier Zimmern ihrer Wohnung in Tempelhof ist nur noch eins bewohnbar, und auch da scheint schon der Himmel durch. Frau Köhl zieht nach Süddeutschland.

Auch die Huths kommen seltener in die Potsdamer Straße. Immer häufiger werden die Bombenangriffe, immer öfter trifft es die Häuser ringsum, fegt es im Haus Huth die letzten Ziegel vom Dach, bersten die Scheiben vom Luftdruck der Explosionen. Von Hohengatow aus sehen die Huths schwarze Rauchwolken über Berlin.

Wenn die Betriebe schließen, beginnt in der Reichshauptstadt die Völkerwanderung zum Luftschutzbunker. Die U- und S-Bahn-Schächte am Potsdamer Platz sind jetzt auch tagsüber umlagert. Verwahrloste Kinder streifen durch die Straßen. Berlin geht unter.

Ende Januar erreichen die Russen die Oder, Berlin wird zur Festung erklärt und soll bis zur letzten Patrone verteidigt werden. Den Endkampf organisiert Gauleiter Joseph Goebbels. Am Potsdamer Platz werden wie überall in der Stadt Barrikaden gebaut. Volkssturmmänner mit alten Karabinern besetzen den Potsdamer Bahnhof. Aberglaube an neue Wunder- und Vergeltungswaffen geht um, die Realität zeigt sich am Himmel.

Am 3. Februar folgt wieder einmal ein verheerender Bombenangriff auf die Berliner Stadtmitte. 4.600 Menschen sterben. Diesmal werden auch die Gestapo-Zentrale in der Prinz-Albrecht-Straße, das Luxushotel Esplanade und der Volksgerichtshof dahinter schwer getroffen. Nur das Haus Huth steht unversehrt im Bombenhagel.

An diesem 3. Februar 1945 ist auch der Oberstabsarzt Dr. Rolf Schleicher von der Front nach Berlin gekommen. Er hat Angst um seinen Bruder Rüdiger, der zusammen mit dem Juristen Klaus Bonhoeffer am 2. Februar vom Volksgerichtshof als Widerständler zum Tode verurteilt worden ist. Rolf Schleicher will mit Justizminister Thierack sprechen, aber am

Potsdamer Platz muß er zwei Stunden im S-Bahnhof auf die Entwarnung nach dem Angriff warten. Da wird plötzlich nach einem Arzt gerufen, Schleicher meldet sich und wird in den Hof des NS-Gerichtes geführt. Dort liegt ein Toter, der einen Splitter im Rücken hat: Roland Freisler, der am Tag zuvor Schleichers Bruder verurteilt hat. Rolf Schleicher kommt nach Hause und sagt zu Ursel, seiner Frau: „Stell dir vor, der Lump ist tot."

Zwischen dem 3. Februar und dem 21. April gehen noch 83 Bombenangriffe über Berlin nieder. Ziegelstaub hängt in der Luft. Vor dem Torso des Hauses Vaterland wartet eine Menschenschlange auf die tägliche Notspeisung.

„Es ist unglaublich, daß in dieser Wüstenei noch Menschen lebten", schreibt Cornelius Ryan in seinem Buch *Der letzte Kampf.* „Zwölftausend Polizisten taten noch immer ihren Dienst. Briefträger stellten die Post zu, der Telefon- und Telegrafenverkehr funktionierte; die Mülltonnen wurden geleert. Einige Kinos und Theater und sogar ein Teil des schwer mitgenommenen Zoos hatten geöffnet. Die Berliner Philharmoniker gaben die letzten Konzerte der Saison. Die Kaufhäuser öffneten jeden Morgen, Wäschereien, Reinigungsanstalten und Kosmetiksalons machten gute Geschäfte. U- und S-Bahn waren in Betrieb, die wenigen noch existierenden Bars und Restaurants waren überfüllt, und auf dem Potsdamer Platz priesen die berühmten Berliner Blumenfrauen scheinbar ungerührt ihre Blumen an."

Es ist der 21. März 1945, Frühlingsanfang in Berlin. In den Straßen patrouillieren Wehrmachtsstreifen und SS, Hitlerjungen üben mit Panzerfäusten. In der Stadt leben noch zweieinhalb Millionen Menschen, darunter 180.000 Zwangsarbeiter und eine unbekannte Zahl von Flüchtlingen.

95.000 Mann sollen Berlin verteidigen – Hitlerjungen, Volkssturm, erschöpfte Einheiten der Wehrmacht und 5.000 Kämpfer der SS.

Am 9. März gibt Generalleutnant Hellmuth Reymann, Befehlshaber des Verteidigungsbereiches Berlin, bekannt: „Mit den zur unmittelbaren Verteidigung der Reichshauptstadt zur Verfügung stehenden Kräften wird der Kampf um Berlin nicht in offener Feldschlacht ausgetragen, sondern im wesentlichen als Straßen- und Häuserkampf. Er muß mit Fanatismus, Phantasie, mit allen Mitteln der Täuschung, der List und Hinterlist, mit vorbereiteten und aus der Not des Augenblicks geborenen Aushilfen aller Art auf, über und unter der Erde geführt werden. Voraussetzung für eine erfolgreiche Verteidigung Berlins ist jedoch, daß jeder Häuserblock, jedes Haus, jedes Stockwerk, jede Hecke, jeder Granattrichter bis zum äußersten verteidigt wird."

Tausende von Zivilisten, Männer, Frauen, Kinder, werden aufgrund von solchen Irrsinnsbefehlen sterben. Berlin ist nicht zu retten, das weiß auch der General Reymann.

„Am Potsdamer Platz mache ich Rast", schreibt Heinrich Goertz in seinem Buch *Lachen und Heulen* über die ersten Apriltage in Berlin, „und setze mich auf einen Stein. Die Waren- und Bürohäuser, Bahnhöfe, Hotels, Restaurants und Banken sind auf den Platz gestürzt. Nirgends ein Mensch." Es beginnt das Leben in Kellern, Bunkern und U-Bahn-Schächten.

Mitte April, vor dem Fall Berlins, schließt Willy Huth die Schoppenstube, weil – so der Küfer Josef von Janta-Lipinski – „die Kellner zuviel geklaut haben."

Seit dem 10. April fährt keine Straßenbahn mehr. Ein letzter Judentransport verläßt Berlin in Richtung

Sachsenhausen. Sechs Tage später treten die Russen an der Oder zum erwarteten Großangriff an. Immer näher kommt das Grollen des Artilleriefeuers. Brot kostet auf dem schwarzen Markt 100 Mark pro Kilo, und in der Reichshauptstadt gehen die Särge aus.

Hildegard Hennings hat es nicht weit nach Hause. Deshalb sieht sie täglich in der Potsdamer Straße nach dem Rechten. Im Haus sind nur noch das Faktotum Lipinski und die russische Hilfsköchin Nina. Frau Hennings hat Angst, daß sie eines Tages nicht mehr wegkommt, denn bald sollen die letzten Lücken in den Barrikaden geschlossen werden. Am 21. April fallen die ersten russischen Granaten in der Innenstadt, die Zeitungen stellen am 24. ihr Erscheinen ein, nur das Blättchen *Panzerbär* erscheint weitere sechs Tage. Berlin erlebt seinen 389. und letzten Luftangriff.

Als die russischen Granaten auch auf dem Potsdamer Platz einschlagen, flüchtet Hildegard Hennings in ihre Wohnung. Die Barrikaden werden geschlossen, die Gas- und Stromversorgung bricht zusammen, und im Radio wird die letzte Sonderzuteilung angekündigt.

„Nach ‚Führers‘ Geburtstag", erinnert sich Willy Huths Nichte Dorothea Kahnert, die das Kriegsende in Dahlem erlebt hat, „wurden die Vorratslager aufgelöst, und bei uns in der Steglitzer Schloßstraße standen lange Schlangen vor den Läden, weil es Fleischkonserven, Mehl und Nährmittel in größeren Mengen geben sollte. Tiefflieger kamen die Straße entlang und schossen, aber die Leute haben sich kaum zur Seite bewegt. Ein paar der Wartenden wurden getroffen und an den Straßenrand gelegt, aber die anderen standen weiter an. Das hat mich damals ungeheuer erschüttert."

Dorothea Kahnert kocht Fliederspitzen und tauscht gefundene Brühwürfel gegen einen Teelöffel Mehl.

Wasser gibt es nur noch von der nächsten Pumpe. Am 22. April tauchen russische Panzerspitzen am Berliner Stadtrand auf. Vier Tage später ist die Stadt umzingelt. Von Osten her nähert sich die Rote Armee der Innenstadt.

Die Huths vergraben ihr Silber im Garten, der Schmuck ist in die Potsdamer Straße gebracht und im Weinkeller eingemauert worden. Ein paar Kisten sind bei Emmy Bredenförder eingelagert, Teppiche und Schmuck, der Willy Huths Schwester Else gehört. „Das waren ja reiche Leute", sagt Frau Bredenförder, „die hatten wunderschöne Sachen." Frau Bredenförder, ganz brave Angestellte, nimmt die Sachen in Verwahrung. Den Huths hilft das nicht viel. Russische Soldaten werden alles finden und Freudentänze machen.

Am 26. April richtet die Division ‚Müncheberg' im S-Bahnhof Potsdamer Platz ihren Gefechtsstand ein. Das ist einer jener Geisterverbände, mit denen der ‚Führer' in seinem Bunker, nur ein paar 100 Meter vom Potsdamer Platz entfernt, auf der Karte operiert. Schon bei der Aufstellung im Januar 1945 hat ‚Müncheberg' nur aus einer Panzer- und einer Artillerieabteilung bestanden. Nach den schweren Straßenkämpfen in Tempelhof, am Alexanderplatz und am Halleschen Tor ist von der Truppe nur noch ein kläglicher Rest vorhanden. Der soll jetzt den Potsdamer Platz verteidigen.

Die untere Etage des S-Bahnhofes steht unter Wasser. Pioniere haben eine Schottenkammer des Landwehrkanals gesprengt, S- und U-Bahn-Tunnel wurden geflutet, und wer sich nicht in Sicherheit bringen konnte, ertrank.

Das Artilleriefeuer wird immer dichter. Der Leutnant Albert Fitz von ‚Müncheberg' notiert: „Einschläge durch die Fahrbahndecke. Schwere Verluste unter

Verwundeten und Zivilisten. Qualm dringt durch die Einschlaglöcher. Draußen explodieren Stapel von Panzerfäusten. Der Potsdamer Platz ist ein Trümmerfeld. Die Menge der zerschlagenen Fahrzeuge ist nicht zu übersehen. Die Verwundeten liegen noch in den zusammengeschossenen Sankas. Tote überall. Zum großen Teil von Panzern und Lastwagen überfahren und gräßlich verstümmelt."

Auch der frühere Unteroffizier Otto Zoll, der sich auf meine Suchanzeige gemeldet hat, gehört zu den Überlebenden der Kämpfe am Potsdamer Platz. Er erinnert sich noch an die Schächte voller Frauen und Kinder und an einen seltsamen Typ in Luftschutzuniform, der plötzlich unter die Soldaten sprang und rief, er sei Staatssekretär im Innenministerium und habe eine gute Nachricht: Der ‚Führer' sei und bleibe in Berlin.

Das kann den Unteroffizier Zoll nicht fröhlich stimmen. Er hat nichts zu essen, nur Gurken im Glas gibt es massenweise. Kameraden weinen, sie können vor Erschöpfung nicht weiter. „Machen Sie mal zehn Tage Häuserkämpfe mit", hat der Herr Zoll gesagt.

Am 28. April ziehen die Soldaten durch den Tunnel zum Nollendorfplatz ab. Die Zivilisten bleiben im S-Bahnhof Potsdamer Platz zurück, was sollen sie machen. Sie können nur hoffen, daß die Kämpfe bald zu Ende sind. Aber noch gibt es genug ‚Helden', die sich für den ‚Führer' schlagen, während Berlin darüber in Trümmer fällt. Statt der Russen kommt die SS zum Potsdamer Platz, und der Krieg geht weiter. Granaten hageln in die Ruinen. Nur das Weinhaus Huth bekommt nichts ab.

Verlassen liegen Küche und Schoppenstube. Splitter pfeifen durch die Fenster, Kugeln stieben ins Mauerwerk. Draußen huschen Soldaten vorüber oder

Hitlerjungen mit Panzerfäusten, dicht an die Häuserwände gepreßt. In den Kampfpausen kommen ein paar verängstigte Gestalten aus den S- und U-Bahn-Schächten und suchen nach Lebensmitteln oder Wasser. Die Hotels und Gaststätten am Potsdamer Platz liegen verlassen, aber in den Vorratsräumen läßt sich noch manches holen.

Verlassen wirkt auch das Weinhaus Huth. Aber Josef von Janta-Lipinski ist immer noch da und Nina, die Hilfsköchin. Er ist vor wenigen Tagen im Osten der Stadt ausgebombt worden, und sie weiß nicht, wohin. Als Strandgut des Krieges wohnen sie in Huths Büro im ersten Stock, „wo Herr Huth immer mit seinen Freundinnen geschmust hat", wie Herr Lipinski sagt. Als die Lage brenzlig wird, ziehen sie nach unten in den Keller. Lebensmittel sind in den Kühlräumen, und Wein haben sie genug.

„Ich konnte doch nicht weg", sagt der letzte Mann im Weinhaus Huth. „Ich hatte doch die Schlüssel." Herr von Janta-Lipinski ist kurz vorher zum Sanitäter ausgebildet worden, da läuft er manchmal rüber in U- und S-Bahnhof und hilft den Verletzten. Zum Schluß geht auch das nicht mehr.

‚Müncheberg' ist abgerückt, nun muß die Waffen-SS am Potsdamer Platz das Reich verteidigen, das in der Stadtmitte noch zwölf mal zwölf Straßen mißt. In der Nacht vom 28. auf den 29. April rückt der Unterscharführer Diers von der SS-Division ‚Nordland' mit seinem ‚Königstiger' an. Der Panzer des Herrn Diers ist vielgefragt, denn es ist einer der letzten in Berlin – von den russischen mal abgesehen.

Als fliegende Feuerwehr eilt der Unterscharführer Diers von Kampfstatt zu Kampfstatt – am 23. April ist er in Britz, Siemensstadt und Marienfelde, am 24. in Köpenick und Neukölln, am 26. am U-Bahnhof Stadtmitte, am 29. am Potsdamer Platz.

Am Anhalter Bahnhof stehen die Russen. „Wir schießen einen JS 122 ab, der hinter dem Haus Vaterland vorkommt", hat Georg Diers an diesem Tag notiert. „Das Wrack blockiert nun als natürliche Panzersperre die Saarlandstraße."

Während sich Diers für seinen ‚Führer' schlägt, heiratet der im Bunker Eva Braun. Am selben Tag macht er sein Testament, ernennt Goebbels zum Reichskanzler und Großadmiral Dönitz zum Reichspräsidenten.

Das bekommt der Unterscharführer Diers natürlich nicht mit, er rückt am 30. April zum Reichstag ab, weil auch dort die Russen im Anmarsch sind. Seine Stellung nimmt am Potsdamer Platz der Oberscharführer T. mit seinem Panzer ein.

Karl Heinz T. aus Lüdenscheid hat mich gebeten, seinen vollen Namen nicht zu nennen. „Auch über 40 Jahre nach Kriegsende", schreibt er mir später, „ist eine Rehabilitierung der Waffen-SS noch nicht erfolgt. Es hat (einschließlich der Politiker) keiner den Mut, diese Sache einmal gründlich darzustellen, die Tapferkeit, den Mut und die Kameradschaft dieser Truppe (ich meine die Fronttruppen) richtig zu würdigen. Das Schuldgefühl der Deutschen scheint eine solche Klarstellung (noch) nicht zuzulassen. Die Einstellung der Waffen-SS hatte mit Nationalsozialismus doch wenig zu tun." Es erscheint mir sinnlos, mit Herrn T. über die Weltanschauung der Waffen-SS zu diskutieren.

Wir sitzen in einem Lokal in der Lüneburger Heide, wo Herr T. mit seiner Frau Urlaub macht, und betrachten Fotos vom Potsdamer Platz. Herr T. zeigt mir, wo sein Panzer damals gestanden hat. „Hier, kurz vorm Haus Vaterland, war ein U-Bahn-Eingang, davor ein Erdwall. Dahinter stand mein Panzer."

Sein Vorgesetzter, hat mir Herr T. erzählt, habe ihm keinen Einsatzbefehl mehr geben können. „Er sagte:

Suchen Sie sich einen Platz, von dem Sie schießen können."

Der Oberscharführer T. rollte mit seinem ‚Königstiger' zum Potsdamer Platz und richtete sich auf Rundumverteidigung ein. „Die Russen kamen aus allen Ecken, so daß wir laufend schwenken mußten. Irgend jemand schrie »Da kommt ein Panzer« und »Da, noch einer«, und dann wurde eben geschossen." Auch Hitlerjugend, Volkssturm und ein Zug Pioniere sollten den Potsdamer Platz verteidigen, „aber Infanteriekämpfe haben kaum noch stattgefunden", sagt Herr T. „Wir hatten freies Schußfeld nach allen Seiten." Er hat sich Sekt aus dem zerstörten Haus Vaterland geholt, dann kommen wieder russische Panzer vom Anhalter Bahnhof her, und Herr T. schießt die Panzer ab. 24 Jahre ist er alt.

Vom Potsdamer Platz hat er nicht viel in Erinnerung, „da stand ja nichts mehr." Was da noch steht, fällt jetzt zusammen. Die U-und S-Bahn-Tunnel sind voller Zivilisten. In den Kampfpausen geht der Panzerkommandant manchmal nach unten und verteilt Schokolade.

Der Krieg ist noch nicht aus, obwohl der ‚Führer' am 30. April Selbstmord begeht. Aus dem Bunker am Anhalter Bahnhof flüchten Tausende vor den Russen durch den S-Bahn-Tunnel Richtung Potsdamer Platz, stolpern durch die Dunkelheit, waten durchs Wasser… Frauen, Kinder, alte Männer. Wer stürzt, ist verloren.

Oben verteidigt ein einziger Panzer das Großdeutsche Reich gegen die Rote Armee.

Ich habe den Oberscharführer gefragt, ob er am Potsdamer Platz noch an den Endsieg glaubte. „Natürlich wußten wir, daß der Krieg verloren war", sagt er. „Aber was sollten wir machen? Wir standen mit dem Rücken zur Wand und hatten mit dem Leben abgeschlossen. Sollten wir von der Waffen-SS etwa zu den Russen überlaufen? In ganz Berlin waren Standgerichte unterwegs, und dann gab es ja auch noch so etwas wie Kameradschaft. Ich war damals 24, da denkt man anders als heute."

Josef von Janta-Lipinski und die Köchin Nina wagen sich wegen der Kämpfe nicht mehr aus dem Keller. Seit drei Tagen warten sie da unten auf das Ende, haben Angst. Im nahen ‚Führerbunker' hat nach Hitlers Selbstmord Goebbels das Kommando. Von Groß-Deutschland gibt es nur noch Reste, aber er will nicht kapitulieren. Dennoch soll verhandelt werden. Da muß der Oberst Theodor von Dufving ran, der beim Stadtkommandanten Weidling in der Bendler-straße sitzt. Am Potsdamer Platz überquert der Offizier das Niemandsland, springt von Deckung zu Deckung – „Ich war ja damals noch sportlich und gut in Form" – und von Häusernische zu Häusernische. Vom Potsdamer Platz hat er noch „ein großes graues Gebäude" in Erinnerung, das muß der Potsdamer Bahnhof gewesen sein, denn so viele Gebäude standen da nicht mehr.

Von Dufving wird den Weg zwischen Reichskanzlei und dem Befehlsstand des Generals Tschuikow in Tempelhof noch öfter machen, denn die Verhandlungen kommen nur zäh voran. Einmal hat er auch den General Krebs aus der Reichskanzlei dabei. Menschen sieht er nicht am Potsdamer Platz, nicht einmal den Panzer des Herrn T., was kein Wunder ist, denn es wird pausenlos geschossen, und der Oberst Dufving muß immer wieder Deckung suchen.

Er verhandelt im ‚Führerbunker' mit Bormann und Goebbels, dann wieder mit den Russen – vergeblich, eine Kapitulation kommt nicht zustande. Am meisten Angst hat von Dufving damals vor seinen eigenen Kameraden gehabt, denn einmal hat er von irgendwoher den Ruf „Verräter!" gehört und „Ein deutscher Soldat ergibt sich nicht". Das fehlte noch, daß ihn in den letzten Tagen des Krieges wegen der weißen Fahne die eigenen Leute erschießen.

Am 1. Mai sitzt er noch einmal im Bunker unter der Reichskanzlei, ißt Erbsensuppe, und die Familie Goebbels bereitet ihren Selbstmord vor. Draußen im Garten liegt die verkohlte Leiche des ‚Führers'.

Es ist ein strahlendschöner Tag, und Herr T. behauptet noch immer den Potsdamer Platz. Eine Granate hat die rechte Kette seines Panzers getroffen, und das Fahrzeug läßt sich kaum noch manövrieren. Aber es kann schießen, obwohl, so sagt Herr T., „die Russen nun schon aus den Kanaldeckeln kamen."

Gegen Abend wird es verdächtig still am Potsdamer Platz, der Oberscharführer geht zum S-Bahnhof hinunter und hält einen Mann an, den er wegen der Schulterstücke auf dem Mantel für einen Hauptmann hält. Doch der Hauptmann zieht den Mantel aus und entpuppt sich als Gefreiter, so genau nimmt man es in den letzten Stunden des Krieges nicht mehr.

Von ihm hört Karl Heinz T., seit vielen Stunden ohne Kontakt mit seinem Gefechtsstand, daß der ‚Führer' Selbstmord begangen hat und die Kapitulation der deutschen Truppen in Berlin bevorsteht, auch wenn SS und abgeschnittene Armee-Einheiten noch überall Widerstand leisten. In der Nacht zum 2. Mai wollen die Insassen der Reichskanzlei den sowjetischen Ring im Norden durchbrechen. Bei den SS-Trupps sind Hitlers ‚Sekretär' Martin Bormann und der Reichsjugendführer Artur Axmann.

Da weiß auch Karl Heinz T., daß der Kampf um Berlin zu Ende geht. Er läuft zu seinem Panzer zurück, fordert die Besatzung zum Aussteigen auf und schiebt eine Sprengladung in die Kanone. Zu HJ und Volkssturm sagt er, sie sollten nach Hause gehen.

Auch Karl Heinz T. möchte heim. Von Soldaten hat er gehört, daß im Hof der Reichskanzlei zwei Spähwagen stehen. Die Panzerbesatzung macht ein Fahrzeug wieder flott und verläßt den gespenstisch leeren Innenhof. Unten in den Bunkern sitzen noch die letzten Verteidiger und bereiten ihren Ausbruch vor. Goebbels verabschiedet sich und geht abends um neun mit seiner Familie in den Tod.

Karl Heinz T. kommt mit seinem Spähwagen nicht sehr weit. Er fährt sich in einem Granattrichter fest, und die Truppe macht sich zu Fuß auf den Weg nach Hause.

Am Potsdamer Platz wird nun nicht mehr geschossen. Jetzt kommen die Russen, und mit ihnen die Angst. Am Morgen des 2. Mai dringen sie ins Haus Huth ein und dann auch in den Keller, in dem Herr von Lipinski sitzt. Sie suchen nach Waffen und versteckten deutschen Soldaten, aber da ist zum Glück die Russin Nina, die den Soldaten sagen kann, daß die Suche sinnlos ist. Auch Herr von Lipinski, der aus Graudenz in Westpreußen stammt, kann ein bißchen russisch, und die Russen gehen wieder nach oben. Dort plündern sie die Schnaps- und Likörvorräte in der Schoppenstube. Dann kommen sie wieder in den Keller und machen sich über die Weinfässer her. Herr von Lipinski befürchtet das Schlimmste.

Zum Glück sind Schnaps und Wein bald verbraucht. Die großen Stückfässer mit je tausend Litern Inhalt lagern im Zollkeller ein paar Häuser weiter, sie liegen unter dem Schuttberg des eingestürzten Gebäudes, und Herr von Lipinski wird sich hüten, das zu verraten. Die Russen brechen bei der Deutschen Bank die Wände auf und schließlich auch den Tresor im Keller. Es ist so gut wie kein Schmuck mehr darin, nur Papiergeld, das weht jetzt durch die Luft, ein hübsches kleines Vermögen, wem hat das wohl gehört? Auch der hastig eingemauerte Schmuck der Huths wird entdeckt, da freuen sich die zuvor enttäuschten Soldaten wieder. Auf der Suche nach versteckten Safes zertrümmern sie mit Kolbenschlägen ein paar Bilder.

Gegen Mittag ziehen die Russen ab. Stadtkommandant Weidling hat kapituliert, und die Berliner kommen aus den Kellern ans Tageslicht. Im Westen und Norden der Stadt wird immer noch geschossen, Ausbruchsversuche scheitern, mit Tausenden von Toten.

Überall liegt zerschossenes Kriegsgerät. Durch die Stadtmitte marschieren lange Kolonnen von Kriegsgefangenen. Vor dem Hotel Esplanade ist einer der Sammelplätze. Herr von Lipinski klettert aufs Dach und betrachtet den Potsdamer Platz. Russische Streifen durchsuchen die Häuser und die S- und U-Bahn-Schächte. Dort halten sich in den Mittagsstunden des 2. Mai noch Soldaten von der französischen SS-Division ‚Charlemagne‘ versteckt. Sie haben zuletzt in der Prinz-Albrecht-Straße gegen die Russen gekämpft und flüchten nun vor der Gefangennahme. Einer von ihnen ist Henri Fenet, der letzte lebende französische Ritterkreuzträger. Holländer, Dänen, Spanier, Belgier und Franzosen haben in Berlin den ‚Führer‘ bis zur letzten Minute verteidigt. ‚Charlemagne‘ war eine Kampfgruppe von 300 Soldaten, die in der Stadtmitte noch Widerstand geleistet hat, als ringsum schon weiße Fahnen wehten. Die Soldaten von ‚Charlemagne‘ waren von allen Verbindungen abgeschnitten und haben erst von einem deutschen Major erfahren, der Krieg sei aus, und sie müßten sich ergeben. Das glaubt der Hauptsturmführer Fenet natürlich nicht. Er läuft zur Reichskanzlei und sieht dort amerikanische Lastwagen mit russischen Soldaten. Die Fahrer hupen, und die Soldaten jubeln – da begreift Fenet, daß die Schlacht verloren ist.

Mit sechs Kameraden verbirgt er sich im S-Bahn-Tunnel unter Weidenkörben. Bei Anbruch der Dunkelheit wollen sie weiter, aber dann entdeckt sie eine russische Streife und führt die Gruppe in die Gefangenschaft. Da hört Henri Fenet zum erstenmal von Hitlers Tod.

Ich habe den Ritterkreuzträger a. D. in Paris getroffen, wo er wieder laut sagen kann, daß er SS-Soldat gewesen ist. Zu 20 Jahren Zwangsarbeit haben ihn seine Landsleute nach dem Krieg verurteilt, aber schon 1949 wieder freigelassen.

Weil er „für Europa und gegen die Bolschewisten" kämpfen wollte und Hitler den Krieg im Osten nicht allein gewinnen konnte, hat er sich 1943 zur SS gemeldet, so wie Tausende anderer Franzosen auch.

Henri Fenet ist noch immer Nationalsozialist, da spielt die Staatsangehörigkeit keine Rolle, und daß die Sowjets bis vor kurzem mitten in Europa standen, ist für ihn eine Bestätigung der Politik Adolf Hitlers, der genau das habe verhindern wollen. Das Problem des Bolschewismus sei aktueller denn je, sagt er mir zum Abschied, und die Notwendigkeit, ein vereintes Europa zu schaffen, so wichtig wie damals.

Ausgerechnet im Reichssicherheitshauptamt an der Prinz-Albrecht-Straße haben sich die Franzosen zuletzt verteidigt, da waren die Folterknechte der Gestapo natürlich längst verschwunden, und Himmler irrte in Norddeutschland herum.

Mariechen Krause, die seinerzeit bei Huths den Reichsführer bedienen mußte, bekommt in den letzten Tagen des Krieges noch einmal Angst, weil Himmler in Mecklenburg auftaucht, wohin auch sie geflüchtet ist, und für seinen Sonderzug ‚Steiermark' bei Radensleben sogar noch Schienen verlegen läßt, aber dann verschwindet der Reichsführer wieder, zum Glück.

Am 2. Mai, als an der Prinz-Albrecht-Straße auch die letzten SS-Soldaten verschwunden sind, werden aus den Zellen im Keller sechs Überlebende befreit.

Auferstanden aus Ruinen

Berlin ist verwüstet, rund ein Drittel der 1,5 Millionen Wohnungen nicht mehr bewohnbar. Fast die Hälfte der Bevölkerung ist obdachlos, und noch immer kommen Flüchtlinge auf der Suche nach einer Bleibe in die Stadt.

Es gibt kein Trinkwasser, kein Gas, keinen Strom, keine Zeitungen, kein Radio. In einem Rechenschaftsbericht des Berliner Magistrats heißt es später: Von den 100.000 elektrischen und Gaslaternen brannte nicht eine. 2.000 Schäden am Rohrnetz haben die Wasserversorgung lahmgelegt. 122 von 166 Straßenbrücken sind zerstört, und von den einst 153.000 Kraftfahrzeugen in Berlin sind noch 115 fahrbereit. Die Berliner Verkehrsbetriebe verfügen über 18 Omnibusse – 667 sind es mal gewesen. Die Feuerwehr hat noch ein einziges Fahrzeug.

Josef von Janta-Lipinski inspiziert das Weinhaus Huth. „Die Räume unten und im ersten Stock waren noch einigermaßen in Ordnung", erzählt er. „Im Restaurant lagen Tische und Stühle wild durcheinander, viele waren beschädigt, aber man konnte sie reparieren. Vom Geschirr und von den Töpfen war noch das meiste da. Mit so was hatten sich die Russen nicht abgegeben." Nur im Erdgeschoß sind die letzten heilen Fensterscheiben zerschlagen worden. Die oberen Stockwerke sind unbenutzbar. Herr von Lipinski hat Wände und Fußböden mit Löschwasser aus dem Heizungstank begossen, um neue Brände zu verhüten. Mittags geht er manchmal in die Reichskanzlei und bestaunt die Reste von Speers NS-Architektur, die Bombentrichter im Garten und die Betonschächte des Führerbunkers. Jetzt kann er auch ohne Spezialausweis überallhin. Dann räumt er den Schutt vor dem

Zollkeller in der Potsdamer Straße weg und birgt 30 Fässer Wein. Das ist ein guter Anfang, und Herr Huth wird ihm wieder einmal dankbar sein.

Der Krieg ist erst ein paar Tage vorbei, da wagt sich Frau Hennings wieder an den Potsdamer Platz. Überall liegen Tote, deutsche und russische Soldaten, das macht jetzt keinen Unterschied. In der Potsdamer Straße reiht sich Ruine an Ruine. Die meisten Gebäude haben in den letzten Tagen des Krieges schwere Treffer abbekommen. Ausgebrannte Fahrzeuge und zerstörte Flakgeschütze säumen den Potsdamer Platz. Vor dem Potsdamer Bahnhof steht ein verlassener Panzer, das ist der ‚Königstiger' des Herrn T. In dem Buch *Berlin damals und heute* sehe ich ihn auf einem Foto wieder, so, wie ihn der Scharführer beschrieben hat.

Frau Hennings macht sich mit Herrn Lipinski ans Aufräumen. „Das Erdgeschoß war unglaublich verschmutzt", sagt sie. „Wer weiß, wer da bei Kriegsende alles rumgelaufen ist. Und die Leute von der Post auf der anderen Straßenseite haben bei uns Möbel geklaut. Die hatten ja selbst nichts mehr." Ratten gibt es, viele Ratten. Hildegard Hennings ekelt sich, Herr von Lipinski hält sie an den Schwänzen hoch und sagt: „Na, Frau Hennings, sind doch ganz schöne Tierchen." Hildegard Hennings macht einen Zettel an die Tür: „Kollegen, bitte melden!" Sie schickt auch eine Nachricht an Herrn Huth, draußen in Hohengatow. Herr Huth antwortet, daß er erst mal abwarten wolle. Es sei ja alles hin. Er komme aber so bald wie möglich vorbei. „Der hatte die Firma aufgegeben", sagt Frau Hennings. Die Angestellten aber klammern sich an ihre Arbeit. Sie haben ja sonst nichts anderes.

Es erscheint Emmy Bredenförder, die bei den Bombenangriffen zusammen mit Grete Zieke die Lebensmittelmarken gerettet hat. Sie war bei der

Reichsbahn dienstverpflichtet und trägt noch ihre Uniform. Den Einmarsch der Russen hat sie in ihrer Wohnung in Friedenau erlebt und sich im Keller versteckt, als betrunkene Soldaten nach Beute und nach Frauen suchten. Nach ein paar Tagen wagt sie sich wieder nach draußen und macht sich zusammen mit ihrer Kollegin Friedel Tönnies auf den Weg zu Huths. Unterwegs sieht sie, wie tote Soldaten auf Leiterwagen geladen werden, und kurz vor dem Potsdamer Platz sind die Straßen menschenleer. Die beiden Frauen sind froh, als sie das Haus Huth erreichen. „Die Kellertüren standen weit offen", erinnert sich Emmy Bredenförder. „Das sah wüst aus, aber wir haben noch manches retten können, ein paar Lebensmittel und ein großes Faß mit Salz. Das war damals Gold wert." Sie fürchten sich vor der Dunkelheit im Keller und gehen bald wieder. „Da hätte sich ja jemand verstecken können."

Josef von Janta-Lipinski schaut im Osten der Stadt nach seiner zerbombten Wohnung, und Hildegard Hennings ist nach Hause gegangen. In der Zwischenzeit haben Unbekannte im Haus Huth geplündert. Die Kühlschranktüren stehen offen, eine fällt Frau Bredenförder auf den Fuß, davon behält sie einen schlimmen Nagel.

Emmy Bredenförder hat gehört, daß es irgendwo Kartoffeln geben soll, sie läuft bis nach Tempelhof, klettert über Trümmer, windet sich durch die zerstörten Barrikaden. Überall liegen Tote, einzeln und in größeren Gruppen. Sie sehen aus wie Kleiderbündel. Am nächsten Tag geht sie wieder zu Huths – „was sollten wir sonst machen, wir waren ja aufgeschmissen" – und fängt an, mit aufzuräumen. Auch Frau Hennings ist wieder da. Sie säubern die Tische, die Stühle, kehren die Scherben weg und fegen den Putz von der Auslegware.

Der große Elektroherd ist noch da, auf der Platte

steht sogar ein Kochtopf. Aber sie haben keinen Strom, kaum Lebensmittel und keinen Koch. Josef von Janta-Lipinski ist der einzige Mann im Haus. Der Angestellte Ernst Chinnow, der noch im April bei Huths gearbeitet hat, ist in den letzten Tagen des Krieges spurlos und für immer verschwunden.

Auf den Straßen werden tote Pferde ausgeweidet. Am 14. Mai rollt die erste U-Bahn wieder, und einen Tag später werden neue Lebensmittelkarten ausgegeben. Auch die Kinos machen wieder auf.

Schwerarbeiter haben Anspruch auf täglich 600 Gramm Brot, 100 Gramm Fleisch, 30 Gramm Fett. Für die übrige Bevölkerung sind die Portionen kleiner. Für Kinder und Nichtberufstätige gibt es 300 Gramm Brot, 20 Gramm Fleisch und sieben Gramm Fett pro Tag, zum Sterben zuviel, zum Leben zuwenig. Rings um das Haus Huth blüht der Schwarze Markt: Tausche Kartoffeln gegen Tafelsilber.

Langsam normalisiert sich das Leben in Berlin, ein Leben zwischen Trümmern. Vielen Frauen stecken noch die Schreckenstage nach der Eroberung der Stadt in den Knochen, das „Frau, komm", die Vergewaltigungen.

Am 17. Mai setzt die sowjetische Stadtkommandantur den ersten Berliner Magistrat ein. Der Architekt Hans Scharoun wird Stadtrat für Bau- und Wohnungswesen, Professor Sauerbruch, einst Stammgast bei Huths, ist für die Gesundheit zuständig, da hat er viel zu tun. Ärzte, Medikamente und Verbandszeug fehlen, es gibt keine Krankenwagen und nur 8.500 Krankenbetten für die fast zweieinhalb Millionen Menschen, die noch in der Stadt leben. 50.000 sind bei den Luftangriffen getötet worden.

Ende Mai kommt Willy Huth in die Potsdamer Straße. Er ist mutlos und sagt: „Es ist doch nichts da." Und Frau Hennings erklärt er, es sei schön, daß sie hier aufräumen würden, aber er könne nichts dafür bezahlen. Frau Hennings sieht das ein. „Eine Bezahlung hatten wir ja auch gar nicht erwartet." Später bekommt sie dann 80 Pfennig die Stunde.

Die Frauen und Herr von Lipinski richten das Erdgeschoß wieder her, putzen und stellen die Möbel auf. Die Weinfässer aus dem Zollkeller liegen unten im Gewölbe.

Vier Wochen nach Kriegsende ist es soweit: Am 1. Juni wird das Weinhaus Huth wieder eröffnet, ein trauriges Weinhaus jetzt, aber das einzige, das am Potsdamer Platz den Krieg überlebt hat. In der Schoppenstube wackeln die Möbel, sind die meisten Fenster mit Pappe vernagelt. Überall sind Einschußlöcher.

Es gibt nichts zu essen und nur Heißgetränke und Ersatzlimonaden, denn der Wein bleibt unter Verschluß, damit er nicht beschlagnahmt wird.

Willy Huth steht hilflos in der neuen Zeit. „Der konnte ja nicht einmal eine Zahlkarte ausschreiben", sagt Hildegard Hennings. Es war sein Lokal, das sie in der Stunde Null wiederhergerichtet habe, nicht das ihre. Frau Hennings würde das nicht noch einmal machen. „Der hat gar nicht verdient, was die Angestellten damals für ihn getan haben."

Der Rundfunk ist wieder in Betrieb, *Tägliche Rundschau* und *Berliner Zeitung* erscheinen, und am 26. Mai geben die Berliner Philharmoniker ihr erstes Konzert. Es dirigiert Leo Borchard, der wenige Monate später versehentlich von einem amerikanischen Wachtposten erschossen wird.

Viele Straßenschilder in der Stadtmitte sind jetzt zweisprachig, deutsch und russisch. Auf dem Schwarzen Markt kostet ein Kilo Butter tausend Mark, ein Kilo Kaffee fünftausend. Trümmerfrauen räumen die Straßen auf.

Am 1. Juli ziehen Amerikaner und Engländer in die Stadt ein, einen Monat später auch die Franzosen. Berlin wird in Sektoren eingeteilt. Die Stadtmitte wird russisch, der Tiergarten britisch, Kreuzberg amerikanisch. Am Potsdamer Platz stoßen die drei Grenzen zusammen. Alliierte Offiziere und Soldaten kommen jetzt zu Huths, Herr von Lipinski füllt Wein im Keller ab und tauscht ihn gegen Lebensmittel oder Schokolade.

Anni Rockstroh meldet sich – endlich, eine Köchin.

Hunderttausende von Flüchtlingen strömen durch Berlin. Sie werden in 59 Durchgangslagern untergebracht und dann auf die Besatzungszonen verteilt. Ruhr und Typhus brechen aus, es gibt nicht genügend Lebensmittel, nicht einmal auf Karten.

Am Potsdamer Platz wird das Gerümpel des Krieges weggeräumt, auch der Panzer des Herrn T. Zerstört ist der Pschorr-Bier-Palast, wo Frau Thiel nach Feierabend ihre Rostbratwürste aß, zerbombt das Rheingold und der Fürstenhof. Nur im Esplanade sind noch ein paar Räume erhalten. Die werden bald für Bälle und Veranstaltungen gebraucht. Im ersten Stock vom Haus Vaterland macht eine provisorische Gaststätte auf, in der stabilen Ruine des Vox-Hauses, Stahlskelettbau wie das Haus Huth, etablieren sich Läden und Kinos. Vom Potsdamer Bahnhof stehen nur noch die Außenmauern. Im Tiergarten werden Schrebergärten angelegt, zwischen Baumstümpfen und Bombentrichtern. Am Potsdamer Platz gibt es wieder Blumen zu kaufen, aber nur Margeriten. Die Blumenfrau Frieda Kempfer hat sich nach Steglitz verzogen. Illegale Nachtclubs machen auf, meist in Wohnungen, und auf den Straßen blüht die Prostitution. Die Polizei greift Kinder auf, die ihre Eltern auf der Flucht verloren haben und manchmal nicht wissen, wie sie heißen und woher sie kommen.

Anni Rockstroh ist mal wieder froh über die Stelle bei Huths. Als die Nachricht aus der Potsdamer Straße kam, hat sie sich sofort auf den Weg gemacht, teils mit der U-Bahn, teils zu Fuß. Schoppenstube und Küche sind aufgeräumt, und Herr von Lipinski hat die großen 70-Liter-Töpfe gelötet. Er ist jetzt Mädchen für alles, was würden sie ohne ihn machen. Er hat auch einen großen Kohleherd besorgt, und wenn Stromsperre ist, hebt Anni Rockstroh die schweren Töpfe vom Elektroherd auf den Kohleofen. Die Ratten tanzen auf dem Hof und quietschen in den Fallen. Ein Kammerjäger kümmert sich jetzt um das Ungeziefer. Anni Rockstroh putzt das Silber, schlägt Kartoffelpüree und kocht Eintopf. Die Gäste bringen Kerzen mit. Am 1. Oktober kann auch das Restaurant wieder geöffnet werden. Essen gibt es nur auf Marken. Neun Leute sind sie jetzt, sieben Frauen und zwei Männer. Ein Lehrling ist da, Manfred Finke, die Sekretärin Erna Witt, die Zuträgerin Helene Skotz, Emmy Bredenförder, Friedel Tönnies, Hildegard Hennings und eine Abwaschfrau. Zur Feier des Tages lassen sie sich vor den weißen Fliesen im Hof fotografieren, Anni Rockstroh mit dem kessen Käppchen in der Mitte. Man sieht ihnen die schweren Zeiten und die harte Arbeit an, aber auch den Stolz auf das wiedereröffnete Lokal.

Berlins Frauen schneidern sich Kleider aus Uniformen oder Fallschirmseide. Zu Optimismus ist wenig Anlaß. Die Versorgungslage verschlechtert sich wieder. 1.200 bis 1.600 Kalorien täglich soll es laut Lebensmittelkarte geben, und oft ist nicht einmal das vorhanden.

Die Engländer evakuieren 50.000 Kinder nach Westdeutschland und sperren die Stadt für Flüchtlinge. Doch das hilft nicht viel. Mit dem Kartoffelexpreß fahren die Berliner zum Hamstern aufs Land, sie stürmen die wenigen Züge, sitzen auf dem Dach und stehen in Trauben auf den Trittbrettern. Es gibt kaum Briketts, kaum Koks. In den Straßen und draußen im Grunewald werden deshalb Bäume abgeholzt. Holz wird auch aus den Trümmern geholt, oft unter Lebensgefahr, und im Notfall werden sogar Bahnschwellen oder Möbel verheizt. Hunderte erfrieren im eisigen Berliner Nachkriegswinter. Anni Rockstroh zieht lange Unterhosen an und darüber die Kochhosen ihres Vaters. Trotzdem holt sie sich ein schweres Rheuma. Friedel Tönnies erfriert die Nase.

Hunderte, die in diesen Tagen nicht mehr leben können oder nicht mehr leben wollen, begehen Selbstmord. Baumrinde wird abgekratzt und gegessen. Amerikanische Zigaretten sind die einzige anerkannte Währung. Die Frauen bei Huths feiern ein Weihnachten ohne ihre Männer. Sie singen ein selbstverfaßtes Weihnachtslied und trinken Alkolat, ein aromatisiertes Ersatzgetränk aus Früchten und Kräutern mit 15 Prozent Alkoholgehalt. Bis 1947 wird Anni Rockstroh von ihrem Mann ohne Nachricht sein. Da hat sie akutes Gelenkrheuma und kann nicht mehr. „Gedankt worden", sagt sie über die Nachkriegsjahre bei Huths, „ist dir das nicht."

1946 werden die in Nürnberg zu Haftstrafen verurteilten Kriegsverbrecher nach Berlin gebracht, darunter auch der Reichsbaumeister Albert Speer. Er hat 20 Jahre Gefängnis bekommen, die er in Spandau verbüßen wird. Viel sieht er auf dem Weg nicht von der Stadt, die nach dem Willen des ‚Führers' einmal „Germania" heißen sollte und jetzt verwüstet ist wie einst Karthago.

Anni Rockstroh wird mit zwei Kolleginnen zu Huths nach Hohengatow eingeladen, welche Ehre. Das Abendessen haben die Angestellten im Restaurant abgezweigt, und Frau Rockstroh hat auf dem Hinweg vorsichtshalber ein paar Stullen gegessen. Die Huths haben keine Scheibe Brot im Haus. Sie sitzen zu acht am Tisch, Willy Huth teilt Gulasch aus und schimpft mit Enkel Lutz, der die Messer auf die falsche Seite des Tellers gelegt hat. Dann falten sie die Hände zum Gebet und wünschen sich „Gesegnete Mahlzeit".

Nein, das ist nicht mehr die feine Etagenwohnung am Lützowplatz mit den Gästen in Frack und Abendkleid und den Angestellten in der Küche. Stammgast Sauerbruch hat jetzt andere Sorgen und Fliegergeneral Ernst Udet schon 1941 Selbstmord begangen. Der Lützowplatz ist ein Trümmerfeld.

Willy Huth fängt Tauben im Garten, in einer primitiven Falle. Er ist jetzt fast 70 Jahre alt, hat keine Kraft mehr und keine Lust, und wenn er sich umsieht am Potsdamer Platz, vergeht ihm der Mut. Nichts erinnert mehr daran, daß hier einmal Adolph von Menzel spazierenging und Theodor Fontane, verschwunden sind die kaiserlichen Offiziere, die Regierungsräte aus der Wilhelmstraße und die Angestelltenheere der zwanziger Jahre. Schwarzhändler sind am Potsdamer Platz und Prostituierte, Kriegskrüppel, Bettler und alliierte Soldaten. Dort, wo einmal das Café Telschow war, ist jetzt eine Imbißstube, und auf der Terrasse des Josty steht eine Zigarettenbude.

Anni Rockstroh kauft Pfannkuchen auf dem Schwarzen Markt. Ein Kollege muß aufpassen, denn ständig ist Razzia. Die Pfannkuchen sind mit Sägespänen gefüllt, die putzt Frau Rockstroh in der Küche wieder ab. 150 Mark verdient sie jetzt, als Chefköchin.

100 Angestellte sind sie einst gewesen, aber nun kann Willy Huth nicht mal die einstellen, die sich noch melden. Für die Räume im Erdgeschoß braucht er kaum Personal. Abends um sieben wird das Restau-

Der Potsdamer Platz 1945. Hinter der Ruine des Pschorr-Bier-Palastes das Türmchen vom Weinhaus Huth. Am 1. Oktober wird das Restaurant wieder geöffnet.

rant geschlossen, die Schwarzhändler verschwinden, die alliierten Soldaten. Dunkelheit senkt sich über den Potsdamer Platz. 1928, bei der Ausstellung ‚Berlin im Licht', ist es hier selbst nachts taghell gewesen.

Dorothea Kahnert, die als Kind so oft in der Etage am Lützowplatz gewesen ist, besucht die Huths in der Potsdamer Straße, erhält ein markenfreies Stammgericht – „Wasser mit Geschmack war das" – und unterhält sich mit Willy Huths Schwester Else. Mit ihrem spröden Onkel hat sie nach wie vor nicht viel im Sinn. Draußen ist sie in eine Razzia geraten, die Polizisten haben nach Gold, Silber, Zigaretten gefragt, aber Frau Kahnert hatte nur zwei trockene Brötchen dabei.

„Onkel Willy war noch genauso knorrig wie

früher", sagt Frau Kahnert. „Warum ich mich denn nicht mal gemeldet hätte und ob ich ihnen nicht dies und das besorgen könne. Also, meine Hungerödeme hatte ich gerade hinter mir – mit besorgen war da nicht viel."

Frau Kahnert hat den Krieg in Dahlem überlebt, sie hat kein Geld, „nichts außer einem Dach über dem Kopf, und das war schon viel". Zum Glück bekommt sie eine Anstellung bei der Alliierten Militärkommandantur, und schon meldet sich Dora Huth aus Hohengatow, ob sie nicht mal vorbeischauen könne. „Folgsame Nichte, die ich war, habe ich mir einen Tag Urlaub genommen und bin unter tausend Mühen nach draußen gefahren, um mir sagen zu lassen, ich solle ihnen einen Lastwagen und Benzin verschaffen. Da war mir nach dem Anschiß mit dem Stammgericht der Goethe doch sehr nahe."

Im Oktober 1946 leben schon wieder über drei Millionen Menschen in Berlin. Der Wiederaufbau der Stadt wird geplant, da tut sich auch der Architekt Hans Scharoun hervor. Er will Berlin neu gestalten, Straßen und Häuser in eine Garten- und Autolandschaft versetzen – am Kulturforum und an der Potsdamer Straße kann man sehen, was daraus geworden ist.

Bei den Wahlen zur Stadtverordnetenversammlung, den ersten freien Wahlen seit 1929, erhält die SPD mit 48,7 Prozent nahezu die absolute Mehrheit. Die CDU kommt auf 22,2 und die SED auf 19,8 Prozent. Selbst im Ostteil der Stadt erreicht sie trotz massiver Unterstützung durch die russische Besatzungsmacht nicht mehr als ein knappes Drittel der Stimmen.

Frau Bredenförder besorgt Frau Huth zwei Hühner, Frau Rockstroh schält für Herrn Huth grüne Walnüsse und reibt sich dabei die Hände wund, Frau Hennings sagt vor der Entnazifizierungskommission aus und

Viel Verkehr ist auf dem Potsdamer Platz 1946 vor dem Hintergrund des Kopfbahnhofes nicht mehr zu regeln. Ein Podest aus Holz hat den berühmten Verkehrsturm ersetzt.

findet nur gute Worte für Willy Huth. So haben sich die Angestellten um ihren Chef gesorgt.

Wieder bricht ein bitterer Winter über die Stadt herein. 200 Berliner sterben an den Folgen des Kälteeinbruches, und über 40.000 erleiden Erfrierungen. Die Versorgung mit Lebensmitteln ist katastrophal. Über 1.000 Betriebe müssen schließen. Wie schon im „totalen Krieg" des Herrn Goebbels werden Tanzveranstaltungen verboten. Es gibt Wärmehallen und Notspeisungen für Alte und Hilfsbedürftige. Die Ruhr geht um. Auf dem Schwarzen Markt kostet ein Pfund Butter 1.400 Mark.

Die Firma Henkell, mit der Willy Huth im Krieg wegen der Kronenkorken korrespondiert hat, schickt die ersten 50 Flaschen Sekt. Die sind so schnell weg, wie sie gekommen sind.

Unter dem Potsdamer Platz fahren U- und S-Bahn wieder, das Wasser ist abgepumpt, die Strecke repariert. Emmy Bredenförder kehrt zur Reichsbahn zurück, und der Chef schreibt ihr ein Zeugnis. „Frl. Bredenförder war stets fleißig, ehrlich und zuverlässig und hat uns mit ihren Leistungen in jeder Weise zufriedengestellt. Nach ihrer Dienstverpflichtung zur Reichsbahn während des letzten Kriegsjahres stellte sich nach dem Zusammenbruch Frl. Bredenförder wieder zu unseren Diensten zur Verfügung. Auch hier hat sich Frl. Bredenförder in jeder Weise bewährt." Dürre Worte für Frau Bredenförder, die in den Bombennächten die Lebensmittelmarken gerettet hat und nur wenige Tage nach Kriegsende zu Huths gekommen ist, um aufzuräumen. Der Chef wünscht ihr „für die Zukunft alles Gute".

Im Juni 1947 wird Ernst Reuter zum Berliner Oberbürgermeister gewählt, aber die Russen erheben Einspruch gegen die Ernennung. Mit allen Mitteln behindern sie die Arbeit des frei gewählten Gesamtberliner Magistrates. Das Klima zwischen den Alliierten wird kälter.

Am 6. August 1947 wird Willy Huth 70, und eine Berliner Zeitung schreibt: „Heute ist Geburtstagsfeier im Weinhaus Huth. Nicht eine Flasche ist mehr zu entdecken. Wenn jetzt die berühmten Gäste von ehedem, wenn Menzel, Fontane oder der Maler Reinhold Begas das Haus beträten, würden sie wohl enttäuscht wieder von dannen ziehen. Willy Huth schaltet und waltet über Selters und Brause. Die Zonengrenzen versperren eisern und erbarmungslos den Weg zum guten Tropfen. Der Besitzer eines der angesehensten Weinhäuser Berlins kann an seinem Geburtstag nicht einmal mit einem Glas Wein anstoßen."

Das ist natürlich übertrieben, denn für den eigenen Bedarf und für gute Gäste hat Willy Huth noch immer eine Flasche im Keller. Schließlich hat Josef von Lipinski die Stückfässer nicht umsonst aus dem Zollgewölbe geborgen. Aber das muß der Reporter natürlich nicht wissen, sonst rennt die Kundschaft Herrn Huth die Tür ein. Offiziell gibt es nur Heißgetränke, darunter „Boulli", eine Kraftbrühe aus Eiweiß und dünner Bouillon. Plörre.

1947 zieht im Weinhaus Huth der erste Mieter ein. Der Verband Berliner Weingroßhändler ist dankbar für die Bleibe. Zwar fehlt noch immer das Dach, die meisten Fenster sind vernagelt, und Regenwasser läuft in die oberen Geschosse. Aber Willy Huth hat ein paar Zimmer im zweiten Stock herrichten lassen und bietet sie seiner Innung an. Mit dem Restaurant ließe sich nichts verdienen, hat Willy Huth dem Geschäftsführer, Dr. Rudolf Neumann, erzählt, aber die Mieteinnahmen könne er gut gebrauchen. Dr. Neumann unterteilt einen großen Raum und läßt ein langes Ofenrohr durch beide Räume legen, denn für die Zentralheizung ist kein Koks da. In einem der beiden Zimmer sitzt Dr. Neumann, im anderen seine Sekretärin. Das Ofenrohr ragt durchs Fenster nach draußen, und die Büros sind mehr als dürftig ausgestattet, aber Willy Huth stellt zur Begrüßung eine Flasche Wein auf den Tisch und bietet sogar Zigarren an. Der Geschäftsführer Dr. Neumann arbeitet zunächst ohne Gehalt, der Verband hat noch 110 Mitglieder, aber keinen Wein zum Handeln. Dem Weinhaus Huth gibt Dr. Neumann schon damals keine Chance mehr. „Der alte Huth war 70 und allein. Um rentabel zu arbeiten, hätte er modernisieren müssen, soweit das damals möglich war, aber dazu hatte er nicht mehr die Kraft." Das einzige, was Willy Huth jetzt noch retten kann, sind weitere Mieter. Aber die oberen Geschosse sind nicht bewohnbar. Schon im Juni 1946 hat er für das Haus eine Baugenehmigung beantragt, aber nicht bekommen. Am 26. August 1947 stellt er den Antrag noch einmal, und das Baupolizeiamt stellt fest, „daß die Zwischenwände infolge Kriegseinwirkung stark zerstört sind, während die Decke zur IV. Etage nur geringfügige Beschädigungen aufweist." Die Genehmigung wird erteilt, und die Baufirma Erwin Müller aus der Stargarder Straße macht einen Kostenvoranschlag in deutscher und englischer Sprache. Sie will 24.000 Mark haben. Willy Huth läßt die dritte Etage ausbauen, aber schon im September 1946 hat er kein Geld mehr für die anderen Geschosse. Der Grund, so schreibt er an die Baubehörde, sind „Währungsschwierigkeiten". Die Reichsmark ist nichts mehr wert, noch neun Monate sind es bis zur Währungsreform.

Das Dentaldepot Poppenberg zieht ins Haus, und Hildegard Hennings verläßt die Firma Huth. Fast 20 Jahre ist sie da gewesen, nun ist es genug. Sie weiß, daß Willy Huth in Schwierigkeiten steckt, „aber geredet hat er darüber natürlich nicht. Er war ja nicht sehr aufgeschlossen und hat immer strenge Grenzen gehalten. Den Krieg und seine Folgen hat er eben nicht verkraftet. Sein Haus zerstört – das durfte einem Huth doch nicht passieren." Frau Hennings wandert zu Poppen-

In den kümmerlichen Buden vor der Sektorengrenze am Potsdamer Platz decken sich die Angestellten vom Weinhaus Huth mit Pfannkuchen und Butter für ihre Gäste ein.

berg ab, und auch Gretchen Zieke geht. Der Chef schenkt ihr zum Abschied eine Flasche Kognak und eine Flasche Wein.

Die Weinhändler-Innung wird noch bis 1963 am Potsdamer Platz bleiben und Dr. Neumann dort den Aufstand des 17. Juni 1953 und den Mauerbau erleben. Anfang der achtziger Jahre zählt der Verband nur noch knapp 20 Mitglieder, und der Wein wird schon lange nicht mehr aus Fässern abgefüllt. Die Flaschen bringt der Lkw aus Westdeutschland.

Am 21. Juni 1948 kommt die langerwartete Währungsreform, zunächst nur in Westdeutschland. West-Berlin wird mit Rücksicht auf den Viermächtestatus von den Westalliierten zunächst ausgeklammert. Die dennoch verärgerten Russen reagieren am 23. Juni mit dem Umtausch von Reichsmark in Mark der Deutschen Notenbank (Ost) für ihren gesamten Machtbereich. Und der schließt – angeblich aus „wirtschaftlichen Gründen" – auch West-Berlin mit ein. Schon einen Tag später ordnen die amerikanischen, englischen und französischen Behörden für ihre Sektoren die Einführung der Westmark an. In Berlin gibt es nun zwei Währungen, und die Spaltung der Stadt beginnt.

Die Antwort aus dem Osten läßt nicht lange auf sich warten. Die sowjetische Militärverwaltung verhängt eine Blockade gegen West-Berlin. Autobahnen, Schiffahrtswege und Bahnlinien werden unterbrochen, die Lieferung von Lebensmitteln aus der Sowjetzone und aus Ost-Berlin stockt, die Stromzufuhr wird eingestellt. Während in den Westzonen der wirtschaftliche Aufschwung beginnt, versinkt Berlin im Dunkeln.

Willy Huth hat noch 839.081,05 Mark Schulden. Die werden nun im Verhältnis eins zu zehn umgerechnet, und so lasten nach der Währungsreform noch 83.908,11 Mark auf dem Gebäude. Das ist auch jetzt viel Geld – jeder Deutsche hat nur 40 Mark bekommen.

Amerikaner und Engländer fliegen Lebensmittel in die blockierte Stadt, es gibt Mashed Potato Powder und Swanson-Eipulver. Die Berliner halten ihr bißchen Geld zusammen, und wieder einmal bleiben im Weinhaus Huth die Gäste aus. Strom gibt es nur vier Stunden am Tag.

Im September 1948 wird der Gesamtberliner Magistrat, der im Ostberliner Stadthaus tagt, von kommunistischen Demonstranten gesprengt. Die Mehrheit der Abgeordneten zieht nach West-Berlin um. Immer tiefer wird die Spaltung. Am Potsdamer Platz kontrollieren wie überall an den Sektorengrenzen jetzt Volkspolizisten die Grenzgänger, und zum Jahresende hat

Berlin zwei Oberbürgermeister: Ernst Reuter im Westen und Friedrich Ebert, Sohn des früheren Reichspräsidenten, im Osten. Gegenüber von Huth strömen Studenten der Ost-Berliner Humboldt-Universität ins notdürftig restaurierte Esplanade und demonstrieren für eine Freie Universität in West-Berlin. Dabei ist auch Reuters Sohn Edzard, der spätere Daimler-Chef.

Willy Huth kommt nur noch selten in die Potsdamer Straße. Über der Stadt brummen die „Rosinenbomber", fast jede Minute landet eine Maschine auf den Berliner Flughäfen und draußen auf dem Wannsee die Flugboote. Willy Huth fehlen Mieter für die ausgebauten Räume im dritten Stock. Der *Tagesspiegel* bringt im November 1948 eine Reklametafel an der Fassade an, und Willy Huth kassiert dafür eine bescheidene Miete. Jeder Berliner Haushalt erhält für den Winter 25 Pfund Kohle. Im Grunewald ist mal wieder Holzauktion, und Berlin, die zerstörte Reichshauptstadt, wird zum Symbol des kalten Krieges. „Ihr Völker der Welt", hat Oberbürgermeister Reuter vor dem Reichstagsgebäude gerufen, „schaut auf diese Stadt!", und 350.000 Menschen jubelten ihm zu.

Elf Monate dauert die Blockade, und kaum ist sie zu Ende, da melden sich neue Mieter bei Willy Huth. Im Mai 1949 besichtigt das Baupolizeiamt nochmals das Gebäude. In den Grundbuchakten steht: „Dach fehlt, die oberen Geschosse sind unbewohnt. Die Decken weisen noch keine Gefahr aus, müssen jedoch laufend überprüft werden." Daneben hat jemand gekritzelt: „Das Fehlen des Daches hat unerträgliche Formen angenommen." Seit vier Jahren steht das Haus schutzlos im Regen. Das Wasser dringt bis ins dritte Geschoß. Willy Huth hat kein Geld. Der Putz bröckelt, überall sind Einschußlöcher.

Das Weinhaus Huth erstickt an der Trostlosigkeit ringsum. Seine Existenz ist sinnlos geworden, das fühlt auch Willy Huth. Da trifft es sich, daß der Inhaber eines anderen Berliner Traditionslokales nach einer neuen Bleibe sucht. Heinz Klaussner, in der Ostberliner Krausenstraße ausgebombt, arrangiert sich mit dem müden Herrn Huth. Am 7. Juni 1949 beantragt er die Konzession für sein neues Lokal in der Potsdamer Straße 5, das wie früher „Zum Klaussner" heißen soll. Das Weinhaus Huth verschwindet, zum erstenmal nach 37 Jahren steht ein anderer Name auf den Speisen- und Getränkekarten im Erdgeschoß.

Achtzehnhundert Mark Pacht im Monat muß der Herr Klaussner an Willy Huth bezahlen, zwei Drittel in Ostmark, ein Drittel in Westmark. Frau Hennings hat den neuen Inhaber noch in guter Erinnerung – „der sauste in einem flotten Ledermantel rum". Gute Geschäfte hat sich der Herr Klaussner am Potsdamer Platz versprochen, noch blüht ja das Leben in den Ruinen. Im Haus Huth hat die Berliner Börse ein paar Räume gemietet, und unten ist ein Wettbüro.

Nach der Blockade füllen sich auch in Berlin die Schaufenster, und am Potsdamer Platz verschwinden die letzten Reste des Schwarzen Marktes. Es wird immer stiller, und Herr Klaussner erzählt, er habe sich wohl damals Illusionen über den Verkehr zwischen den beiden Stadthälften gemacht. „Zum Klaussner", „Deutschlands ältester Pilsner-Ausschank", wie Herr Klaussner sagt, kommt am Potsdamer Platz nicht auf die Beine.

Nach ein paar Monaten möchte Willy Huth die gesamte Miete in Westmark haben, Heinz Klaussner droht die Pleite, und da streitet er sich mit seinem Hausherrn vor Gericht. „Das war ein Hagestolz mit überhohem Vatermörder und verschlucktem Stock", erzählt Herr Klaussner, „der stand dem Leben im Wege."

Im September 1949 wird unterm Funkturm die erste Automobilausstellung nach dem Krieg eröffnet. Der VW-Käfer, der schon vor elf Jahren die Deutschen beglücken sollte, ist nun endlich für jeden zu kaufen, sogar als Cabrio. Im Oktober wird die DDR gegründet, und die Westberliner singen:

„Der Insulaner verliert die Ruhe nich.
Der Insulaner liebt keen Jetue nich.
Der Insulaner hofft unbeirrt,
daß seine Insel wieder 'n schönet Festland wird."

Das wird noch 40 Jahre dauern, aber es geht aufwärts in Berlin, aufwärts auch bei Willy Huth, der Ende Oktober die Firma Hermann Pfotenhauer in der Fasanenstraße mit der Fertigstellung der oberen Stockwerke beauftragt. Neue Zwischenwände werden eingezogen, Küchen und Toiletten eingebaut, und unterm Dach kommt noch ein Geschoß hinzu. Die Renovierung dauert fast ein halbes Jahr und kostet 125.000 Mark. Willy Huth, der sich mit seinem Weinhandel gerade so am Leben hält, könnte das nie bezahlen. Aber die Baubehörde hat ihm fürs Haus 21 Mietwohnungen genehmigt, und dafür gibt es, aus ERP-Mitteln, einen Kredit von 260.000 Mark. Anderthalb Millionen Goldmark hat das Haus 1912 gekostet, jetzt ist es nur noch ein Drittel wert. Die Baubehörde taxiert es auf 478.700 Mark und stuft es als zu 20 Prozent beschädigt ein – das ist der Preis für die Bombennacht von 1943 und die jahrelange Verwahrlosung danach.

Das Haus in der Potsdamer Straße ist kein Prachtstück mehr. Die eichenholzgetäfelten Wände im ersten Stock sind zum größten Teil verschwunden. Das Holz wurde in den ersten Nachkriegswintern verheizt. Verschwunden sind auch die Bilder von Bismarck und vom Kronprinzen, und nur im Treppenhaus haben die altdeutschen Buntglasfenster von Willy Huths Schwiegervater, dem Glaser Bodo Diede, Krieg und Nachkriegszeit überlebt.

In Berlin gibt es 300.000 Arbeitslose. Die Demontagen nach dem Krieg, die Insellage der Stadt und die Kontrollen auf den Interzonenautobahnen machen die ehemalige Reichshauptstadt zum Stiefkind des Wirtschaftswunders. Die Westdeutschen müssen für zwei Pfennig Notopfer-Marken auf Postsendungen kleben – die Berliner kommen sich wie Bettler vor.

Am Potsdamer Platz werden die Ruinen abgerissen. Haus Rheingold und Volksgerichtshof sind schon kurz nach dem Krieg verschwunden, jetzt folgen Speers Neue Reichskanzlei, das Prinz-Albrecht-Palais in der Wilhelmstraße und die SS-Gebäude in der Prinz-Albrecht-Straße.

Über den Potsdamer Platz fahren Lastkraftwagen mit Jugendlichen, die rote Fahnen schwingen. Im Mai 1950 findet in Ost-Berlin das „Deutschlandtreffen" der Freien Deutschen Jugend statt. Die 700.000 Teilnehmer wollen im Westteil der Stadt demonstrieren. Die West-Berliner haben Angst vor einer kalten Annexion, nicht zum ersten- und nicht zum letztenmal, aber dann bleiben die Demonstrationen aus.

Die Sektorengrenze am Potsdamer Platz wird scharf kontrolliert, es kommen kaum noch Besucher von drüben, und Herr Klaussner kann überlegen, wovon er seine Miete zahlt. Im Schöneberger Rathaus läutet die Freiheitsglocke, Herr Adenauer – einst Stammgast bei Huth – kommt zum erstenmal als Bundeskanzler in die Stadt, die er nicht leiden kann, und immer mehr Menschen flüchten aus den sowjetisch besetzten Gebieten nach West-Berlin, 8.000 jeden Monat.

Georg Wehner, der von 1926 bis 1929 Lehrling war im Haus Huth, ist aus der Gefangenschaft zurückgekehrt und besucht am Potsdamer Platz seine alte Arbeitsstelle. Das ist ein trauriges Wiedersehen, denn es gibt ja kein Weinhaus Huth mehr und keine Festsäle im ersten Stock. Die Küche ist verkleinert, für Herrn Klaussner arbeitet nur wenig Personal, und Herr Wehner muß an die Kochbrigade in den zwanziger Jahren denken, wo sie 16 Köche waren und fünf Lehrlinge obendrein. Herr Wehner spricht auch mit seinem alten Chef, aber der ist unnahbar wie immer.

Unten im Haus ziehen neue Mieter ein, eine Wechselstube, ein Tabakwarenladen und ein Reisebüro von drüben aus dem Columbus-Haus. Für den Inhaber ist es ein Umzug von Ost nach West, von einer Welt in die andere, aber hier am Potsdamer Platz keine weite Reise, nicht mal 100 Meter.

In Berlin wird das Luftbrückendenkmal eingeweiht, und 1951 findet zum erstenmal wieder eine Grüne Woche statt. Im Haus Huth vergeht Herrn Klaussner die Lust. Zwei Jahre hat er sich in der Potsdamer Straße geplagt, nun ist es genug. Willy Huth sucht einen Nachmieter und findet keinen. Da muß er das Restaurant wieder selbst übernehmen, noch einmal ersteht das Weinhaus Huth.

Am Potsdamer Platz tobt der kalte Krieg, die Westberliner Zeitungsverleger haben ein über 20 Meter hohes Gerüst errichten lassen und strahlen die Nachrichten der „freien Welt" nach drüben.

Am 2. Juli 1951 stirbt Professor Ferdinand Sauerbruch, der so oft bei Huths in der Potsdamer Straße gesessen und in der Villenetage am Lützowplatz gefeiert hat. Willy Huth verliert seine Freunde. Wie ein Denkmal steht er in der neuen Zeit.

Zum Jahresende werden die Schulden der Firma Huth neu geordnet. Noch liegen ja Hypotheken aus den zwanziger Jahren und von 1943 auf dem Haus. Hinzu kommen die Aufbaukredite nach dem Krieg, das sind zusammen mehr als eine Million Mark. So hoch sind die Schulden auch bei Baubeginn gewesen, damals im Jahre 1911. Vier Jahrzehnte sind seitdem vergangen, und nichts hat sich geändert. Die Familie drängt Willy Huth, den Bau in der Potsdamer Straße zu verkaufen, aber das bringt er nicht über sich. Das alte Weinhaus Huth ist nur noch ein Schatten, aber Willy Huth hängt nun mal an dem Besitz. Soll denn alles umsonst gewesen sein? Noch träumt Willy Huth, am Potsdamer Platz würde alles wieder so wie einst. Noch träumen auch die West-Berliner von einer Wiedervereinigung der Stadt, die Behörden planen Straßen, als sei Berlin keine geteilte Stadt und die Stadtmitte so lebendig wie in den 20er Jahren.

Auch in Ost-Berlin gibt es seit 1949 einen „General-aufbauplan", und drüben wie hüben werden die ruinösen historischen Gebäude geschleift. Es verschwinden – trotz aller Proteste – das Hohenzollern-Schloß und die Ruine der Kroll-Oper, in der das „Ermächtigungsgesetz" beschlossen wurde. Noch 1945 sind in einer Karte der Gebäudeschäden Haus Vaterland, Fürstenhof, Columbus-Haus, Esplanade und die gut erhaltene Neue Reichskanzlei als „wieder aufbaufähige Gebäude" bezeichnet worden. Aber nur vom Esplanade blieb ein kläglicher Rest, die anderen Bauten gibt es längst nicht mehr. Sogar der Ruine der Gedächtniskirche, heute ein Symbol der Stadt, drohte die Abrißbirne, und erst die Proteste der Berliner Bevölkerung verhinderten die Beseitigung der symbol-trächtigen Ruine. Am Potsdamer Platz aber blieb kein Stein auf dem anderen, freier Blick vom Gelände des Potsdamer Bahnhofes bis zum Brandenburger Tor.

Im Tiergarten blühen wieder die Bäume, kümmerliche Bäume noch. Am 18. Mai 1952 wird der Anhalter Bahnhof stillgelegt, und die Fernzüge fahren jetzt über den Bahnhof Zoo nach Ost-Berlin.

Im März 1952 füllt sich das Haus Huth mit Mietern. Die 21 Wohnungen sind fertig, und die Familie Huth zieht in den vierten Stock. Von Hohengatow ist es einfach zu weit in die Stadt, endlos die Fahrt zum Potsdamer Platz, wo Willy Huth neben den Schoppenstuben seinen kleinen Weinhandel betreibt. Der Küfer Josef von Janta-Lipinski hat nicht mehr viel zu tun, weil der Wein nun nicht mehr abgefüllt wird wie einst, es verschwinden die Fässer im Keller und die Etikettiermaschine.

Berlin wird immer mehr zur Insel. Die Straßen ins Umland werden von den Ost-Berliner Behörden mit Eisenschienen und Erdwällen abgesperrt.

Willy Huth kauft sich wieder einen Wagen, nein, keinen schwarzen Horch diesmal, sondern einen Volkswagen, Kennzeichen KB 038-283, und er hat sogar wieder einen Fahrer, Karl, den alle „Onkel Karlchen" rufen. Dora, für die Mieter immer noch die „gnädige Frau", muß nun selbst ihre Einkaufstaschen in die vierte Etage schleppen. Ein Fahrstuhl wird erst später eingebaut. Auch Anna Hoop, die 1911 als Dienstmädchen nach Berlin gekommen ist und das feine Weinhaus Huth damals nur von außen sah, gehört jetzt zu den Hausbewohnern und wird vom Herrn Huth gegrüßt, wer hätte das gedacht.

Fahrräder im Flur, das gibt es bei Willy Huth natürlich nicht. Mülleimer müssen über die Hintertreppe nach unten gebracht werden, und als eines Tages der neue Fahrstuhl kommt, da verbittet sich Herr Huth, daß Mieter damit ihre Möbel transportieren.

Willy Huth geht täglich im Tiergarten spazieren, „ein hagerer, dünner Kerl, stets mit Stock", so hat ihn ein Mieter beschrieben, „der an die Karikatur eines pensionierten Gardeoffiziers erinnerte". „Der alte Huth", sagt der Herr Liedtke, 97 Jahre alt und 1952 als einer der ersten Mieter ins Haus gezogen, „war eben sehr konservativ. Der hat früher mal was dargestellt, und man mußte verstehen, mit ihm umzugehen. Wer ihn als Chef anerkannte, kam gut mit ihm zurecht." Für Herrn Liedtke ist das kein Problem, er ist ja selbst noch in des Kaisers herrlichen Zeiten groß geworden und hat mit seinem Vater „Hurra!" geschrien, wenn der Hohenzoller hoch zu Roß Unter den Linden ritt.

Die meisten Mieter sind froh über ihre Wohnung am Potsdamer Platz, auch wenn man aus den Fenstern nur auf Trümmer blickt. Es ist 1952, da darf man nicht wählerisch sein. Es gibt genügend Läden in den Ruinen ringsum und sogar einen Wochenmarkt. Vorm Haus fährt die Straßenbahn, auch wenn es nicht mehr 40 Linien sind wie vor dem Krieg. Aber da sind ja auch U- und S-Bahn, wo man mit billigem Ostgeld zahlen kann, denn die Stationen liegen im sowjetischen Sektor.

Ost-Berliner bringen Blutwurst über die Sektoren-grenze und verkaufen sie auf dem Markt gegen Westgeld. Eine kümmerliche Idylle macht sich breit, und die Mieter im Haus Huth leben mit ihren Sozialwohnungen mittendrin.

Am 17. Juni 1953 sind mehr Menschen als sonst am Potsdamer Platz. Schon am Tag zuvor hat es in Ost-Berlin wegen einer drastischen Erhöhung der Arbeits-normen Unruhen, Demonstrationen und spontane Arbeitsniederlegungen gegeben. Bauarbeiter aus der Stalinallee sind zum Haus der Ministerien – früher Görings Luftfahrtministerium – in der Leipziger Straße marschiert und haben Walter Ulbricht und Otto Grotewohl sprechen wollen, ohne Erfolg. Am nächsten

Willy Huth vor seinem Haus, das er 1912 errichtet hat und bis zum seinem Tod 1967 bewohnt. Ein Jahr später verkaufen seine Angehörigen es an das Bezirksamt Tiergarten.

Morgen ziehen erneut über 25.000 Demonstranten in die Stadtmitte Berlins. Schon morgens um sieben wird es unruhig am Potsdamer Platz. Die Demonstranten kommen aus allen Richtungen. Im Haus Huth hängen die Bewohner aus den Fenstern. Die Menge schreit „Weg mit den Normen!" und „Weg mit Ulbricht!". Willy Huth und ein paar Mieter fahren mit dem Fahrstuhl in den sechsten Stock und gehen aufs Dach. Von dort aus haben sie einen weiten Blick bis hinein in die Leipziger Straße.

Auch Herbert Schierstedt, der später einmal im Haus Huth wohnen wird, ist an diesem Tag zum Potsdamer Platz gefahren. Hier war er schon als Kind, hat Berlins erste Verkehrsampel bestaunt und ist im Kaufhaus Wertheim so lange Fahrstuhl und Rolltreppe gefahren, bis man ihn rausgeworfen hat. Auch das Weinhaus Huth kennt er noch aus dieser Zeit, „da gingen lauter reichbetuchte Leute rein, mit Pelzkragen und im Ledermantel, man hat geguckt und hat gestaunt, denn unsere Mutter hatte für solche Lokale kein Geld".

Und nun steht Herr Schierstedt auf dem Dach der Esplanade-Ruine und sieht in der Leipziger Straße die russischen Panzer kommen. Die Volkspolizei gibt Warnschüsse ab, und die Menschen rennen, hasten über den Potsdamer Platz und suchen hinter den U- und S-Bahn-Schächten Deckung wie einst der SS-Oberscharführer Karl-Heinz T. mit seinem Panzer. In der Bellevuestraße brennt ein Ost-Berliner Zeitungs-kiosk, im Columbus-Haus hat die Volkspolizeiwache ihre Uniformen aus dem Fenster geworfen und ist getürmt. Radioreporter von westlichen Sendern rufen „Nicht schießen!" durch ihre Lautsprecher, aber es wird doch geschossen, und auf dem Dach suchen die Mieter hinter dem Schornstein Deckung. „Gegen Mittag", sagt der Herr Schierstedt, „wurde die Knallerei immer schlimmer." Das Columbus-Haus mit der Wache der Volkspolizei und das Haus Vaterland werden von der aufständischen Menge angezündet, es wird nach Waffen gerufen, aber die westlichen Alliierten stehen abseits. Ein Eingreifen hätte Krieg bedeutet. Vom Brandenburger Tor wird die rote Fahne geholt, überall kommt es zu blutigen Zusammenstößen mit der Volkspolizei. Am Potsdamer Platz fahren die russischen Panzer durch die Menge, junge Leute aus Ost- und West-Berlin schlagen mit Knüppeln auf die Tanks ein, werfen mit Steinen, es nützt nichts, die Demonstranten werden auseinandergetrieben, der Ausnahmezustand wird verhängt. „Gegen zwei Uhr mittags", erzählt Herr Schierstedt, „wurde es brenzlig." Tausende flüchten jetzt über die Sektorengrenze in den Westen, ohnmächtig schauen sie den Panzern zu und der Kasernierten Volkspolizei. „Die Unruhen", so erklärt der DDR-Ministerpräsident Otto Grotewohl am nächsten Tag, wieder obenauf, „sind das Werk von Provokateuren und faschistischen Agenten ausländischer Mächte und ihrer Helfershelfer aus deutschen kapitalistischen Monopolen."

Abends um sieben wird es still auf dem Potsdamer Platz. Willy Huth hat vor seinem Haus zum zweitenmal eine deutsche Revolution erlebt.

Es gibt einen Augenzeugen, der an diesem Tag als Volkspolizist gegen den Aufstand vorging. Wilfried Pilz war damals 18 Jahre alt und Soldat im Wachregiment Adlershof der Kasernierten Volkspolizei. Das Wachregiment war eine Elitetruppe des Ministeriums für Staatssicherheit und bewachte in Ost-Berlin alle wichtigen Gebäude. Am 17. Juni stand Wilfried Pilz in seiner olivgrünen Uniform mit dem roten Mützenband vor dem Haus der Ministerien in der Leipziger Straße und hatte Angst. Volkspolizist ist er nur geworden, weil man da sein Auskommen hatte mit 300 Mark im Monat, freiem Essen und Unterkunft. So geriet er über die Bereitschaftspolizei zum Wachregiment Adlershof und zum Objektschutz in die Leipziger Straße. Dort steht er am Morgen des 17. Juni und wartet, in den Händen eine russische Maschinenpistole mit Trommelmagazin, die erst am Abend zuvor gegen den alten Wehrmachtskarabiner 98 k ausgewechselt worden ist. Wilfried Pilz hat noch nie mit einer Maschinenpistole geschossen. Die Waffen sind unbenutzt.

Lassen wir ihn erzählen.

„Wir sind 90 Mann gewesen. Für ein so riesiges Objekt wie das Haus der Ministerien war das gar nichts. 30 meiner Kameraden bewachten das Gebäude drinnen, wir anderen standen draußen auf der Straße. Es war noch früh am Morgen, es hatte stark geregnet, und wir warteten auf die Demonstranten. Ohne Stahlhelm, nur mit Käppi. Wir wußten überhaupt nicht, worum es ging. Proteste gegen die Arbeitsnormen sollte es gegeben haben, aber auf Demonstrationen waren wir nicht vorbereitet. Auch für die Regierung war das ein Schock.

Gegen zwölf hörten wir so ein merkwürdiges Gesumme, das immer näher kam. Dann sahen wir die vielen Menschen. Am Anfang ging es noch recht friedlich zu. Wir haben nur die roten Fahnen und die Spruchbänder vermißt. Etwa 50 Meter vor unserer Schützenkette machten die Leute halt, da haben wir zum erstenmal gemerkt, daß es ernst wird. Das war ein Gefühl im Magen, als ob man Luftschaukel fährt. Die Menschen waren wahnsinnig aufgeregt, haben geschrien und fingen an, mit Steinen zu werfen. Dann rückten sie immer näher. Unsere Zugführer, Feldwebel und Oberfeldwebel, haben gerufen: »Nicht schießen, abwarten. Erst wenn's gar nicht mehr geht, ein paar Salven in die Luft.«

Der Ring ums Haus wurde immer enger. Die Leute drängten nach vorn, und dann kam der Schießbefehl. Wir schossen in die Luft, und die Menge wich einen Moment zurück. Getroffen haben wir niemand, nur bei uns waren mehrere Leute durch Steinwürfe verletzt. Die Demonstranten waren durch die Schüsse derart erregt, daß wir uns keine zehn Minuten länger hätten halten können. Die hätten uns wahrscheinlich erschlagen. Aber was sollten wir denn machen? Wir mußten uns doch gegen die Übermacht wehren, das waren ja Tausende von Leuten.

Plötzlich hörten wir ein lautes Rasseln. Die ersten russischen Panzer kamen, fuhren mitten durch die Menge und trieben sie so auseinander. Wir haben weiter wie die Wahnsinnigen in die Luft geballert, dann eine Schützenkette gebildet und die Leute in Richtung Potsdamer Platz abgedrängt. Dort war die Grenze mit einem weißen Strich markiert. Ein paar von uns sind im Eifer auf westliches Gebiet geraten, wurden aber sofort zurückgepfiffen.

Aus dem Columbus-Haus, wo sich die Wache der Volkspolizei befand, flogen Akten und Möbel. Ich kann das verstehen, die Menschen mußten ihrer Wut irgendwie Luft machen, obwohl darunter sicher Leute aus dem Westen waren, die einfach nur Randale machen wollten."

Am Nachmittag ist der Aufstand niedergeschlagen, und der Staatssicherheitsdienst verhaftet vermeintliche Rädelsführer aus der Menge heraus. Über 100 werden ins Haus der Ministerien gebracht und dort im Innenhof zusammengetrieben, einige von sowjetischen Standgerichten abgeurteilt und erschossen.

Herr Pilz hat damals geglaubt, er hätte an diesem Tag das Vaterland vorm Volk gerettet. Er und seine Kameraden werden von den Offizieren für ihre Tapferkeit gelobt. Sie waren nicht tapfer, sie hatten nur Angst.

Nur langsam verschwinden in Berlin die Spuren des Krieges. Das Brandenburger Tor ist mit Einschußlöchern übersät. Am Potsdamer Platz stehen die traurigen Reste einer glanzvollen Vergangenheit – Columbus-Haus, Potsdamer Bahnhof, Haus Vaterland. Verbrannte Fassaden mit leeren Fensterhöhlen. Ein neues Berlin entsteht, Gedenkbibliothek, Urania, Freie Universität, eine andere Architektur, eine andere Welt. Der Potsdamer Platz gehört nicht dazu. Er rückt an den Rand der neuen Stadt, ins Niemandsland. Weit weg ist der Kurfürstendamm, die neue Stadtmitte im Westen der geteilten Stadt.

Ein Niemand im Niemandsland ist nun auch Willy Huth, von dessen Weinhaus nur die Schoppenstube blieb. Hier an der Grenze wachsen keine neuen Häuser. Die Zeit steht still.

Unten im Haus Huth vermittelt ein fliegendes ,schwarzes' Arbeitsamt Grenzgänger von drüben an West-Berliner Firmen, und in der Kneipe gegenüber bieten sich Frauen aus Ost-Berlin für Westmark als Prostituierte an. Immer wieder ist Razzia am Potsdamer Platz.

In der baufälligen Ruine des Hotels Bayernhof haben sich ein paar Werkstätten provisorisch eingerichtet, wohnen Mieter, bis eines Tages das eiserne Eingangstor einen Mann erschlägt. Da wird der Bayernhof abgerissen.

Im Januar 1954 treffen sich in Berlin die alliierten Außenminister, Herr Molotow fährt in einer schwarzen Limousine über den Potsdamer Platz zur Konferenz in der Alliierten Kommandantur im Kleistpark, und Herr Pilz, noch immer bei der Kasernierten Volkspolizei, steht Wache an der Grenze. Es sind fast 30 Grad minus, die Vopos haben keine Winterkleidung, und Herr Pilz schmiert sich eine Schutzsalbe ins Gesicht.

Willy Huth ist 77. Er geht im Tiergarten spazieren, mit Stehkragen und schwarzem Homburg, achtet auf Zucht und Ordnung in seinem Haus. Mieter, die nicht hören wollen, müssen sich auch mal als „Lausejungs" beschimpfen lassen. Er hat keine 100 Angestellten mehr, sondern nur noch ein knappes Dutzend unten in der Schoppenstube, aber er ist noch immer eine Respektsperson. Der Verband Berliner Weinhändler ernennt ihn zu seinem Ehrenmitglied.

„Das waren noch richtig vornehme Leute", sagt die Mieterin Elisabeth Rossmeisl verklärt, „wie aus der Kaiserzeit." Als junges Mädchen von 17 hat sie sich vor dem Krieg mit ihren Freundinnen bei Huths unten in der Schoppenstube getroffen, „denn oben war ja ein Prominentenrestaurant, da kam unsereins nicht rein". Sie erinnert sich noch an die Schilder „Huths Weinstuben" entlang der Bahnstrecke nach Berlin, weit draußen vor der Stadt.

Die alten Zeiten schwinden dahin, die großen Namen auch. Wilhelm Furtwängler stirbt, Max Pechstein, Gottfried Benn, Bertolt Brecht. 1956 wird am Potsdamer Platz die Ruine des Hotels Fürstenhof abgerissen, im Februar 1957 der Potsdamer Bahnhof, der schon lange stillgelegt ist. 83.000 Reisende täglich, das war einmal.

Margarete Marx, Mieterin im Haus Huth, kennt den Fürstenhof noch aus dem Krieg, als man bei leiser Musik vor Kaffee und Kuchen saß, obwohl die meisten Fenster schon vermauert waren. Sie denkt an die Tanztees. „Wenn das aus der Asche erstehen würde…" Aber auf dem Gelände am Leipziger Platz wird einmal Sony bauen, stehen Mauerreste.

Bernhard Etté, der Orchesterkönig, hat hier früher gespielt, die Menschen tanzten Tango und Shimmy – vorbei. Bei Huths im Hausflur wird illegaler Schnaps verkauft.

Willy Huth träumt von vergangenen Zeiten. Der Tochter einer Mieterin sucht er alte Weinetiketten mit dem Aufdruck Weinhaus Huth aus dem Keller. Dort unten ist es still geworden. Kein Fräulein van der Straeten sitzt mehr an der Etikettiermaschine, die großen Stückfässer sind verschwunden, Regale und Weinkühler liegen unter Trümmerschutt.

Der Lützowplatz, auf dem einmal die Huthsche Villa stand, wird neu bebaut. Dahin ist die Idylle aus der Bürgerzeit, und auf der abgeräumten Fläche wird 1956 das Hotel Berlin errichtet. Willy Huth verkauft seinen Grundstücksanteil an die Hotelgesellschaft. Die Feste am Lützowplatz sind nur noch Erinnerung.

Senat und Bundesregierung aber träumen von einem glanzvollen Neubeginn. 1957 wird der „Wettbewerb Hauptstadt Berlin" ausgeschrieben, als stünde die Wiedervereinigung unmittelbar bevor. Vier Jahre vor dem Mauerbau werden Parlament und Kanzleramt geplant, ein Palais für den Staatspräsidenten, über 50 Botschaften und Konsulate.

Zur Weltstadt gehören natürlich auch Weltstadtstraßen, und so entsteht auf dem Schlachtfeld der Stadtplanung ein gewaltiges Schnellstraßennetz, werden Schneisen durch Wohnviertel geschlagen, verschwinden historische Straßenzüge. Durch die Innenstadt sollen siebenspurige Autobahnen verlaufen, in Tunneln und auf Stelzen – Los Angeles läßt grüßen. Der Potsdamer Platz soll einer gigantischen Straßenkreuzung weichen und die alte Potsdamer Straße so rabiat verbreitert werden, daß für das Weinhaus Huth kein Platz mehr ist. Obwohl die meisten Pläne mangels Wiedervereinigung nicht Wirklichkeit werden, kommt es in der Stadtmitte zur systematischen Abräumung des ruinösen Baubestandes. 1959 werden von den 529 Gebäuden, die hier 1940 standen, noch 49 vorhanden sein, davon 22 als Ruinen.

Im Bebauungsplan ist eine Reduzierung auf 16 vorgesehen. Eine Steppenlandschaft macht sich breit, Berlins Stadtmitte wird von den Ellenbogenhelden des Wirtschaftswunders planiert. Unrettbar verschwinden die historischen Ruinen.

Für den „Wettbewerb Hauptstadt Berlin" haben die Stadtplaner und Architekten auch Ost-Berlin vereinnahmt, als hätten sie dort etwas zu sagen. Aber die DDR-Behörden haben von einer Hauptstadt andere Vorstellungen und für die Neugestaltung der verwüsteten Stadtmitte den eigenen sozialistischen Kopf.

An der Wilhelmstraße stehen noch die Ruinen der Hohenzollernherrschaft und des NS-Regimes. So geht der Diplom-Gärtner Walter Hinkefuß an eine Arbeit, die ihm später viel Ärger machen wird. Er sollte die verwüstete Innenstadt verschönern. „Der Herr Ulbricht", so erzählt er, „wollte Ordnung in der Stadt. Er hat angeordnet, die Ruinen abzuräumen. Die Neue Reichskanzlei war bis zur Fußbodenoberkante abgetragen worden, die Keller verfüllt und planiert. Solche freien Flächen werden schnell mit Abfall belegt, und dann wirbeln bei jedem Wind und Wetter riesige Staubfahnen auf. Deshalb sollten in einer ‚Aktion Zwischenbegrünung' die alten Ministergärten in der Wilhelmstraße wiedererstehen, der Tiergarten sollte so näher an die Stadt gezogen werden. Häuser wollte man damals aus politischen Gründen nicht so dicht an der Sektorengrenze."

Viel zu tun für Herrn Hinkefuß: Die Goebbels-Villa und das alte Reichskanzler-Palais werden abgerissen, die Flächen mit 30 Zentimeter Mutterboden bedeckt, und Gras wird ausgesät. Von einem Erholungspark entlang der Sektorengrenze hat der Gärtner damals geträumt, Dauergrünflächen wollte er „aus dem steinernen Berlin herausschneiden" – wäre bloß in 27

Metern Tiefe der Führerbunker nicht gewesen, von dem ein spitzes Türmchen, Ausgang und Luftschacht, acht Meter hoch in die Gartenlandschaft ragt. Hier sind am 30. April Hitlers und Eva Brauns Leichen nach oben geschafft und verbrannt worden. Die Alliierten haben den Turm nach Kriegsende gesprengt, aber der Klotz ist nur umgestürzt, „und die Abbruchfirma sah sich außerstande, die tonnenschweren Reste zu entfernen", sagt der Gärtner Hinkefuß.

Was nun? Er hat eine Idee. Man könnte den Betonbrocken unter einer Erdschicht verbergen und nach dem Vorbild japanischer Gärten eine Hügellandschaft anlegen. Das gefällt auch dem Ost-Berliner Stadtplanungsamt, und so werden die Bunkerreste mit Wänden umzogen, Erde wird aufgeschüttet. Bald erhebt sich über dem Betonklotz ein Hügel, der den Grenzposten im Osten als Beobachtungsposten dient. Es war kein guter Einfall. Drüben an der Grenze stehen nun die Westtouristen und zeigen mit den Fingern auf die Erhebung. Der Gärtner muß sich von seiner Behörde sagen lassen, er habe für Hitler „eine Art altgermanisches Hünengrab" errichtet.

Eine Insel im Nirgendwo

In Ost-Berlin werden 1958 die Lebensmittelkarten abgeschafft, und im Westteil der Stadt regiert Willy Brandt. In Moskau kündigt Nikita Chruschtschow das Vier-Mächte-Statut für Berlin auf und fordert, West-Berlin in eine „freie entmilitarisierte Stadt" umzuwandeln, notfalls werde er dabei nachhelfen. Angst geht um in der Stadt, obwohl die Frist des Ultimatums verstreicht, ohne daß etwas passiert.

Das Leben geht weiter. Bubi Scholz wird Europameister im Mittelgewicht, und im Sportpalast zerlegen ,Halbstarke' nach einem Bill-Haley-Konzert das Mobiliar.

Es stirbt die unscheinbare Else Steuer, geborene Huth, und ihr Bruder Willy ist jetzt Alleininhaber. Doch das Haus Huth hat keine Zukunft mehr, das hat Willy Huth nun endlich begriffen. Er resigniert vor der Trostlosigkeit ringsum und schließt endgültig seine Schoppenstube. Den Namen Weinhaus Huth verkauft er an das Hotel Berlin, zusammen mit dem Rest des Tafelsilbers. Die Firma Huth besteht nicht mehr.

Ein Segen habe auf dem Haus Huth geruht, hat der Festredner Max Broemel bei der Eröffnungsfeier am 2. Oktober 1912 gesagt, und „möge dieser Segen auch den jetzigen Inhabern beschieden sein, möge ihrem redlichen Streben und ihrer rüstigen Tüchtigkeit ein voller Erfolg zuteil werden." Der Redner hat nichts geahnt von Weltkriegen und Revolutionen, Bombennächten und Mauerbau am Potsdamer Platz. Die Berliner Stadtmitte ging darüber zugrunde und mit ihr die Firma Huth.

Nun gibt es hier nur noch das Haus mit der grauen Fassade, den verrosteten Eisenträgern und dem Trümmerschutt im Keller. Willy Huth will es noch immer nicht verkaufen. Er könnte nach Hohengatow ziehen, ins Sommerhäuschen, aber er will nicht weg vom Potsdamer Platz und wird dort bleiben bis zu seinem Tod.

In Ost-Berlin wird der Kellermeister Josef von Janta-Lipinski zu vier Jahren und neun Monaten Zuchthaus verurteilt. Fast 25 Jahre hat er dem Haus Huth gedient, und nun wird ihm die Firma zum Verhängnis. Ein Weinvertreter Huths hat drüben für die Amerikaner spioniert, und Herr von Lipinski soll ihm dabei geholfen haben. Das stimmt nicht, aber es ist kalter Krieg in Berlin – Lipinski hat den Vertreter ab und zu in seinem Auto mitgenommen, das genügt.

„Der Kellermeister Josef von Janta-Lipinski", so steht es am 1. September 1959 in der Ost-Berliner *Neuen Zeit*, „der bei der Weingroßhandlung Huth & Sohn in Berlin-Tiergarten tätig war, wurde von dem Mitarbeiter des amerikanischen Geheimdienstes Johannes Krause aus Berlin-Schöneberg zur Militärspionage angeworben." Von den fünf Jahren Zuchthaus muß Lipinski nur neun Monate absitzen, denn im September 1960 stirbt DDR-Präsident Wilhelm Pieck, und es gibt eine Amnestie. Nach der Haft ist Lipinski fertig, er hat Schüttelfrost und eine nervöse Erschöpfung. Grauenhaft ging es zu in den ostdeutschen Zuchthäusern der fünfziger Jahre. Der Schriftsteller Walter Kempowski hat darüber das Buch *Im Block* geschrieben, Josef von Janta-Lipinski ist kein Schriftsteller und sagt nur: „Da wurde viel gequält und viel gestorben." Fünf Jahre Knast hätte er nicht überlebt.

1960 spricht Billy Graham in Berlin vor über 130.000 Menschen. Auf dem Dach der Ruine vom Haus Vaterland wachsen Birken, Kinder schaukeln in den Ästen, und besorgte Mieter im Haus Huth rufen die Polizei. Immer stiller wird es am Potsdamer Platz.

Willy Huth geht manchmal aufs Dach und blickt lange auf die Brachlandschaft. Er hat ja nicht mehr viel zu tun. In seinem Büro im ersten Stock, einem der früheren Festräume, kassiert er einmal im Monat die Miete vor eichenholzgetäfelten Wänden.

Im Frühjahr 1961 wird es im Haus Huth noch einmal lebendig. Im ersten Stock wird das Lokal Wiener Heurigen eröffnet, aber am Potsdamer Platz lassen sich keine Geschäfte mehr machen. Die Weinlieferantin Lina Buhmann bleibt auf unbezahlten Rechnungen sitzen, da beschließt sie, das Restaurant selbst zu übernehmen. Am 1. Juni 1961 beantragt sie die Konzession für den Wiener Heurigen, zehn Wochen vor dem Mauerbau, aber Frau Buhmann kann schließlich nicht hellsehen.

Seit Ostern sind immer mehr Flüchtlinge nach West-Berlin gekommen, im Juni waren es 20.000, im Juli zweieinhalbtausend an einem einzigen Wochenende.

Angst vor einer Sperrung der Grenze geht um, und das Notaufnahmelager in Marienfelde kann die Flüchtenden kaum noch fassen. Niemand habe die Absicht, eine Mauer zu errichten, hat Herr Ulbricht noch im Juni erzählt, da wird im Osten schon der Stacheldraht gestapelt, auch auf dem Gelände der Kasernierten Volkspolizei in Adlershorst, wo Wilfried Pilz noch Dienst tut. Draußen stehen die Patrouillen der Amerikaner am Zaun und sehen dabei zu.

Am 13. August wird die Frau Rossmeisl, Mieterin im Haus Huth, mitten in der Nacht von ungewohnten Geräuschen wach. Am Potsdamer Platz wird gehämmert, Bauarbeiter schlagen Pfosten ein und ziehen Stacheldraht. Frau Rossmeisl kann nicht recht erkennen, was da draußen los ist, sie ist auch noch ein bißchen verschlafen. Erst gegen Morgen sieht sie die Bescherung. Da sind schon ein paar hundert Menschen am Potsdamer Platz, sie schreien und beschimpfen die

Bauarbeiter und die Soldaten der Nationalen Volksarmee. Am Brandenburger Tor singt die Menge das
Deutschlandlied, die DDR-Soldaten setzen Wasser-
werfer ein.

Willy Brandt erscheint am Potsdamer Platz und
schaut hilflos drein. Was soll er auch machen, es ist ja
nicht einmal vier Wochen her, daß der amerikanische
Präsident Kennedy die Freiheit der Stadt garantiert
hat, aber eben nur die von West-Berlin.

„Eine Mauer durch Berlin, so 'n Quatsch, das ist
doch gar nicht möglich", hat die Mieterin Käthe
Czygan noch gesagt, aber nun wird das Unmögliche
wahrgemacht, Herr Ulbricht kommt an den Potsdamer
Platz und betrachtet sein Werk. West-Polizisten müssen erbitterte Demonstranten mit dem Knüppel
zurücktreiben, Frau Czygans Mutter, aus Thüringen zu
Besuch, hat Angst, sie käme nicht mehr nach Hause.
Aber in den Osten kann man natürlich, nur nicht mehr
in den Westen, obwohl das an diesem Tag noch viele
versuchen. Frau Rossmeisl sieht junge Leute aus den S-
Bahn-Schächten stürzen, sie wissen nicht, auf welcher
Seite der Grenze sie nun sind, laufen in die falsche
Richtung, und die Menschen rufen „Hier rüber, hier
rüber, ihr rennt ja in den Osten." Soldaten von drüben
geben Warnschüsse ab, ein paar Flüchtlinge werden
eingefangen, andere schaffen es in den Westen.

Nach und nach wird der Stacheldraht durch
Betonplatten ersetzt, und schließlich wächst die Mauer
vier Meter hoch. Schaulustige kommen mit Autos zum
Potsdamer Platz und protestieren mit Hupkonzerten,
die Mieter bei Huths halten sich die Ohren zu.
Lautsprecherwagen vom RIAS sind da und brüllen
nach drüben, und von dort brüllen Lautsprecher
zurück, daß im Haus die Scheiben klirren.

Eine Woche nach dem Mauerbau kommt der amerikanische Vizepräsident Lyndon B. Johnson nach Berlin, über eine halbe Million verunsicherte West-Berliner jubeln ihm zu. Amerikanische Truppen werden nach Berlin verlegt, der Konvoi fährt durch Straßen, die schwarz sind von Menschen. Die Berliner im Westen der Stadt fühlen sich von der Bundesregierung im Stich gelassen, Adenauer macht Wahlkampf und kommt erst am 22. August. Er wird mit Empörung empfangen.

Ein paar Wochen später schließt Lina Buhmann ihr Lokal an der Mauer, es schließen die Kinos, die Wechselstuben und die Läden, nur ein kleines Konfitürengeschäft probt im Haus Huth das Überleben.

„Das war's ooch", sagt Lina Buhmann und zieht einen Schlußstrich in Versen unter die Wiener Heurigenseligkeit an der Grenze: „An dieser Mauer werden Wein und Gäste sauer."

Sauer sind auch die Mieter am Potsdamer Platz, die nun auf Wachtürme und spanische Reiter blicken. Fast jede Nacht gehen Leuchtkugeln hoch, und es wird geschossen, Warnschüsse nur, aber wer weiß das schon. Die Mieter trauen sich kaum noch ans Fenster. Drüben kurven die Patrouillenwagen der Volksarmee, es werden Stolperdrähte gezogen und Schießbecher eingebaut. „Wenn ein Karnickel an die Drähte kam, machte es ‚Patsch!'", erzählt der Mieter Achim Walter, „und schon kamen die aufgeregten Streifen von allen Seiten."

Menschen flüchten über die Mauer, an der Zimmerstraße wird der 18jährige Ost-Berliner Peter Fechter getroffen und verblutet. Auf der anderen Seite der Linkstraße steht die leergeräumte Ost-Berliner Post, da winkt eines Tages jemand aus einer Luke im Treppenhaus. Zufällig steht im Haus Huth ein Lkw auf dem Hof, der Fahrer rangiert seinen Wagen auf die Straße, unter die Luke, und der Flüchtling springt auf die

Plane. Es ist das einzige Mal, daß jemand am Potsdamer Platz über die Grenze kommt.

Aber es gibt noch ein unterirdisches Berlin, mit
Tunneln, Schächten und Kanälen, die kreuz und quer
unter der Grenze verlaufen. Vom Haus Huth gehen
Kellerdurchbrüche fast bis zum Landwehrkanal, und
in den Goldenen Zwanziger Jahren hat Willy Huth seinen Wein auch in den Nachbarhäusern gelagert. Vom
Hotel Fürstenhof führte ein Gang zum Potsdamer
Bahnhof, und es gibt mannshohe Abwasserkanäle,
über die der Fluchthelfer Harry Seidel nun mit seinem
Schlauchboot zur Voßstraße und zurück rudert. Die
Absperrgitter hat er beseitigt. Seidel transportiert
Menschenfracht von einem Teil der Stadt in den
andern, bis der Fluchtweg entdeckt wird. „Später",
sagt Herr Seidel, „wurde das alles elektrisch gesi-
chert."

1962 kommt ‚Peterle', die Witwe des Atlantikfliegers
Hermann Köhl, zum erstenmal wieder nach Berlin und
steht entsetzt am Potsdamer Platz. Sie hat die glanzvollen Feste bei Huths am Lützowplatz miterlebt, aber
nun gibt es keine Villenetage mehr und auch kein
Weinhaus Huth. Die Potsdamer Straße ist menschenleer, und die Huths leben von ihren Erinnerungen.
„Von meinem Berlin war nichts geblieben", sagt Frau
Köhl. „Das war nur noch ein Torso." Sie verbringt ein
paar deprimierende Stunden bei den Huths. „Es war
zum Weinen."

Seit dem Mauerbau stehen die Büros im zweiten
Stock leer. Erst im Februar 1963 ziehen dort wieder
Mieter ein, eine Seifengroßhandlung und ein Betrieb,
der zahntechnische Geräte produziert. Im Haus duftet
es nach Haarwasser und Parfümen, das gefällt den
Mietern besser als der Geruch von Bohnerwachs.

John F. Kennedy kommt nach West-Berlin, zwei

Tage vor Chruschtschows Reise nach Ost-Berlin, und hält auf dem Platz vor dem Rathaus Schöneberg seine berühmte Rede, die in dem Satz „Ich bin ein Berliner" gipfelt. Da hat er noch fünf Monate zu leben.

Am Landwehrkanal wird das Kulturforum errichtet, der Architekt Hans Scharoun übergibt den Schlüssel der neuen Philharmonie an Herbert von Karajan, und das Berliner Philharmonische Orchester spielt Beethovens Neunte.

Hans Scharoun hat mit dem Kulturforum noch viel vor. Die Repräsentationsbauten des neuen Berlin werden wie auf einem Präsentierteller errichtet, der Mensch als Ameise mittendrin.

1967 ist Baubeginn für die neue Staatsbibliothek. Der Klotz braucht Platz, deshalb wird die Brücke am Landwehrkanal verschwenkt und eine Umgehungsstraße gebaut – rabiater ist nicht einmal Albert Speer mit der Stadt umgegangen. Er hat für sein ‚Haus des Fremdenverkehrs' einen Teil der Viktoriastraße planiert, und nun ereilt die Alte Potsdamer das gleiche Schicksal. Brachial ignoriert Scharouns Staatsbibliothek die historischen Strukturen.

„Scharouns Architektur", hat der Berliner Bauhistoriker Dieter Hoffmann-Axthelm geschrieben, „kam den Autobahnen entgegen, wollte genauso massenhaft sein wie sie. Die Philharmonie ragt seitdem wie ein verödeter Fels aus der Verkehrsbrandung der Entlastungsstraße, und die Staatsbibliothek, die sich an die Westtangente anschmiegen sollte, legt sich als Riegel quer über dieselbe Potsdamer Straße, von der heute die meisten Planer wieder überzeugt sind, sie wäre eigentlich auch in aller Zukunft die einzig logische Verkehrsführung vom Potsdamer Platz zur Potsdamer Brücke."

Nichts da: 30 Jahre später scheitert der Versuch des

Architekten Renzo Piano, den neuen Stadtteil links und rechts der Alten Potsdamer Straße mit dem Kulturforum zu verbinden und den Sperrriegel wieder aufzuheben. Im Neubau des Musicaltheaters und des Spielcasinos hat er extra eine Passage gelassen, nun müßte nur noch die Staatsbibliothek an der Rückfront einen Durchgang schaffen, dann würde die Alte Potsdamer fast wieder bis zum Landwehrkanal führen wie einst, wenigstens für Fußgänger. Aber die geistigen Erben Scharouns blocken ab. Abweisend stemmt sich die Staatsbibliothek gegen das neue Stadtviertel. Hier wächst nicht zusammen, was zusammengehört.

Die Mieter müssen sich an die Mauer gewöhnen, sie leben nach der Blockade der alten Potsdamer Straße in einer Sackgasse, in der keine Straßenbahn und kein Bus mehr fährt. Geschlossen sind U- und S-Bahnstation am Potsdamer Platz, und wie zum Hohn hören sie das Rollen der S-Bahn-Züge, die ohne Halt durch den Geisterbahnhof fahren, unter dem einst verkehrsreichsten Platz von Berlin.

Der Schah kommt 1967 auf Staatsbesuch, und in Charlottenburg wird der Demonstrant Benno Ohnesorg von einem Polizisten erschossen. In der Potsdamer Straße feiert Willy Huth seinen 90. Geburtstag. „Aus aller Welt treffen Glückwünsche ein", notiert ein Zeitungsreporter. „Sogar ein alter Verkehrspolizist vom Potsdamer Platz hat geschrieben." Ungastlich sei die Stimmung im Haus, der Hausherr aber noch rüstig und bescheiden. Der Wein habe ihn, wie seine Frau, jung gehalten.

Vier Jahre zuvor, mit 86 Jahren, ist Willy Huth die Treppe zur U-Bahn hinuntergefallen und hat sich den Arm gebrochen. Da wollte er, mit Rosenstrauß, zu einer Freundin. Von diesem Sturz hat er sich noch einmal erholt, aber jetzt, an seinem Geburtstag, ist er längst nicht mehr so rüstig, wie es dem Reporter scheint.

„Nach einem erfüllten Leben", so steht es drei Monate später, am 11. November 1967, im Berliner Abend, „verließ uns nach Vollendung seines 90. Lebensjahres, von kurzem, schwerem Leiden erlöst, mein lieber Mann, guter Vati, Großvati und Onkel Willy Huth, ehem. Inhaber des Weinhauses und der Weingroßhandlung C. Huth & Sohn."

Ein langes Leben ist zu Ende. Nun sind von den Huths nur noch Dora, die Ehefrau, ihre Tochter Ilse und Lutz, der Enkel, da. In der Todesanzeige heißt es:

„Was wir bergen in den Särgen ist das Erdenkleid.
Was wir lieben ist geblieben – bleibt in Ewigkeit."

Willy Huth wird auf dem Dreifaltigkeitsfriedhof beerdigt, im Familiengrab seines Schwiegervaters Diede. Hier in der Kreuzberger Bergmannstraße liegt auch der Maler Menzel, einst Stammgast bei Huths. Er hat den Niedergang des Hauses nicht mehr erlebt.

Statt der Menschen bewohnen nun Elstern, Raben und Wanderfalken den Potsdamer Platz. „So viele Kuckucks, wie Sie hier rufen hören", sagt der blinde Mieter Achim Walter, „haben alle Berliner Gerichtsvollzieher nicht verklebt."

Am Kulturforum wachsen Staatsbibliothek und Neue Nationalgalerie, am Kurfürstendamm wird Rudi Dutschke niedergeschossen, und die Studenten demonstrieren. Am Potsdamer Platz bewegt sich nichts.

Willy Huth ist tot, was soll man da noch mit seinem Haus? Am 21. Mai 1968 schreibt Tochter Ilse an das Grundbuchamt Tiergarten, „daß eine Umschreibung des Grundstückes Potsdamer Straße 5 auf meinen Namen nicht mehr nötig ist, da dieses Grundstück an den Senat von Berlin verkauft wird. Die Verhandlungen darüber laufen schon seit geraumer Zeit, und die Unterzeichnung des Vertrages steht unmittelbar bevor." Ilse Huth, geschiedene Sponsel, hat das Haus zusammen mit ihrem Sohn Lutz von Willy Huth geerbt.

Dorothee Huth, ihre Mutter, ist mit dem Verkauf nicht einverstanden, doch was soll sie machen? Wenn ihr Mann noch leben würde, so klagt sie später einer Mieterin, wäre das nicht passiert. Er habe viel zu sehr an seinem Haus gehangen. Aber Willy Huth ist nicht mehr, und am 31. Mai 1968 geht das Grundstück in den Besitz des Bezirksamtes Tiergarten über. Dorothee Huth erhält ein lebenslängliches Wohnrecht für die Dreizimmerwohnung im vierten Stock. Sie ist 81 Jahre alt. 725.000 Mark zahlt die Stadt für den alten Bau, unter Anrechnung der laufenden Hypotheken von 400.000 Mark. Das Haus sei sein Lebenswerk, hat Willy Huth kurz vor dem Tod einem Geschäftsfreund erzählt. Aber mitnehmen könne er es ja nicht. Nur abgerissen sollte es nicht werden.

Aber genau das steht dem letzten Haus am Potsdamer Platz nun bevor. Obwohl der Mauerbau die Illusionen von einer ‚Hauptstadt Berlin' erst einmal begraben hat, sind für die Stadtmitte noch immer breite Autobahnen geplant, und die Behörden kaufen dafür privaten Grundbesitz auf. Der alte Bau in der Potsdamer Straße ist für die neuen Eigentümer nur ein Klotz am Bein, denn die Stadtautobahn läßt auf sich warten. Mit Rücksicht auf die Mieter wird der Abriß des Hauses Huth verschoben. „Das Gebäude", so erinnert sich Olaf Gutschmidt vom Grundstücksamt Tiergarten nicht ohne Ironie, „war von der wesentlichen Funktion des Stehenbleibens her stark beeinträchtigt." Rost nage seit Jahren am Stahlskelett, doch als DaimlerChrysler das 5.000 Tonnen schwere Haus

30 Jahre später für den Bau eines neuen Unterge-
schosses anhebt, ist die Konstruktion noch so stabil,
daß das komplizierte Stützmanöver problemlos durch-
geführt werden kann.

Aber sonst liegt 1968 vieles im argen. Im Keller steht
das Wasser. In der unbebauten Stadtmitte ist der
Grundwasserspiegel gestiegen, der Huthsche Keller
mit Fäkalien vollgelaufen und versalzt.

Verwahrlost ist der Potsdamer Platz, warum soll
nicht auch das Weinhaus Huth verwahrlosen? In das
Abrißobjekt wird keine Mark mehr investiert. Aber die
Stadtautobahn kommt und kommt nicht voran, und
das Bezirksamt bleibt auf dem ungeliebten Erbe sitzen.

So verrinnt die Zeit. Ab und zu kommt noch ein
Händler mit Kartoffeln und Eiern vorbei, doch bald
lohnt sich das nicht mehr. Im Schatten der Mauer breitet sich Friedhofsstille aus.

Die Mieter im Haus müssen zum Einkaufen weit
laufen, bis hinunter zum Landwehrkanal. Zur nächsten Bushaltestelle sind es zehn Minuten. Die alte Frau
Rossmeisl nimmt meist eine Taxe, weil sie die schweren Taschen nicht schleppen kann. Das macht im
Monat noch mal 100 Mark zur Miete.

Willy Brandt ist Bundeskanzler geworden, am
Brandenburger Tor wird der Reichstag renoviert, und
am 14. Mai 1970 flieht der Häftling Andreas Baader mit
Ulrike Meinhofs Hilfe aus einem Institut in Dahlem.
Dorothee Huth fühlt sich einsam am Potsdamer Platz.
Sie verzichtet auf ihr Wohnrecht und zieht in ein
Altersheim. Tochter Ilse und Enkel Lutz wollen nicht
an der Mauer wohnen.

Am 13. September 1971 stirbt Amalia Lina Dorothee
Huth im Berliner Franziskus-Krankenhaus. Sie ist 84
Jahre alt geworden. Die Wohnungen im Haus Huth

werden jetzt auch von jüngeren Mietern bewohnt, die niemand mehr nach ihren Referenzen fragt. Fahrräder stehen im Flur, und die Mülleimer werden über die vordere Treppe getragen, weil kein Willy Huth mehr für Zucht und Ordnung sorgt. Aber die vermissen nur die alten Mieter im Haus.

1971 wird Walter Ulbricht von Erich Honecker abgelöst. Am Potsdamer Platz muß die Ruine des Vox-Hauses gesprengt werden, so hartnäckig wehrt sich der Bau gegen den Abriß. Mit ihm verschwindet die Erinnerung an die Geburtsstunde des deutschen Rundfunks im Jahr 1923. Die neue Staatsbibliothek wälzt sich über die Potsdamer Straße. Während des Neubaus werden die Bestände in einem Zelt gelagert, und als eine Sturmböe eines Tages die Plane verweht, wirbeln Bücher durch die Luft.

Im Juli 1972 kauft der Berliner Senat der DDR für 31 Millionen Mark das Gelände des Potsdamer Bahnhofes ab. Auch die Ruine vom Haus Vaterland, noch gut erhalten, gehört nun zum Westen, wenn auch nicht sehr lange, denn sie wird 1975 abgerissen. Niemand weiß, was mit dem Gelände geschehen soll, aber das Vaterland muß erst mal weg, bloß weg. Vorher stochert ein Verrückter in den Kellern, weil ein Gerücht umgeht, Hermann Göring habe in dem Gebäude bei Kriegsende seinen weißen Mercedes versteckt. Das Vaterland verschwindet, die Mieter im Haus Huth hängen neugierig an den Fenstern, aber der Mercedes bleibt Legende.

Die Grenze wird zur Rumpelkammer. Das Gelände des Potsdamer Bahnhofs ist eine Schlammwüste geworden. Müll stapelt sich und alte Autoreifen. Manchmal bläst nachts ein Posaunist an der Mauer. Hier stört er niemanden, nur die Menschen im letzten Haus am Potsdamer Platz. Aber für die ist der einsame Musikant nur eine irreale Pointe in ihrem Kuriositätenkabinett.

In der Potsdamer Straße wird der Sportpalast abgerissen, weil er einem Neubau im Wege steht. Im Osten stirbt Herr Ulbricht und im Westen der Architekt Hans Scharoun, der die Einweihung seiner monumentalen Staatsbibliothek nun nicht mehr erlebt. Am 27. Februar 1975 wird der Berliner CDU-Politiker Peter Lorenz von der ‚Bewegung 2. Juni' entführt, und im Sommer kündigt sich mal wieder ein prominenter Berlin-Besucher an – der amerikanische Außenminister Henry Kissinger.

In der Nacht vom 30. April auf den 1. Mai, gegen halb eins, sieht ein Autofahrer im Haus Huth einen merkwürdigen Lichtschein. Es flackert hinter den Fenstern im ersten Stock, wo der Händler Klaus Geier seinen Bastelbedarf lagert. Im Haus rührt sich nichts. Da weckt der Autofahrer die Mieterin Elisabeth Rossmeisl durch Steinchenwürfe gegen das Fenster, und Frau Rossmeisl alarmiert die Feuerwehr. Aus Herrn Geiers Lager schlagen meterhoch die Flammen. Frau Manke im dritten Stock wird durch Faustschläge gegen die Tür geweckt, sie zieht sich hastig an, da steht der Rauch schon im Flur. Die Mieter stürzen nach unten, aber die Feuerwehr läßt auf sich warten. Als sie endlich kommt, verheddern sich ein paar Schläuche und platzen. Herr Geier vermutet später, daß die Feuerwehrmänner den Tag der Arbeit vorgefeiert haben. In einigen Wohnungen schlafen noch immer Mieter, und die Feuerwehr schlägt die Türen ein. Sie zerschlägt auch die letzten altdeutschen Buntglasfenster von Bodo Diede im Treppenhaus. In Klaus Geiers Laden verpufft das Silvesterfeuerwerk, bunte Kugeln steigen auf, und brennende Puppen fliegen über die Mauer.

In dieser Mainacht des Jahres 1975 hat am Ende des Hauses Huth nicht viel gefehlt. Erst morgens um vier hat die Feuerwehr den Brand unter Kontrolle. Das

Treppenhaus ist rauchgeschwärzt und der erste Stock verwüstet. Im Erdgeschoß staut sich das Löschwasser. Aber die Wohnungen in den oberen Etagen sind unversehrt, und Frau Manke kann ihre Papiere und die halbe Stange Zigaretten wieder nach oben tragen.

Leere breitet sich aus im Niemandsland der deutschen Geschichte. Mit der Katastrophenzone am Potsdamer Platz wissen die Behörden nichts anzufangen. Mal wird auf dem Gelände des Potsdamer Bahnhofes ein neues Polizeipräsidium geplant, mal ein Ableger der Universität. Auf dem planierten Grundstück des SS-Staates an der Prinz-Albrecht-Straße soll ein Hubschrauberlandeplatz angelegt werden. Erst heute, nach jahrelangen Querelen, hat sich der Senat zu einem Museum der Topographie des Terrors durchgerungen, das 2001 fertiggestellt sein soll.

Behelfsstraßen ziehen sich Ende der 70er Jahre durch die Steppe, in der sich die Firma Nixdorf ansiedeln will und dann doch nicht kommt. Der Wiederaufbau Berlins klammert die Stadtmitte aus.

„Zwischen Wilhelmstraße und Potsdamer Straße", sagt Dieter Hoffmann-Axthelm über die Hilflosigkeit der Städteplaner, „hört die Geschichte auf, stadtfähig zu sein. Hier, wo das Schlimmste geschah, im Reichssicherheitshauptamt, in der Reichskanzlei mit ihrem Bunker, hier hat die wirkliche Stadt, die gescheiterte, zerstörte Metropole ihre letzte Zuflucht. Die Ruinen sind weg, aber nicht die Grundrisse, die Straßenverläufe, die ehemals staatlich besetzten Flächen mit ihren berüchtigten Namen. Wenn irgendwo, ist hier die Mitte Berlins. Daß sie sich, abgedrängt, weggeschoben und zugepflastert, trotzdem im Berliner Stadtbild behauptet, ist kein Verdienst der beiden deutschen Staaten und ihrer Berliner Teilstädte. Das ist der Teilung der Stadt zu verdanken. Wäre diese zentrale Zone der Geschichte ganz das Territorium der einen oder anderen Seite gewesen, dann gäbe es sie nicht mehr. So schneidet die Grenze hindurch und macht dieses Terrain nahezu ungreifbar."

Erst als 1989 die Grenze fällt, weht hier ein anderer Wind. Die Mitte, einst weggeschoben, wird wieder Mitte, die Brache greifbar, und die Erinnerung an die zerstörte Metropole darf zugepflastert werden, das war vorauszusehen, auch wenn die Straßenverläufe erhalten blieben und nur manchmal ein bißchen zurechtgebogen wurden. Heute, am Rand der Jahrtausendwende ist es noch zu früh für eine Bilanz. Wie werden sich Vergangenheit und Gegenwart begegnen, was bleibt an Erinnerung über Haus Huth und Esplanade hinaus in den Köpfen der Menschen? Eine Ahnung, was hier einst stand, konnte nur die Brache vermitteln. Wenn die letzten Augenzeugen verschwunden sind, müssen Bücher, Fotos und Museen das persönliche Erleben ersetzen.

Willy Huths Tochter Ilse lebt und stirbt einsam. Schon einmal hat sie in ihrer Wohnung in der Martin-Luther-Straße 86 eine Überdosis Schlaftabletten genommen. Beim zweiten Versuch im Juni 1976 kommt jede Hilfe zu spät. Frau Sponsel hat sich die Pulsadern aufgeschnitten und liegt tot in der Badewanne.

Sie ist 64 und hat unter Depressionen gelitten. Die Eltern waren ihr einziger Halt.

„Den Huths", sagt Dorothea Kahnert, die mit Ilse Huth verwandt war, „ist es gelungen, ihrer Tochter sogar das Denken abzugewöhnen. In diesen Kreisen wurde man eben ganz als höhere Tochter erzogen, hatte brav und ordentlich zu sein, zu folgen und nicht zu widersprechen. Die Ilse bestand bis zu ihrem Lebensende nur aus Konventionen und dem, was daraus erwächst. Das war ein Mensch, der nie seine Selbstbestätigung gefunden hat. Wo sollte diese Frau ein Selbstwertgefühl hernehmen, auf dem man ein Leben aufbaut?"

Im Juli 1978, kurz vor dem Besuch des amerikanischen Präsidenten Carter in Berlin, wird Frau Manke nachts im Haus durch ungewohnte Geräusche wach. Leitern werden von drüben über die Mauer geworfen, dann klettern Handwerker und Grenzsoldaten auf die westliche Seite. Ein schmaler Geländestreifen vor dem Bauwerk gehört noch zum Osten, und von hier aus wird nun die Mauer getüncht. Weiße Farbe kommt über die Graffiti, Carter zu Ehren, und der Regierende Bürgermeister Dieter Stobbe sagt, davon würde das Schandmal auch nicht schöner.

Am nächsten Tag kommt der „Erdnußheini", wie Frau Manke sagt, und blickt mit dem Bundeskanzler Schmidt traurig nach drüben. Die Mieter im Haus Huth genießen die Aussicht und ignorieren die Anweisung, ihre Fenster geschlossen zu halten. Zum Glück sehen sie nicht, daß sich aus Polizeifahrzeugen Gewehre mit Zielfernrohren auf sie richten. Die Leibwächter des Präsidenten haben Angst vor einem Attentat. Nach dem Staatsbesuch wird die Carter-Tribüne morgens um vier von Dieben demontiert. Frau Manke ist fassungslos: „Als wenn's kein Holz zu kaufen gäbe."

In Berlin etabliert sich die Drogenszene, und Christiane F. wird als Kind vom Bahnhof Zoo berühmt. 1979 feiert die DDR ihren 30. Geburtstag, und das Haus Huth kommt im November unter Denkmalschutz, als „eines der letzten Zeugnisse des modernen Geschäftshausbaues der Kaiserzeit". Am Potsdamer Platz gibt es außer dem Esplanade nichts Schützenswertes mehr.

Das Haus Huth 1986 vor dem Hintergrund der Mauer.
Der Garten geht jetzt bis zur Mitte der alten Potsdamer
Straße, und neben dem Hof trainiert ein Hundesportverein.

1982 wird das Haus Huth 70 Jahre alt, und das Bezirksamt Tiergarten macht sich an die Sanierung des ungeliebten Erbstücks. Die Stadtautobahn ist beerdigt, das Haus Huth hat überlebt. Jahrzehnte hat es vor sich hin gerottet, jetzt wird die Rettung teuer. Bis Ende 1987 werden zweieinhalb Millionen Mark in das Gebäude investiert.

Im September 1982 stirbt in den Dolomiten der letzte Huth. Lutz Hengsberger, Ilses Sohn, stürzt bei einer Bergwanderung im Nebel ab. Seine Frau Elisabeth, die ihn begleitet, kann sich retten.

Frau Hengsberger lebt heute in dem Haus in Hohengatow, das einmal den Huths gehört hat. An das Weinhaus Huth erinnert eine bunte Fensterscheibe des Glasermeisters Bodo Diede und ein Bild, das noch Spuren von den Kolbenschlägen russischer Soldaten trägt.

Frau Hengsberger hat mir Arbeitsbücher und Versicherungskarten von früheren Angestellten gegeben. Nur den Verbleib des Kellners Wenzel Mulz habe ich ausfindig machen können. Der Rest bleibt verschollen.

Ein Name in den Büchern läßt mir keine Ruhe: mein Namensvetter Walter Thieme, der von 1929 bis 1939 als Koch im Haus Huth gearbeitet hat. In der Fregestraße 32 in Berlin-Steglitz, wo er zuletzt gewohnt hat, kann sich niemand an ihn erinnern. Meldebehörden helfen weiter. Herr Thieme hat nach dem Krieg in Mölln gewohnt, dann in Kiel und jetzt in Bremen. Fast 50 Jahre ist es her, daß Walter Thieme im Haus Huth gearbeitet hat. Nun holt ihn 1983 mit einem Anruf die Vergangenheit ein, wie mag er sich da fühlen?

Ich habe sein Arbeitsbuch, die Versicherungskarte und Fotos von Kollegen, die er seit Jahrzehnten nicht gesehen hat. Ich habe das Weinhaus Huth nie gekannt und kann so viel erzählen. Herr Thieme zeigt mir sein Lehrzeugnis. Mit „sehr gut" hat er damals seine Prüfung gemacht, in den Marmorsälen am Zoo, und Huths Küchenchef Richard Habermann hat bescheinigt, daß „ich den jungen Mann jedem meiner Kollegen empfehlen kann."

Walter Thieme hat die dreißiger Jahre im Haus Huth miterlebt bis zum Kriegsbeginn. Er erzählt von der Berliner 700-Jahr-Feier von 1937, als im Berliner Stadtschloß tausend Restaurants aufkochten für die Gäste. Das Weinhaus Huth war mit einem Rehrücken dabei.

Er erinnert sich an die Zeppeline über Berlin und die schwere Arbeit in der Küche, an seinen Kollegen Alois, Hitlers Halbbruder, und an den Kellner Kramer, der zur SS gegangen war, weil ihm die schwarze Uniform so gut stand. Herr Thieme kennt auch das SS-Hauptquartier in der Prinz-Albrecht-Straße, denn das

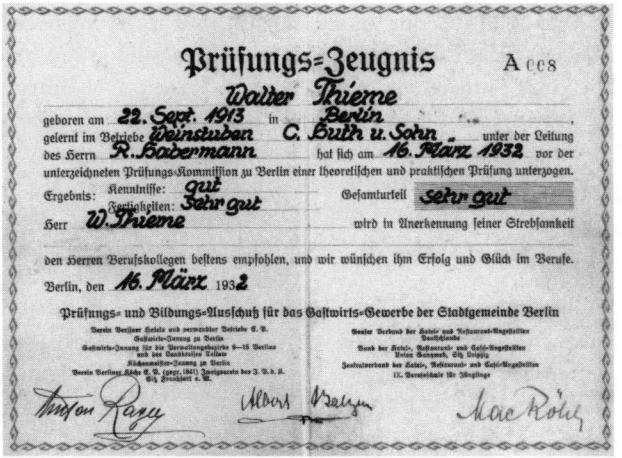

Sein Prüfungszeugnis vom 16. März 1932 hat Walter
Thieme, von 1929 bis 1939 Koch im Weinhaus Huth, bis
heute aufbewahrt. Besonders stolz ist er auf seinen
Abschluß mit „sehr gut".

Haus Huth hat den Herrenmenschen regelmäßig kalte
Platten geliefert.

Im Sommer 1939 wurde er Soldat, und als er 1949
aus russischer Gefangenschaft heimkam, hat ihn Willy
Huth nicht einstellen können. Für seine Schoppenstube brauchte er nur wenig Personal.

Ich erzähle ihm von dem Koch Gerhard Rockstroh,
seinem Freund, der in Ost-Berlin lebt. Herr Thieme
war 16, als er bei Huths anfing, und nun ist er 74. Ich
gebe ihm Gerhard Rockstrohs Adresse, und er beschließt, nach Berlin zu fahren. 47 Jahre haben sich die
beiden nicht mehr gesehen, da gibt es viel zu erzählen.
Walter Thieme ist ziemlich aufgeregt, und ich komme
mir vor wie ein Bote von einem anderen Stern.

Was soll aus Berlins zerstörter Stadtmitte werden? Das ist in der Ratlosigkeit der 80er Jahre eine Frage, auf die die Stadtplaner keine Antwort haben. Die Brache so lassen? Geht nicht – Stadtplaner begreifen Zerstörung nicht als erlebte Geschichte. Sie muß zu- und weggebaut werden, bis keine Erinnerung mehr möglich ist. Doch am Potsdamer Platz scheiterte jede Planung. Die Mauer ließ sich in kein Konzept einbauen.

Für die zuständigen Bezirksämter sind die weiten Flächen nichts weiter als willkommene Filetstücke, auf denen es Grünanlagen, Schwimmbäder und Sportplätze anzulegen gilt.

„Die leeren Bahnhofsflächen, Gleisanlagen, historischen Trümmergelände und verlorenen Straßenanlagen", sagt der Historiker Hoffmann-Axthelm über die Planspielereien der Bezirkspolitiker, „sind aus ihrem Blickwinkel nur bequemere Zugriffsflächen ohne unpopuläre Abrisse von Wohnungssubstanz. Für sie ist das unaufgeräumter Dreck, in den sie Ordnung bringen würden. Das Wegräumen denken sie schon immer mit. Was sie im Kopf haben, sind reine Quadratmeter, eine Fläche, die sich als Leinwand für die Projektion bürgernaher Versprechungen bestens eignet. Da ist dann schnell mal ein Schwimmbad auf den Anhalter Bahnhof gemalt – für den Bürger ist nichts zu gut."

„Behutsam Leben in die alte City bringen", wollte Horst Vetter, als er noch Senator für Stadtentwicklung und Umweltschutz war, einen „erlebbaren Stadtteil schaffen, der seine Vergangenheit noch erkennbar werden läßt, aber auch aufpassen, daß er nicht als Großmuseum angesehen wird." Leerformeln, die sich gegenseitig aufheben.

Im Freiraum der Ratlosigkeit wachsen die Utopien

und Alternativen, die Lächerlichkeiten und Abnormitäten. Auf dem Gelände des Potsdamer Bahnhofes macht sich in den achtziger Jahren ein Flohmarkt breit, und später kommt der alternative Zirkus ‚Tempodrom' hinzu. Ein dressiertes Schwein läuft durch den Schlamm, Kamel und Elefant stehen in Ketten an der Mauer, und die Mieter im Haus Huth klagen über die vielen Fliegen.

Auch der Zirkus Busch soll auf das Gelände und kommt dann doch nicht. Auf dem SS-Grundstück an der Prinz-Albrecht-Straße soll das von Helmut Kohl inspirierte Deutsche Historische Museum gebaut werden, aber dann wird der Bauplatz an den Reichstag verlegt. Dort ist nach der Wende kein Platz mehr, weil die Regierung kommt, und so wandert das Projekt zum Zeughaus ab, ohne Kohl.

Wo das Prinz-Albrecht-Palais stand, Sitz des Sicherheitsdienstes des SS, kann man jahrelang im Autodrom des Berliner Originals Harry Toste „Fahren ohne Führerschein" üben. Auf dem Gelände des Volksgerichtshofes, das sich – heute nicht mehr identifizierbar – vom Sony-Komplex über die neue Potsdamer Straße bis zum DaimlerChrysler-Areal zieht, hatten sich Enttrümmerungsfirmen eingerichtet, und der damalige Landeskonservator Professor Helmut Engel klagte: „So geht die Stadt Berlin mit ihrer Geschichte um."

Neben dem Haus Huth werden Terrier und Schäferhunde dressiert, und 1985 plant der Wiener Derwisch der Scheinkultur, André Heller, einen ‚Irrgarten der Träume', der vier Millionen Mark kosten soll. Die ‚Internationale Bauausstellung' dagegen möchte die Stadtbrache an der Mauer mit einem ‚Cityband' von Wohnungen überziehen, ohne Rücksicht auf die historische Vergangenheit. Da wird das Gebiet hastig zur Schutzzone erklärt, zum ‚Zentralen

Bereich', über dessen Gestaltung sich Senatskommissionen den Kopf zerbrechen.

1987, im Jahr des Berlin-Jubiläums, sieht die Steppenlandschaft so aus wie zuvor, während in Ost-Berlin die historischen Gebäude wachsen.

An einem Weihnachtstag werfen Grüne ein paar Weihnachtsbäume über die Mauer, und auf der Mauerkrone balanciert der Mauerläufer John Runnings mit wehendem Backenbart, der immer wieder von ostdeutschen Grenzposten abgeführt wird. Der 68jährige frühere Bautischler aus Seattle im US-Staat Washington will „im Geiste Gandhis durch Selbstaufopferung Frieden schaffen", deshalb bearbeitet er das Bauwerk gelegentlich, aber vergeblich mit einem schweren Hammer. Wie solide die Mauer ist, werden im Wendejahr 1989 auch die Mauerspechte merken.

1987 wird in die Öde eine Magnetbahn gebaut. Auf Stelzen zieht sich die Versuchsstrecke um das Haus Huth.

Für die Umgestaltung des ehemaligen SS-Geländes an der Prinz-Albrecht-Straße wird die Quadratur des Kreises versucht. In einem Wettbewerb ist der „Entwurf einer Gedenkstätte als Erinnerungsstätte oder Mahnmal zur Erinnerung an die Opfer des NS-Regimes" geordert worden, andererseits aber auch die „Gestaltung eines Stadtteilparkes zur Verminderung des Kreuzberger Freiraumdefizites, mit Kinderspielplatz und Pkw-Stellflächen". Da böte sich als Lösung, meinen Spötter, doch ein Schwimmbad in Hakenkreuzform an, und Berlins Regierender Bürgermeister Diepgen beschließt, „das Ergebnis des Wettbewerbes nicht zu realisieren".

An diesen Raum, in dem „jeder Krümel durchtränkt ist mit Geschichte", könne man nicht mit den üblichen Kategorien von Stadtplanung herangehen, sagt der Berliner Landeskonservator Engel. Daß das Museum der Topographie des Terrors zehn Jahre später doch noch gebaut wird, grenzt an ein Wunder.

Ende 1987 gehe ich an der Mauer spazieren. Dort, wo einmal das Haus Vaterland stand, ist eine kleine Tür im Wall. Wie eine Tapetentür sieht sie aus, ohne Klinke, ohne Klingel. Soll man klopfen? Soll man rufen? Und wer sagt dann ‚Herein'? Absurditäten an der Todeszone.

An einem Gebäuderest des Grandhotels Esplanade in der Bellevuestraße 17 hängt ein Schild: „Bin im Garten übern Hof". 23 Millionen Goldmark hat das 1908 von den Fürsten zu Hohenlohe-Oehringen und Fürstenberg erbaute Palais mit seinen 400 Zimmern gekostet. Nach dem Mauerbau versank das Esplanade oder das, was noch von ihm übrig war, im Dornröschenschlaf. Der Anblick von Beton und Stacheldraht verschreckte die Gäste, die nach dem Krieg im Silbersaal ihre Film- und Faschingsbälle gefeiert hatten, und in Berlin gab es inzwischen schönere Häuser. Nur ab und zu diente der Bau noch als Filmkulisse, für *Cabaret* und *Steiner II*. Dann aber drohte Einsturzgefahr, und seitdem lag das Esplanade verlassen.

Nur der Hausmeister Otto Redlin war noch da. Hinter der lieblos renovierten Fassade lebte er in einer Gespensterwelt. Vier Fünftel des Hotels sind zerstört, aber die Waschräume, der Kaisersaal, in dem Majestät Herrenabende mit seinen pensionierten Generälen verbrachte, und das Frühstückszimmer waren noch erhalten. Otto Redlin führte mich herum, nachdem mir ein unwilliger Verwalter des bundeseigenen Gebäudes – „Hätten wir den alten Kasten nur abgerissen" – eine Ausnahmegenehmigung gegeben hatte.

Otto Redlin zeigte mir die Spieltische mit dem grünen Filz und den großen Teppich, der zehn Jahre unter dem Trümmerschutt lag und nur mal gereinigt werden müßte. 1983 sollte hier für 40 Millionen Mark ein Filmzentrum entstehen, die alten Räume erhalten bleiben, aber weil kein Geld da war, gab es im Jubeljahr 1987 an der Mauer nichts zum Jubeln. Erst zehn Jahre später wird das Esplanade im Sony-Großprojekt des Archtikten Helmut Jahn „zu neuem Leben erweckt", so heißt es hoffnungsvoll im Bauprospekt.

Damals herrschte noch Friedhofsstille im Kaisersaal. Einen Moment lang träumte ich, es gäbe draußen den Potsdamer Platz noch mit seinen Bierpalästen, den Potsdamer Bahnhof, das Haus Vaterland und das Rheingold nebenan, die Menschen und das Verkehrschaos, die Zeitungsjungen, Schuhputzer und Blumenfrauen, das Weinhaus Huth mit den eichenholzgetäfelten Sälen, Straßenbahnen, Droschken und darüber den Zeppelin.

Aber da war nur Otto Redlin mit seiner dicken Zigarre. „Ich höre hier jedes Geräusch", sagte er, „und weiß genau, ob es zum Haus gehört oder nicht." 30 Jahre lebte er in einem der letzten drei erhaltenen Hotelzimmer, hielt sich Schafe hinten im Garten, und über das Gelände hoppelten wilde Kaninchen. Herr Redlin fütterte sie mit Brot.

Bis 1967 kam auch Herr Huth vorbei und unterhielt sich mit Herrn Redlin über die schönen Zeiten. Aber auch das ist nun schon lange her.

Frau Manke sitzt 1987 in ihrem Garten, der einmal die Potsdamer Straße war, und überlegt, ob sie nicht Kartoffeln anbauen sollte. In der Philharmonie am Kulturforum ist sie noch nie gewesen.

Drüben im Osten wachsen die Hochhäuser, und die Mieterin Margarete Marx fragt sich manchmal, wo eigentlich der Westen ist – „die machen Silvester mehr Feuerwerk als hier."

Besucher und Taxifahrer suchen oft vergeblich nach

dem Haus, das sich in der Sackgasse versteckt, als ob es sich schämen müßte.

Im Haus schwinden die alten Mieter dahin. „Manchmal, wenn ich abends auf der Couch liege", sagt die alte Frau Rossmeisl, „dann denke ich: Die da oben ist gestorben und der da unten. Neulich haben wir uns noch im Fahrstuhl getroffen. Und jetzt sind beide tot. Ich wohne in der Mitte, und manchmal denk' ich, Mensch…"

Das Haus Huth ist eine Insel im Nirgendwo. „Erst haben wir zwischen Ruinen gelebt", sagt der Mieter Achim Walter. „Und als die verschwanden, wurde es auch nicht schöner. Überall wuchert jetzt Unkraut. Wenn es dunkel wird, kriecht ein leichtes Unbehagen hoch. Man kann das gar nicht so beschreiben." Er horcht in die Stille. „Man könnte meinen", sagt er, „es wäre ein Märchen."

Ich sehe noch einmal die alten Fotos durch. Dorothee Huth hoch zu Roß im Reitkostüm. Der Glaser Diede mit Bismarck-Bart und Vatermörder. Willy Huth mit seiner Frau im Seebad Binz auf Rügen. Ilse Huth als kleines Mädchen beim Stricken, mit der Gouvernante. Die Angestellten beim Betriebsausflug. Georg Wehner als Kochlehrling vor den gußeisernen Herden. Anni Rockstroh mit ihrem flotten Käppi. Das Haus Huth im Eröffnungsjahr 1912. Die eichenholzgetäfelten Säle, Feldherrn-, Wappen- und Jagdzimmer. Das alles ist Vergangenheit. Geblieben ist das Haus – das einzige, das am Potsdamer Platz überlebte. Es erinnert inmitten der neuen Gebäude daran, daß hier einmal ein ganz anderes Berlin gestanden hat.

„Heute vermute ich, daß nicht die Menschen in diesen Straßen schreien, sondern die Straßen selber. Wenn sie es nicht mehr ertragen können, schreien sie ihre Leere heraus. Aber ich weiß es wirklich nicht genau."

Siegfried Kracauer, Straßen in Berlin und anderswo

Alles auf Anfang

Wer hätte im Frühjahr 1939 zu behaupten gewagt, am Potsdamer Platz würden in sechs Jahren nur noch Ruinen stehen? Die Reichshauptstadt ein Trümmerfeld mit ausgeglühten Fassaden, Düsternis statt Leuchtreklamen? Nicht mal zu ahnen war, daß Phosphor vom Himmel regnen würde als Strafgericht für Terror und Größenwahn.

Bombenteppiche löschten die Berliner Mitte aus, Stadtplaner planierten schließlich die Überreste. Über Jahrzehnte mahnte die Brachlandschaft am Nabel von Berlin an den Wahnsinn des verlorenen Krieges, dazwischen einsam das Weinhaus Huth. Stehengebliebene Zeit.

Eine Grenze trennte Land, Stadt und Menschen, ab 1961 mit Todesstreifen und Beton gefestigt. Noch im Januar 1989 versicherte Erich Honecker, die Mauer würde in 50 und in 100 Jahren noch bestehen, und löste damit weltweit Empörung aus. Daß der Grenzwall zehn Monate später von innen gestürmt werden würde, hat niemand ahnen können, obwohl es in der DDR schon länger gärte und immer wieder protestierende Mitglieder von Friedens-, Umwelt- und Bürgerrechtsgruppen festgenommen wurden. Aber eine Wiedervereinigung stand da noch in den Sternen.

Bei Michail Gorbatschow im Kreml hatte längst ein Umdenken eingesetzt – noch 50 Jahre Mauer oder 100 Jahre russische Divisionen, um einen Staat am Leben zu erhalten, der seine Zukunftsversprechen nicht einlöst? Der Slogan ‚Von der Sowjetunion lernen heißt siegen lernen' bekommt in der DDR einen neuen, zweideutigen Klang. Der ostdeutsche Staat richtet sich zur Rundumverteidigung ein und hat nicht mal mehr zwei Jahre zu leben.

Am Potsdamer Platz herrscht weiterhin Friedhofsstille, drüben die Grenzer, hüben die Mieter im Weinhaus Huth, denen manchmal ein Scheinwerferkegel auf dem Weg zur Arbeit folgt.

Bei den Berliner Kommunalwahlen am 29. Januar 1989 kommen die Republikaner zum blanken Entsetzen aller Demokraten auf 7,5 % der Wählerstimmen und ziehen ins Schöneberger Rathaus ein. Der Regierende Bürgermeister Eberhard Diepgen findet sich auf der Oppositionsbank wieder, und Walter Momper trägt seinen roten Schal zu den Grünen. Fünf Wochen vor seiner Amtseinführung am 16. März ist an der Mauer Chris Gueffroy erschossen worden – einer der letzten Mauertoten, aber das kann an diesem Tag noch niemand wissen.

Am Potsdamer Platz wachsen Sauerampfer, Schafgarbe, Löwenzahn und Spitzwegerich. Auf dem Dach des Hauses Huth wird für Jugendliche ,Cinderella' aufgeführt, und der Mieter Wolfram Schulze tanzt Tango mit einer Nachbarin. Nicht mal zehn Jahre später wird die Idylle nur noch Erinnerung sein, die Mauer in Gedenkveranstaltungen als Symbol der Teilung beschworen, verschwunden das Unkraut, und das Weinhaus Huth ist kein einsamer Rufer mehr in der Wüste, sondern eingerahmt von den neuen Häusern eines Stadtviertels, in dem wieder Menschen flanieren.

Der Bausenator Wolfgang Nagel von der rotgrünen Koalition macht sich Gedanken über die Leere am Potsdamer Platz. Im Mai 1989 schlägt er das Areal, auf dem später DaimlerChrysler bauen wird, als Standort des Deutschen Historischen Museums vor und nennt die alte Potsdamer Straße eine „vergessene, unbenutzte Allee". Aber Nagels Einfall verläuft sich im märkischen Sande wie so viele Visionen am Potsdamer Platz, der Hundesportverein darf weiter trainieren und die

Mietergemeinschaft vom Haus Huth ihre Grillpartys wie jedes Jahr in einem Garten feiern, der bis in die Mitte der alten Potsdamer Straße reicht. Friede in der Schrebergartenidylle, während sich auf der Avus 18.000 erboste Autofahrer zusammenrotten, denn die Grünen haben dort die 100-km-Begrenzung durchgesetzt und der Stadt die letzte Rennstrecke genommen.

Am 16. Juli stirbt Herbert von Karajan, der im April vergrätzt die Berliner Philharmoniker verlassen hat. Götterdämmerung im Kulturforum schräg gegenüber vom Weinhaus Huth, aber die Mieterin Senta Manke drücken andere Sorgen. Erbost beschwert sie sich Anfang August in einem Brief an das Bezirksamt Tiergarten über den Polenmarkt und den Ausblick aus ihrem Fenster: „Menschen schlafen in Autos oder sitzen vor Spirituskochern, und montags liegen angeknabberte Aale auf der Straße."

Das Bezirksamt reagiert nicht auf die Beschwerde, längst ist der Markt entlang der Mauer den Behörden über den Kopf gewachsen. Ein bißchen Wilder Osten, obwohl dies nur der Anfang ist im wilden Schicksalsjahr 1989, aber das kann schließlich niemand ahnen, auch der Senat nicht, der am 28. August nach jahrelangen technischen Problemen und einem Anschlag auf die Betonstelzen nun endlich die 1.600 Meter lange Magnetbahn zwischen Gleisdreieck und Kemperplatz einweihen kann. Elogen über die energiesparende Antriebstechnologie begleiten die Eröffnung, von der heute Dr. Manfred Gentz, DaimlerChrysler-Finanz- und projektverantwortlicher Vorstand für das Daimler-Areal am Postdamer Platz, sagt, er habe schon damals den Eindruck gehabt, daß die Streckenführung recht sinnlos übers Gelände gelaufen sei. Nach kurzer Zeit zeigt sich, daß die M-Bahn kaum Fahrgäste anlockt, warum auch. Wer muß schon vom Gleisdreieck zum Kulturforum?

Die Mieter und die Grenzer auf den Wachtürmen haben etwas zum Gucken, aber der BVG bleibt wenig Zeit, das neue Verkehrssystem auf seine Alltagstauglichkeit zu testen. Zehn Wochen später wird die Mauer fallen und das Millionenprojekt der alten U-Bahnstrecke am Potsdamer Platz im Wege stehen. Die Bahnhöfe werden abgeräumt, samt der Stelzen auf dem Flughafen Schönefeld zwischengelagert und schließlich verschrottet. Ein Wagen landet im Nürnberger Museum der Deutschen Bahn, trauriges Ende für eine Zukunftsvision nach ganzen 14 Tagen Vollbetrieb.

Die DDR bereitet sich auf ihren 40. Geburtstag vor und liegt schon auf dem Sterbebett. Als Ehrengast wird einer erwartet, der mit Glasnost und Perestroika so lange am Kartenhaus des Sozialismus bastelt, bis es zusammenbricht. Michail Gorbatschow mahnt seinen ostdeutschen Vasallen, „Antworten auf Fragen zu finden, die auf die Tagesordnung gesetzt worden sind", aber Erich Honecker hört ihm nicht zu. Wie ein Kind freut er sich am 6. Oktober auf der Ehrentribüne über die vorbeiziehende FDJ, während seine Republik ins Rutschen gerät. West-Berliner dürfen an den Festtagen nicht in den Ostteil der Stadt.

Knapp vier Wochen später fällt die Mauer, da ist Honecker bereits durch Egon Krenz ersetzt, und auf dem Alexanderplatz haben über 800.000 DDR-Bürger die Wende gefordert: „Visafrei bis nach Hawaii". Der Mantel der Geschichte weht nun auch am Potsdamer Platz, wo nichts so bleiben wird, wie es mal war.

Das Ende der deutschen Teilung wird die Idylle rings um das Weinhaus Huth in Luft auflösen, das ist den 26 Mietern klar. Aber die Baugruben und Kräne wären auch ohne die Wende gekommen. Die Tage der

Brachlandschaft sind bereits im Sommer gezählt, und die Entscheidung über die Zukunft des Potsdamer Platzes fällt nicht die Weltpolitik, sondern der Chef eines Konzerns in Stuttgart. Ein Stern geht auf über dem Areal an der Mauer, ein ganz irdischer Stern freilich, der von Mercedes.

Edzard Reuter, damals Chef bei Daimler-Benz, hat im September 1948 als junger Mann auf der Tribüne gesessen, als sein Vater Ernst Reuter vorm Reichstag die Völker der Welt beschwor, auf diese Stadt zu schauen. Auch Reuter jr., ohnehin häufiger Gast in seiner Heimatstadt, blickt im Sommer 1989 nach Berlin. Er ist zwei Jahre zuvor Vorstandsvorsitzender geworden und will seinem Unternehmen eine neue Tochter im Dienstleistungsbereich bescheren, die debis heißen soll. Dafür sucht er nun einen Bauplatz.

Wir treffen uns im Kempinski am Kurfürstendamm. „Eigentlich wollten wir in Berlin nur ein großes Verwaltungsgebäude errichten, und das möglichst nahe an der Mauer", sagt der Ex-Daimler-Chef. „Das Vorbild des Axel-Springer-Hauses hat da natürlich eine Rolle gespielt. Es war Gorbatschow-Ära, Tauwetter, es gab Hoffnungen, daß sich die brutale Situation der Stadt lockern würde. In meiner Leitungsverantwortung für das Unternehmen konnte ich nun endlich durchsetzen, daß wir Flagge zeigen, daß unser Unternehmen zu Berlin Vertrauen hat."

Gute Kunde für Herrn Momper, der gerade seit ein paar Monaten Regierender Bürgermeister ist. Die wirtschaftliche Lage der Frontstadt ist nach wie vor alles andere als rosig, und Investoren sind nur mit saftigen Berlin-Zulagen zu halten.

Nun ist zwar auch der Herr Reuter kein lupenreiner Idealist, aber aus Sorge und Neigung seiner Heimatstadt verhaftet, und der Senat breitet ihm einen roten Teppich aus. Die Besichtigungstour führt zum

Klingelhöfer-Dreieck zwischen Tiergarten und Land-wehrkanal, ein Filetstück, aber zu weit weg von der Mauer. Das Lenné-Dreieck – ein Jahr zuvor Schauplatz erbitterter Kämpfe zwischen Polizei und Autonomen, bis die schließlich über den Grenzwall in die DDR ent-wichen, ein vielbelachter Streich nicht nur in der linken Szene –, wäre dem Investor schon eher recht, ist aber mit Ansprüchen von Alteigentümern belastet.

Niemand im Haus Huth kann sich heute noch an die Wagenvorfahrt drüben an der Bellevuestraße und an die Besucher aus Stuttgart erinnern, warum auch, es ist eine belanglose Episode. Nur die Tränengas-schwaden, die nach den Krawallen bis zum Haus Huth wehten, blieben im Gedächtnis haften. „Schwarze Fahnen mit Totenkopp" im Hüttendorf, das hatte der Mieterin Siegrid Klinke gerade noch gefehlt, hier in der Walachei mit Reichstagblick.

Und dann steht der Herr Reuter eines Tages in der alten Potsdamer Straße und betrachtet das Areal, auf das ihn Oppositionsführer Diepgen angesprochen hat. „Das war für unsere eigenen Bedürfnisse viel zu groß", sagt er im Kempinski. „Wir waren begeistert von der Lage, aber erdrückt von der Fläche." Reuter und sei-nen Mitarbeitern wird schnell klar, daß es hier mit einem einzigen Verwaltungsgebäude nicht getan ist. „Das war ein Entwicklungsprojekt, also Wohnungen, Verkaufsflächen, Büros für andere. Eigentlich nicht unsere Vorstellung. Und wir hatten von solchen Dingen nur wenig Ahnung."

Doch der Standort ist attraktiv, und der Senat läßt seinen Investor nicht mehr aus den Klauen. „Das hat einigen Entschluß gekostet, sich das aufzuhalsen, ohne die städtebaulichen Auflagen zu kennen. Aber wir waren der Meinung, das könnten wir letzthin packen." Beflügelt wird die Entscheidung durch einen Boden-richtwert, der am 31. Dezember 1988 mit 450 Mark pro

Quadratmeter ermittelt worden ist „Natürlich haben wir im Hinblick auf die heutigen Bodenpreise ein gutes Geschäft gemacht", gibt Edzard Reuter zu. „Aber wir sind damals auch ein hohes Risiko eingegangen. Niemand wußte im Spätsommer 1989, daß die Mauer fallen und Berlin wieder Hauptstadt werden würde."

Um die städtebaulichen Auflagen muß sich der Investor keine Sorgen machen. Zwar ist der Zentrale Bereich in der Berliner Mitte, der alles andere ist als ein zentraler Bereich, immer wieder neu geplant worden, mal als ein Netz von Stadtautobahnen, mal als Parklandschaft, mal als Cityband mit Wohnungen, aber letztlich blieb alles Makulatur.

Die Verhandlungen kommen voran, auch über den Kaufpreis, für den ein Verkehrswert von 1.505 Mark pro Quadratmeter ermittelt wird. Als hinderlich erweist sich nur die Berliner Bürokratie, die Herrn Reuter heute noch ärgert, „weil sie davon lebt, daß sich nichts verändert und der Investor, der mit einem Haufen Geld etwas für diese Stadt tun wollte, das Gefühl vermittelt bekam, das sei nicht nötig, der Bund bezahle hier ohnehin alles. Das war schon sehr störend." Kleiner Ärger im Vergleich zu dem, der 1990 kommen wird, als sich die rotgrüne Koalition mit dem Kaufvertrag beschäftigt. Aber da steht am Potsdamer Platz und anderswo die Welt auf dem Kopf.

Demonstrationen und Protestkundgebungen erschüttern im September die DDR, schon im August haben DDR-Bürger die Ständige Vertretung der Bundesrepublik in Ostberlin und die Botschaften in Budapest und Prag gestürmt. Ungerührt öffnet das kleine Ungarn im September seine Grenze zu Österreich, und eine ostdeutsche Massenflucht setzt ein. Als erste landesweite Oppositionsgruppe wird in der DDR

das ‚Neue Forum' gegründet, und selbst den Beton-
köpfen der SED wird klar, daß sie Konzessionen
machen müssen, um an der Macht zu bleiben. Aber der
Deckel ist nicht mehr auf dem Topf zu halten, und am
Donnerstagabend des 9. November sorgt ein Mißver-
ständnis in der Pressekonferenz Günter Schabowskis
für das abrupte Ende des Arbeiter- und Bauernstaates.

Neue Reiseregeln und einen erleichterten Grenzverkehr hatte der Genosse Schabowski verkündet und
auf die Frage eines Journalisten, wann das in Kraft
trete, mit „Unverzüglich, sofort" geantwortet. So steht
es auch in dem Regierungsbeschluß der DDR, gemeint
war aber die Visaerteilung in den Polizeidienststellen
am folgenden Freitag. Das verstehen die meisten
Journalisten ganz richtig, die über die sensationelle
Mitteilung korrekt berichten, das verstehen die NVA-
und Stasi-Generäle, die nach Dienstschluß nach Hause
fahren, und es legt sich auch der Mieter Lutz Wernicke
im Haus Huth ahnungslos ins Bett.

Ganz anders verstehen es nur die Ost-Berliner, die
um 20 Uhr in der Tagesschau den Satz „DDR öffnet
Grenze" gehört haben und verkürzte Kommentare wie
die Reuters-Meldung „Ausreise über alle Grenzüber-
gänge sofort möglich". Zuerst sind es nur ein paar
Neugierige, die an den Übergängen mal gucken wollen, dann Hunderte, schließlich Tausende, Zehntausende. Am Potsdamer Platz bleibt alles still, denn
der nächste Übergang ist erst am Checkpoint Charlie
in der Friedrichstraße.

Die Tore der Mauer stünden weit offen, verkündet
Hanns-Joachim Friedrichs um 22.42 Uhr in der ARD,
aber da sind erst ein paar DDR-Bürger über die Grenze
getröpfelt. Die Grenzer stempeln noch die Personal-
ausweise, letzte Versuche, zu retten, was nicht mehr zu
retten ist, und um 23.37 Uhr teilt der Stasi-Oberst-

leutnant Harald Jäger, stellvertretender Leiter der Paßkontrolleinheit am Grenzübergang Bornholmer Straße, unwidersprochen seinen Vorgesetzten mit: „Ich stelle die Kontrollen ein und lasse die Leute raus." Das ist das Ende, die Wende, und ein Wunder geschieht: Niemand von den Grenz- und MfS-Offizieren, allesamt überzeugte Kommunisten, läßt schießen, als gäbe es eine stille Übereinkunft, die Waffen nicht gegen das eigene Volk zu richten. Keine Gewalt, das haben nicht nur die DDR-Demonstranten gesagt, das denken letzten Endes auch die Wächter an der Mauer.

Das Weinhaus Huth liegt diesmal abseits des Geschehens. Die Mieterin Margarete Marx erfährt erst am nächsten Morgen vom Mauerfall und glaubt, „mich tritt ein Pferd". Zu Senta Manke, die sich mit ihren Patiencen beschäftigt, kommt nach Mitternacht die Nachbarin Klinke und sagt: „Mach sofort das Fernsehen an." Da strömen schon die Menschen zum Kurfürstendamm, und die Trabis stehen kreuz und quer. Der Mieter Werner Köbberling läuft zum Brandenburger Tor und feiert in der Menge.

Der blinde Achim Walter hat den Fall der Mauer nicht mehr erlebt. Am nächsten Tag, dem 10. November, ruft die Schwester der Hausmeisterin Rita Mohr an und sagt: „Guck mal aus dem Fenster." Frau Mohr guckt und sieht viele Menschen, auch Willy Brandt ist da und sieht nachdenklich in die Bresche, die ein Bagger in den Betonwall gerissen hat. Fotografen wollen im Weinhaus Huth aufs Dach.

Menschen kommen von drüben wie Besucher von einem anderen Stern. Manche lachen, manche weinen. Frau Manke verteilt Süßigkeiten an die Kinder. Später bringt sie den Zöllnern, Ost und West, heißen Tee und Glühwein an die improvisierten Grenzstationen. „Früher am Arsch der Welt, jetzt mitten in der Stadt", sagte sie. „Schön isses jetzt. Ich hätte nicht gedacht, daß ich das noch erleben würde." Und die Tochter fragt: „Was heulste denn?"

Die Wachtürme sind verlassen, und Herr Köbberling fotografiert die Grenzer, die verlegen im Todesstreifen stehen, als wären sie nur aus Versehen hier. Ein Oberst der Grenztruppen stellt sich als Kommandant des Potsdamer Platzes vor und wünscht sich vor den Fernsehkameras, es würde hier alles wieder wie früher. Noch gehen die Menschen aufeinander zu. Das wird sich bald ändern.

Der Trubel ist nichts für die Mauerfalken und Kuckucks, die Herr Walter nachts so oft rufen hörte, es verschwinden die Krähen und Kaninchen. Andere Vögel sind an den Platz gekommen, Mauerspechte diesmal, und sie schlagen mit Hammer und Meißel, die auch leihweise zu haben sind, zwei Mark für zehn Minuten, auf den Stahlbeton ein. Die Bruchstücke, möglichst mit Graffiti, werden für ein paar Mark verkauft, und Frau Manke stöhnt, sogar nachts ginge das „Gekloppe" weiter.

Fliegende Händler bieten Uniformteile der Grenztruppen an. Auch ein Stasi-Hemd, kaum getragen, ist für 50 Mark zu haben. Die DDR löst sich lange vor den ersten Wahlen in ihre Bestandteile auf, nirgends wird das so deutlich wie hier.

Für die Mieter im Haus Huth ist der jähe Wandel unfaßbar. Zu tief sitzt die lange Trennung noch in den Köpfen. „Jedem hier saß die Angst im Nacken, als die Mauer gebaut wurde", sagt Frau Marx. „Aber nach dem Fall der Mauer wurde es noch unangenehmer." Der Polenmarkt, längst kein Markt der Polen mehr, breitet sich aus wie der Schwarze Markt in den Nachkriegsjahren, nur daß diesmal Gänse, Butter und Schinken reichlich zu haben sind. Der Zigarettenhandel blüht, Händler wohnen in Containern, dem

Mieter Wernicke wird zweimal das Auto aufgebrochen, da nimmt er sich eine Garage ein paar Straßen weiter.

Die Stunde Null kommt mit Gerümpel und Schmutz, der Mieter Köbberling findet die Abwechslung spannend, Frau Klinke spricht von „Gesocks" und dem Gestank der laufenden Motoren. Grenztruppen der DDR legen nachts mit schwerem Gerät einen Teerstreifen von der Leipziger Straße durchs Niemandsland, aber die Fussgängertrasse kann den Ansturm nicht fassen. Laut wird es am Potsdamer Platz, und die Mieterin Dr. Tamara Bauer, selbst erst 1986 aus dem Osten gekommen, denkt nicht an Schlaf: „Ich hatte Angst, aufzuwachen und festzustellen, ich hätte alles nur geträumt." Zwei Millionen DDR-Bürger, die selbst noch zu träumen glauben, strömen am 11. November nach Westberlin, und die Berliner Verkehrsbetriebe müssen sich Busse aus Westdeutschland leihen.

Die in den letzten Jahren immer gemütlichere Frontstadt ist nun so gemütlich nicht mehr. Das Tor zum Osten ist auf, und es zieht. Die Besucher von drüben gucken und kaufen, die Parkplätze sind überfüllt und in den Supermärkten viele Regale wie leergefegt. Die Maueridylle, Anreiz für viele westdeutsche Neubürger, geht unter in Aggressivität und Gerempel, als sei die Stadt plötzlich kleiner geworden.

Der Potsdamer Platz, Freifläche für Jogger und Spaziergänger, ist überlaufen. Eine Oase wären das Haus Huth und der Garten früher gewesen, und „idyllisch der Tiergarten vor der Tür", trauert der Mieter Lutz Wernicke, der längst ein Ex-Mieter ist, als ich ihn im Sommer 1999 über die seligen Tage vor dem Mauerfall befrage.

Am 12. November eröffnen die Bürgermeister der beiden Teilstädte, Momper (West) und Erhard Krack (Ost), den Grenzübergang Potsdamer Platz, während der Sozialismus ums Überleben kämpft. Vergeblich ruft der greise Stasi-Chef Erich Mielke seinen Genossen zu „Ich liebe euch doch alle", doch die Genossen wollen den Wechsel, der Hoffnungsträger Hans Modrow wird Ministerpräsident und Egon Krenz nach nur 44 Tagen als 1. Parteisekretär politischer Frührentner. Die SED tauft sich in SED-PDS um und wird bald im Schafspelz einen neuen Aufstieg erleben.

Die Völker der Welt schauen mal wieder auf diese Stadt und mißtrauisch auf die vielen jubelnden Deutschen. Der amerikanische Außenminister James Baker kommt an den Potsdamer Platz und muß nicht mehr wie seine Vorgänger auf ein Holzgerüst klettern, um in den Osten zu blicken, es kommt der französische Staatspräsident François Mitterrand auf DDR-Besuch, um für „ein Gleichgewicht in Europa" zu werben, was nur schlecht kaschiert, daß viele Staaten Angst haben vor dem wiedervereinigten Nachbarn.

Der kategorische Imperativ des 1985 verstorbenen Verlegers Axel Springer, das Brandenburger Tor zu öffnen, wird zwei Tage vor Heiligabend realisiert, und die erste gesamtdeutsche Silvesterfeier am Pariser Platz endet mit einem Toten, 287 Verletzten und einer schwer beschädigten Quadriga. Das Schicksalsjahr 1989 ist vorüber, und die Mieterin Margarete Marx resümiert: „Mit der schönen Ruhe im Haus Huth war's aus."

Draußen in der Brache wird es lebendiger, als den Hausbewohnern lieb ist. 30 Touristenbusse am Tag vor dem Mauerfall, das war leicht zu ertragen, aber jetzt wimmelt es ringsum von Menschen. Zum erstenmal ist der Potsdamer Platz wieder so belebt wie in den Goldenen Zwanziger Jahren, nur daß die Häuser fehlen und Trampelpfade die Bürgersteige ersetzen. Autowracks und sogar ein Flugzeugteil liegen herum. „Das Haus Huth war ein Stück Heimat", sagt der

Mieter Peter Schubert, heute in Dänemark. „Wir haben mit unseren Freunden hier sehr intensiv gelebt. Mauerblick, der Zirkus Tempodrom, das Wohnwagendorf der alternativen Rollheimer, die Staatsbesucher und der Kollege auf der anderen Seite mit seinem Fernglas auf den Wachturm, das war schon etwas Besonderes. Den Fall der Mauer habe ich als unwirklich und die vielen fremden Menschen eher als Eindringlinge empfunden. Es war Zeit, von dem Potsdamer Platz, wie wir ihn kannten, Abschied zu nehmen."

Abschied nehmen von einem Himmel über Berlin, der nirgendwo so weit war wie hier, Abschied von den Schafen und Kaninchen in den Überresten des Luxushotels Esplanade, gehütet vom Hausmeister Otto Redlin, und den Kindern auf der Schaukel im Garten des Hauses Huth.

Noch steckt Frau Manke die Tulpen raus, aber diese bukolische Welt konnte nicht von Dauer sein. Unwirklich war nicht nur der Fall der Mauer, sondern auch ihr Bau, die Teilung der Stadt und der falsche Friede am Potsdamer Platz.

Die Moderne, sagt Hanno Klein, werde „jetzt Platz greifen müssen". Der Stadtplaner beim Bausenator tut die Tatorte des NS-Staates wie Volksgerichtshof, Führerbunker und das SS-Areal in der ehemaligen Prinz-Albrecht-Straße als „Gruseltheater" ab und fordert „verkehrsgerechte Ost-West-Verbindungen". Den Aufbruch in die zweite Gründerzeit erlebt Klein nicht mehr, eine Briefbombe tötet ihn am 12. Juni 1991 in seiner Wilmersdorfer Wohnung. Die Tat ist bis heute nicht geklärt, geblieben sind die Spekulationen – Stasi, Autonome, Baumafia, die freie Auswahl.

Die Moderne ereilt Hausmeisterin Rita Mohr in der Gestalt von Möchtegern-Investoren, die an ihrer Wohnungstür klingeln und Visitenkarten abgeben. Sie interessieren sich für das Haus und das Gelände ringsum, denn die Mitte ist wieder Mitte geworden, und die Brache ein Sahnestück.

Am 15. Januar 1990 wird das MfS-Hauptquartier in Lichtenberg von ungeduldigen Demonstranten gestürmt, aber da ist der größte Teil der geheimen Akten schon vernichtet. Auf der Grünen Woche stellen erstmals DDR-Firmen aus, und die DDR-Firma Limex beginnt mit dem Verkauf der Mauer.

Der schwerkranke Herr Honecker wandert von der Charité für einen Tag ins Gefängnis Rummelsburg, kommt dann bei einem Pfarrer im Lobetal unter und schließlich im russischen Militärkrankenhaus draußen in Beelitz. Das erweckt natürlich mehr Aufmerksamkeit in den Medien als eine Vorstandssitzung in Stuttgart, auf der Daimler-Benz am 19. Februar endgültig entscheidet, seinen neuen Dienstleistungsbereich am Potsdamer Platz anzusiedeln, worüber man sich mit dem Senat seit dem Spätsommer des Vorjahres einig ist. Aber nun hat die Euphorie der Wiedervereinigung auch die rotgrünen Unterhändler erfaßt, und Dr. Gentz, damals debis-Chef und heute Finanzchef bei DaimlerChrysler, erinnert sich, daß „die Stadt Berlin praktisch jede Woche eine neue Idee entwickelte, wie der Kaufpreis nun eigentlich aussehen sollte, weil Berlin sich kurzfristig in eine blühende Landschaft verwandeln würde und man sich die Investoren sowieso aussuchen könnte."

Eine „Jahrhundertentscheidung" hat der beflügelte Bürgermeister Momper das Geschäft mit dem Stuttgarter Weltkonzern genannt, auch wenn sein grüner Koalitionspartner wegen der großzügigen und bedingungslosen Geländevergabe ganz anderer Meinung ist.

Ruhe vor dem Sturm am Potsdamer Platz. Der Mieter Köbberling trägt sich mit dem Gedanken, im Garten, den Frau Manke eisern verwaltet und für den sie alle eine bescheidene Jahresgebühr von 50 Mark bezahlen, wieder Kartoffeln und Sonnenblumen anzubauen, da wird er von einer Zeitungsmeldung hochgeschreckt: „Daimler gibt Gas" steht in der *taz,* was nicht stimmt, weil sich der Baubeginn wegen endloser Querelen zwischen Investor und der Stadt Berlin noch jahrelang hinziehen wird, aber das Wetterleuchten am Horizont ist unübersehbar, und am 22. Februar findet im Haus das erste Mietertreffen statt. „Wir werden uns mit allen rechtlichen Mitteln wehren", beschließen die Anwesenden, obwohl noch gar nicht klar ist, wogegen. Es gibt noch keinen Senatsentscheid über den Kauf des Geländes, keinen Kaufvertrag oder gar einen Bebauungsplan.

Zwar ist auch die alte Potsdamer Straße mit ihren Linden und das Haus Huth samt totem und lebendem Inventar im Angebotspaket, aber darüber macht sich im Frühjahr 1990 bei Daimler-Benz noch niemand Gedanken.

Zur zweiten Mieterversammlung ist auch die Presse geladen, und am nächsten Tag stehen die Proteste in der *Morgenpost:* „Daimler-Benz darf uns nicht auf die Straße setzen."

Keinen Verkauf unserer Sozialwohnungen an Daimler, fordern die Mieter Wolfram Schulze und Werner Köbberling in einem Brief an die grüne Umweltsenatorin Michaele Schreyer, und die verspricht am 5. April in ihrer Antwort, der Senat würde „sich dafür verwenden, daß über die Eigentumsfrage des Grundstückes Potsdamer Straße erst nach Abschluß des städtebaulichen Wettbewerbes entschieden wird." Das ist nur ein vages Versprechen, Muster ohne Wert, wie sich bald herausstellen wird.

Drüben, in der real noch existierenden DDR, wurde inzwischen eine neue Volkskammer gewählt, in der die CDU-geführte ‚Allianz für Deutschland' mit deutlichem Vorsprung vertreten ist, und Ulrich de Maizière löst den Ministerpräsidenten Modrow ab. Damit wird ein Schlußstrich unter den sozialistischen Machtanspruch gezogen, und nun braucht man auch die 173.000 informellen Mitarbeiter der Stasi nicht mehr. Sie werden von ihren Pflichten entbunden und bleiben doch das gesamtdeutsche Trauma bis zur Jahrtausendwende und sicher lange darüber hinaus.

Aufbruchstimmung herrscht auch im Westen: Am 10. April beschließt der Senat endlich einen städtebaulichen Wettbewerb für den Potsdamer und den Leipziger Platz, die grüne Stadtentwicklungssenatorin legt ihren Plan vor und der rote Bausenator Nagel den seinen.

Daimler-Benz wird in dem Entwurf eine Kaufoption auf 60.000 Quadratmeter Grund beiderseits der alten Potsdamer Straße bis vor die Rückfront der Staatsbibliothek eingeräumt, das schmeckt den Grünen nicht, aber Herr Momper, den Grünen ohnehin nicht mehr so grün, hat es eilig. Gerade mal vier Wochen sind für die öffentliche Diskussion, das Expertenhearing und die Abstimmung mit dem Ost-Berliner Magistrat vorgesehen, Ende April soll die Wettbewerbsaufgabe formuliert werden. Bis Ende Juli sollen sich Architekten die Unterlagen abholen können und haben dann ganze drei Monate Zeit für ihre Entwürfe.

Mit einem Baubeginn könne für 1992 fest gerechnet werden, heißt es im Senatsbeschluß, da freut sich Daimler-Benz, aber um zwei Jahre zu früh. Denn jetzt kommt die Diskussion erst richtig in Gang, die *Zeit* mäkelt, die Neuformulierung der Berliner Mitte würde nicht im Abgeordnetenhaus debattiert und ohne Parlamentsbeschluß gefaßt. Immerhin ist die öffentliche Meinung gefragt, und die Mieter im Haus Huth eilen zu den Veranstaltungen des Senats, die unter so wolkigen Titeln stehen wie „Berlins neuer Anfang – Visionen, Utopien und Gedanken", aber die bange Frage nicht beantworten, was nun aus den Wohnungen wird im Hause Huth.

Berlin fühlt sich als künftige Hauptstadt und ist noch lange keine. Ende April spricht sich Bundespräsident Richard von Weizsäcker für Berlin als Regierungssitz aus, doch die Hauptstadtgarantie der Nachkriegszeit ist ein leeres Versprechen gewesen, das wird die knappe Abstimmung Berlin-Bonn ein Jahr später deutlich machen.

Hertha BSC steigt am 28. April in die Bundesliga auf, und zwei Tage später besetzen die Grünen demonstrativ den Potsdamer Platz. Sie protestieren vor skelettierten Mauersegmenten gegen die Daimler-Benz-Option, und der Mieter Köbberling fotografiert vom Dach aus die Zelte der Alternativen. Viel bewirkt die Geste nicht, die Stadt interessiert sich mehr für die bevorstehende Währungsunion und den Abbau des Checkpoints Charlie an der Friedrichstraße.

Am 1. Juli entfallen die innerstädtischen Grenzkontrollen, und auch in der Stadtmitte wird seit ein paar Monaten die Mauer abgebaut. Im November wird sie am Potsdamer Platz bis auf ein paar abgestellte Reste verschwunden sein. Die Diskussionen um das Daimler-Benz-Projekt gehen weiter, und am selben Tag, an dem der Architekt Peter Schulze auf einer Senatsveranstaltung fordert, man möge das Prinzip der Parzelle wieder zum Grundstein städtebaulicher Strukturen machen, billigen im Roten Rathaus West-Berliner Senat und Ost-Berliner Magistrat gegen die

Stimmen der Alternativen Liste den Grundstückskaufvertrag mit Daimler-Benz.

Das passiert am 3. Juli 1990, und zwei Wochen später wird der Kaufvertrag geschlossen. Knapp 93 Millionen Mark zahlt das Unternehmen für 61.710 Quadratmeter Boden, Grund genug für den Stadthistoriker Dieter Hoffmann-Axthelm, dem „subalternen Senat" vorzuwerfen, er habe bei 1.505 Mark pro Quadratmeter „Grund und Boden mehr oder weniger verschenkt".

Von einem Ausverkauf der Stadtmitte sprechen auch die Grünen und beschuldigen ihren Koalitionspartner, er habe verhandelt, als sei das Areal sein Eigentum und das Ergebnis des städtebaulichen Wettbewerbes nicht abgewartet. Das ist leicht gesagt, denn über die Rahmenbedingungen dieses Wettbewerbs werden sich SPD und AL nicht einig, und noch im Dezember, als die rotgrüne Koalition platzt, liegen sich die Kontrahenten Nagel und Schreyer über die künftige Breite der Leipziger Straße in den Haaren.

Es schimpft der Verleger Wolf Jobst Siedler über die „Abdankung der Stadt vor den Invasoren", verärgert ist aber auch Edzard Reuter über „eine Behandlung durch den Senat, wie sie unter seriösen Kaufleuten unüblich ist." Scheibchenweise habe der Senat den Kaufpreis immer wieder hochgedrückt, obwohl man sich zu Jahresbeginn über alle Modalitäten geeinigt habe. Ob Berlin denn eine Kleingärtnerstadt werden wolle, fragt Reuter, als die Pläne der Senatorin Schreyer bekanntwerden, eine Grüntangente von 100 Metern Breite über den Potsdamer Platz zum Tiergarten zu führen, und selbst der Stadthistoriker Hoffmann-Axthelm mahnt, man solle Abstand nehmen von dem Versuch, die Stadt unter den Gesichtspunkten technischer Belüftung und der Seuchenbekämpfung zu betrachten.

Am 8. Juli hat das Geholze Pause, Deutschland ist Fußballweltmeister geworden, das zählt natürlich mehr als die Tugend der Kaltluftschneisen, und eine Woche später einigen sich Gorbatschow und Kohl im Kaukasus über die Zukunft Deutschlands. Auf dem Gelände der ehemaligen Reichskanzlei wird nach Munition gesucht, dabei werden verborgene Bunkeranlagen entdeckt, neben dem Schrott des Krieges auch die Hochbetten der Goebbels-Kinder, Aluminiumkisten mit Fragmenten der Goebbels-Tagebücher und Wandzeichnungen der SS, Weltanschauung auf Beton, unsäglicher Kitsch.

Dennoch möchten Denkmalschützer Bunker und Fresken als Zeitzeugnis bewahren, denn viel ist vom Areal des ‚Führers' nicht geblieben, nachdem die DDR in den 80er Jahren entlang der Wilhelmstraße Edel-Plattenbauten errichtet und die häßliche Vergangenheit mit Sprengungen entsorgt hat. Auch der sogenannte Führerbunker ist dabei bis auf die Bodenplatte in zwölf Meter Tiefe und ein paar Zwischenwände abgeräumt worden. Nur das Niemandsland an der Mauer wurde nicht angetastet, und hier kommen nun nach dem Mauerfall die Bunkerreste, SS-Garagen, die Fundamente des Ehrenhofes und der Goebbels-Villa zum Vorschein. Aber das sind keine Erinnerungen zum Vorzeigen, eher ein Schandfleck, der getilgt werden muß, deshalb sind sich SPD- wie CDU-Politiker schnell einig, daß es auf dem historisch kontaminierten Boden für die Nachwelt nichts zu schützen gibt.

Der SS-Bunker verschwindet wieder unter der Erde, und das Areal wird nach Kampfmitteln durchsucht, denn am 21. Juli möchte der frühere Pink-Floyd-Musiker Roger Waters auf dem Gelände die Rockoper *The Wall* aufführen. Den Mietern im Haus Huth hallen die Tonproben in den Ohren, und Roadies üben mit Bumerangs.

Vom Logenplatz auf dem Dach des Hauses Huth haben Mieter Wolfram Schulze und seine Freunde freien Ausblick auf das Spektakel der Rockoper The Wall.

100.000 Besucher werden zu dem Konzert erwartet, da suchen die Fotografen schon früh nach einem Aussichtspunkt. Das kann natürlich nur das Weinhaus Huth sein, wie praktisch, daß die Fassade gerade eingerüstet ist. Als Schaulustige auch noch in die Wohnungen drängen und bei der Hausmeisterin Mohr den Fuß in die Tür stellen, ruft Frau Mohr entnervt die Polizei.

Auf dem Dach hat es sich der Mieter Wolfram Schulze mit Freunden bequem gemacht, das Haus bewährt sich mal wieder als Balkonplatz in der Geschichte, Eintritt frei. *Tear down the wall, the tide is turning* dröhnt es aus den Boxen zum gigantischen Sturz der 25 Meter hohen Mauer aus Styropor, der spektakulärer ist als der stille Abbau der sehr viel kleineren Mauerteile ringsum.

Am 31. August wird der Einigungsvertrag zwischen beiden deutschen Staaten unterschrieben, und die Mieter vom Haus Huth spielen Fußball auf der Wiese gegenüber oder üben sich im Bogenschießen. Sie haben es jetzt schriftlich, daß ihre Mietverhältnisse „im Rahmen der gesetzlichen Bestimmungen" von Daimler-Benz übernommen werden und sorgen sich mehr über die Abfälle des wilden Marktes als über ihre Zukunft. „Wüste Typen machten vor Zelten und Holzbütten ihre Feuerchen", erinnert sich die Mieterin Tamara Bauer an die unliebsamen Dauergäste, und selbst die Politikerin Hanna-Renate Laurien rümpft bei einem Kurzbesuch die Nase.

Mitte September stimmt das Abgeordnetenhaus dem vom Senat im Juli geschlossenen Kaufvertrag zu, Daimler-Benz freut sich auf den baldigen Baubeginn, der freilich noch lange auf sich warten läßt.

Eine Million Menschen feiern am 2. Oktober rings um das Brandenburger Tor die deutsche Einheit, die am nächsten Tag bevorsteht. Berliner sind dann voll wahlberechtigt, aber auch wehrpflichtig, und die drei alliierten Stadtkommandanten verlassen die Stadt. Erst bei den Abschiedsparaden ihrer Schutztruppen in den nächsten Monaten wird vielen West-Berlinern klar, daß nun wirklich eine Epoche zu Ende geht, und die amerikanischen Soldaten werden bejubelt wie nirgendwo sonst auf der Welt.

Über 4.000 alliierte Vorschriften werden ungültig, darunter auch der visafreie Zugang nach West-Berlin für alle osteuropäischen Besucher. Das bedeutet das jähe Ende des Polenmarktes, kein illegaler Handel mehr mit Zigaretten, Textilien und Schnaps am Potsdamer Platz, keine Menschenheere und kein Verkehrschaos. Die Mieter im Haus Huth atmen auf, nur Frau Manke fährt der Schreck in die Glieder: Der geliebte Garten, der zur Hälfte auf der alten Potsdamer Straße liegt, wird ihr vom Bezirksamt Tiergarten zum 30. November gekündigt, und damit auch die „Nutzung von Straßenteilen zu Erholungszwecken". Doch der Schreck läßt nach, das Bezirksamt zieht die Kündigung wieder zurück, „da wir erfahren haben, daß das Gelände bereits im Juli an Daimler-Benz verkauft wurde", guten Morgen.

Es wird stiller am Potsdamer Platz, so still, daß der Bund Deutscher Architekten am 13. November 1990 den städtebaulichen Wettbewerb anmahnt und vom Senat Bescheid bekommt, daß der spätestens im Dezember ausgeschrieben werde, doch dazu kommt es nun nicht mehr. Am 15. November kündigt die AL nach den rabiaten Häuserräumungen in der Mainzer Straße im Bezirk Friedrichshain die Koalition mit dem ungeliebten Momper auf, und die Wahlen zwei Wochen später gewinnt die CDU.

Volker Hassemer ersetzt die grüne Michaele Schreyer als Senator für Stadtentwicklung und Umweltschutz und stellt alles auf Anfang – der städtebauliche Wettbewerb der rotgrünen Koalition wird gestoppt.

Bauherr Daimler-Benz dreht sich weiter in der Warteschleife und kauft am Landwehrkanal ein Grundstück hinzu, auf dem der häßliche Bellevue-Tower steht, einst als Hotel geplant und jetzt Studentenwohnheim. Für das kleine Grundstück zahlt der Konzern auf der Basis einer Bewertung des Ertragswertes des Hochhauses mit 64,2 Millionen Mark fast zwei Drittel des Kaufpreises, den er am Potsdamer Platz investiert hat.

Der sei ohnehin um die Hälfte zu niedrig gewesen, befindet ein unabhängiger Gutachterausschuß und ermittelt eine offene Rechnung von 86,8 Millionen

Mark. Das Unternehmen Daimler-Benz kontert, es habe zum Marktpreis gekauft, zumal der Gutachterausschuß des Landes Berlin den Kaufpreis vorgegeben habe. Aber als wegen des Grundstücksgeschäftes ein Untersuchungsverfahren der Europäischen Kommission eingeleitet wird, um sich mit dem Spekulationsvorwurf zu beschäftigen, zahlt Daimler-Benz, um einen langjährigen Rechtsstreit zu vermeiden, verärgert 33,8 Millionen Mark nach. 53 Millionen werden dem Konzern wegen der hohen Ausgaben für den Bellevue-Tower erlassen.

In Berlin, das einst am Bonner Tropf hing, wird nun um Millionen gepokert. Der Senat, als permanenter Almosenempfänger an aktives Gestalten nicht mehr gewöhnt, steht mit Weltkonzernen im Ring, die gesundes Selbstbewußtsein demonstrieren. Daimler-Benz bekommt am Potsdamer Platz einen neuen Nachbarn, den japanischen Konzern Sony, der für Grund und Boden zwischen Bellevuestraße und Kulturforum einen mehr als doppelt so hohen Quadratmeterpreis bezahlt als der schwäbische Nachbar noch vor einem Jahr. Das Gelände, nicht mal halb so groß wie das Daimler-Benz-Areal, ist für 103 Millionen Mark zu haben, aber auch das erweist sich als Schnäppchen, denn der Gutachterausschuß hat einen Wert von 260 Millionen Mark ermittelt und ist vom neuen Senat sogleich abgebremst worden – schließlich hat sich Sony verpflichtet, die marode Ruine des denkmalgeschützten Esplanade mit in den Baukomplex zu stellen und auf dem Gelände das dort seit langem geplante Filmhaus zu realisieren. „Ja, da muß man sich doch einfach hinlegen", singt die Polly in der *Dreigroschenoper,* Aufbruchstimmung ist am Potsdamer Platz und Sony ist dort der letzte Großinvestor von Rang.

Die Staatsbibliothek, ein Altbau von 1913 und der Bellevue-Tower begrenzen vor Baubeginn das DaimlerChrysler-Areal im Süden. Am Potsdamer Platz das Weinhaus Huth mit einer weißen Außenfassade.

Im März 1991 flieht der einst so mächtige Erich Honecker mit dezenter Hilfe der russischen Luftwaffe nach Moskau und sucht aus Angst vor einer Auslieferung dort Zuflucht in der chinesischen Botschaft. Herr Hassemer hat seine Schulaufgaben fertig und lobt den städtebaulichen Wettbewerb aus, viel zu spät, denn Daimler-Benz ist längst Eigentümer des stadtteilgroßen Grundstücks am Potsdamer Platz, und auch Sony wird am 20. Juni den Kaufvertrag unterzeichnen. Aus ihrer Sicht haben die neuen Herren ein Mitspracherecht, jetzt rächt sich die versäumte Stadtplanung vor dem Ausverkauf der Berliner Stadtmitte.

Im Juni schrammt die Hauptstadt nur knapp an einer Katastrophe vorbei, damit ist nicht Herthas Sturz aus der Bundesliga gemeint, sondern die hauchdünne Entscheidung für den Regierungssitz Berlin. Gerade mal 18 Stimmen mehr als notwendig finden sich für den Umzug, die großen Parteien mitsamt Johannes Rau, damals Ministerpräsident von Nordrhein-Westfalen, stimmen für den Verbleib in Bonn, nur PDS und Teile der FDP sind dagegen. Ohne die Berlin-Fans der Post-Sozialisten würden im Sommer 1999 in Bonn keine Container beladen, gäbe es kein Kanzleramt im Spreebogen und wäre der Reichstag ein Haus ohne Funktion, die Hauptstadt Berlin eine Worthülse und die Regierung weiterhin am Rhein – dafür war damals auch die Mehrheit der Deutschen.

Herr Hassemer gibt die Wettbewerbsauflagen für die städtebaulichen Wettbewerbe aus, und die Investoren mahnen, „daß den Planern der Weg zu einer hervorragenden Lösung nicht durch Stilvorgaben und Restriktionen verstellt werden sollte". Hier deutet sich bereits der Streit um die Gestaltung des Areals an, der zwischen Bauherren und Stadt unweigerlich losbrechen wird, das Gezerre um Traufhöhen, Verdichtung und das Dogma der „historischen Rekonstruktion", den Berliner Gestaltungskanon zwischen Block und Traufe. Hans Stimmann, damals Stadtbaudirektor beim Senator für Bau- und Wohnungswesen, fordert „den Respekt vor den historischen Baufluchten und dem Straßennetz", das trägt ihm wenig Ehre, aber viele Feinde ein, denn aus dem Inmobilienstreit um den Potsdamer Platz wird jetzt ein Architekturstreit, auf der einen Seite die Modernisierer, die ihre Vorbilder in Hongkong und Seattle suchen, auf der anderen die Verfechter der Kleinteiligkeit, aus der Berlin gewachsen ist.

Die Parzelle als Schlüsselbegriff, so steht es auch in der Ausschreibung, da ahnt Daimler-Benz Schlimmes und beauftragt den englischen Stararchitekten Sir Richard Rogers für ihren Teil des Wettbewerbsgeländes mit einem städtebaulichen Gegenentwurf. „Wir haben von Anfang an ein Mitspracherecht bei der Gestaltung und Entwicklung des Konzeptes beansprucht", sagt Dr. Manfred Gentz, „und das ist vom Senat, in der Bevölkerung und in Berliner Architekturkreisen gar nicht gutgeheißen worden."

Der Konzern ist nicht ganz zu Unrecht vergrätzt, weil – so das Unternehmen in einer Stellungnahme – „Herr Hassemer entgegen den vertraglichen Absprachen den Städtebaulichen Wettbewerb ausgelobt hatte, ohne die Investoren am Preisgericht stimmberechtigt zu beteiligen." Nun soll der Rogers-Entwurf helfen, „uns in die Lage zu versetzen, überhaupt städtebaulich argumentieren zu können, wenn der städtebauliche Wettbewerbsentwurf – auf dessen Entscheidungsfindung wir nicht einwirken konnten – zu einem für uns nicht tragbaren Ergebnis führen sollte."

Genauso kommt es. Am 2. Oktober 1991 entscheidet sich die Jury für den Entwurf der Architekten Heinz Hilmer und Christoph Sattler, weil er keine Hochhaus-Agglomeration zuläßt und „Leben nicht nur im Innern großstrukturierter Gebäudekomplexe, sondern auf Straßen und Plätzen" vorsieht. Das riecht ein bißchen nach dem Mythos vom Potsdamer Platz, der Verherrlichung des Tempos und des „Gebrülls der Großstadt", über das sich schon der Schriftsteller Benedict Härlin mokiert hat. Der öffentliche Raum soll die Vergangenheit wieder lebendig machen, Urbanität am Reißbrett, ein Traum.

Natürlich sind auch Hochhäuser mit Parkplätzen und Abstandsgrün keine Lösung, wie sie einige

Architekten am Potsdamer Platz hinstellen wollen, vor allem nicht in einer notorisch wolkenkratzerfeindlichen Stadt. Großstädtisch gibt sich nur die CDU, die einen Verzicht auf Hochhäuser als „Provinz" bezeichnet, dem Schreckenswort.

Schon Momper hat vor einem „Klein-Kleckersdorf" gewarnt, nun stampft Matthias Kleinert, Daimler-Benz-Sprecher, mit dem „Elefantenfuß" *(taz)* auf und bescheinigt der Juryentscheidung ein „Niveau zwischen Berlin und Posemuckel". Eine zu starre Dimensionierung der Baukörper und eine enge und undefinierte Ansammlung unterschiedlich hoher Gebäude moniert der Generalbevollmächtigte, Kolossalfronten von 600 Meter Länge und dunkle Innenhöfe als satirische Reminiszenzen an Berliner Mietskasernen oder die Stalinallee. „Da mußte man starke Nerven haben", sagt Stimmann heute, „aber die sind eben mit dem Selbstbewußtsein großer Konzerne aufgetreten und wollten ganz andere Stadtmodelle. An deren Stelle wäre ich wahrscheinlich auch so rotzfrech gewesen."

Nun erinnern sich Zeitzeugen an einen auch nicht gerade milden Stimmann, der holländische Architekt Rem Kolhaas beschwert sich, Stimmann habe Andersdenkende abgekanzelt und ein Massaker an architektonischer Intelligenz, Vorstellungskraft und Realismus angerichtet, „die schmerzlichste Erfahrung meines beruflichen Lebens".

Das Brandenburger Tor wird 200 Jahre alt, und in Moskau stürzt ein gewisser Gorbatschow, aber das geht im Stress um die Zukunft des Potsdamer Platzes fast unter. Eine wilde Pressekampagne mit offenen Briefen und gegenseitigen Beschuldigungen bricht los, da kommt auch das Weinhaus Huth mit einem Bericht in *Spiegel-TV* aus dem Abseits, denn auf dem Dach des Gebäudes diskutieren Vertreter des Konzerns mit dem

Senator Hassemer über das Hilmer & Sattler-Modell, mit dem sie sich „nicht identifzieren" und dessen Grundstrukturen sie „nicht verantworten können."

Im November 1991 legt Richard Rogers seinen Gegenentwurf vor, und wieder gehen die Wogen hoch. Überdachte Querstraßen, der Stadtteil eine einzige riesige Shopping mall, dagegen protestieren die Rogers-Gegner. Das Berliner Parlament lehnt den Wunsch des Investors ab, den 1.8 Millionen Mark teuren Entwurf als gleichberechtigt zu berücksichtigen, aber die Drohgebärde erzielt die beabsichtigte Wirkung: Senat und Bauherren setzen sich zusammen und einigen sich über Baublöcke, Innenhöfe, Blockstrukturen, den Anteil der Wohnungen und Büros. Daimler-Benz darf höher bauen als ursprünglich geplant, und im Januar 1992, kurz vor dem Prozeß gegen Stasi-Chef Erich Mielke, notiert der Konzern befriedigt, „die notwendige Flexibilisierung" des Hilmer & Sattler-Entwurfes sei erreicht worden.

Paris habe Angst vor Berlin, das „Hauptstadt der internationalen Konzerne" würde, jubelt nun die B.Z., realitätsfern wie der Bausenator Nagel mit seiner Ankündigung, „bis 1995 könne die Regierung kommen". Berlin klebt noch an der Vergangenheit, da wird schon die Zukunft beschworen. Die Gegenwart fällt bescheidener aus: Im März fährt am Potsdamer Platz die S-Bahn wieder, provisorisch hergerichtet ist der unterirdische S-Bahnhof mit den altmodischen Inschriften, der während der Teilung im Halbdunkel versunken war.

Die Magnetbahn ist abgebaut, und Daimler-Nachbar Sony ruft einen Architektenwettbewerb aus, den Helmut Jahn gewinnen wird, obwohl er alle Vorstellungen des Senats vor einer „europäischen Stadt" am Potsdamer Platz ignoriert.

Ich sitze vor zwei Luftaufnahmen. Der Potsdamer Platz 1926 und Anfang der neunziger Jahre. Das steinerne Meer und die Brache, der Vergleich verschlägt noch immer den Atem. Das alte Foto zeigt ein vertrautes Berlin, obwohl ich es so nie gesehen habe. Das Weinhaus Rheingold hat seinen Namen in Klotzbuchstaben aufs Dach gesetzt, nebenan das Grandhotel Esplanade und dahinter das Königliche-Wilhelms-Gymnasium, später Volksgerichtshof. Alles leicht zu identifizieren, Fürstenhof, Pschorr-Bier-Palast, die Torhäuser Schinkels und die Verkehrsinsel mit dem Ampelturm. Dahinter der Potsdamer Bahnhof, die Lindenallee der Potsdamer Straße und das Türmchen vom Weinhaus Huth. Schön ist der Potsdamer Platz nie gewesen, eher laut, aber er hatte Charakter.

Dann die Brache. Vom Landwehrkanal zieht sie sich bis hinüber zur Wilhelmstraße, von Straßen durchzogen, die keine Häuser säumen. Am Kanal das Paul-Karchow-Haus von 1913, ein Überbleibsel der alten Stadt wie das Weinhaus Huth. Sinnlos ragt der Belle-vue-Tower in die Steppe, vorn fläzt sich die Staatsbibliothek. Erst aus der Luft wird die Leere deutlich.

„Hier muß er doch irgendwo sein? Ich kann den Potsdamer Platz nicht finden", hat Curt Bois in dem Film *Der Himmel über Berlin* gerufen, aber das alte Berlin ist einem katalaunischen Feld gewichen. „Einhundert Parzellen", schreibt Heinrich Wefing in seinem Buch *Der neue Potsdamer Platz*, „bedeuteten hundert Eigentümer, hundert Individualinteressen, hundert Pläne, Träume, Schicksale, hundert Bauherren, hundert Architekten, hundert Fassaden, Eingänge, Fensterformen, Hinterhöfe."

Aber diese Parzellen stehen am Potsdamer Platz nur noch auf dem Papier. Hier wie überall wurde Tabula rasa gemacht, obwohl „es diesen historischen Ort nach dem Krieg durchaus noch gab, auch wenn die Gebäude weitgehend verbrannt und zerstört waren", resümiert die *FAZ*. „Man hätte damals alles sehr leicht wieder aufbauen können. Stadtplaner und Politiker waren bei der Verwüstung wirksamer als die Bomben. Der Potsdamer Platz ist der Beweis für den Wunsch, die Tragödie zu vergessen."

Es sei nicht seine Schuld, daß der Potsdamer Platz zerstört wurde, so wehrt sich auch der Architekt Renzo Piano gegen den Vorwurf, er habe am Potsdamer Platz eine „Instant City" errichtet.

Im März 1992 lobt Daimler-Benz den Realisierungswettbewerb aus, da ist die Friedrichstraße schon Großbaustelle. Dort wird kein Gedanke an Parzellen verschwendet, sondern in Riesenblöcken gedacht, die meist von einem Straßenzug zum anderen reichen – „Baubouletten mit 110 m Seitenlänge", so der Architekturkritiker Michael Mönninger.

„Es gibt in dieser Stadt keine Beschlüsse über den Umgang mit öffentlichem Eigentum", sagt Hans Stimmann. „Jedes Grundstück wird zum Höchstpreis auf den Markt gebracht, dadurch entsteht Druck auf den Investor, das auch vollzustopfen. Ohne Ideen von Stadt entstehen eben die Strukturen, über die man sich heute wundert."

„So ist der Weltenlauf
Berlin steigt ab, Berlin steigt auf.
So ist der Zeiten Läufte,
nun steht zum Kauf,
was sich hier häufte."
Inschrift in einem Lokal in der Friedrichstraße

Mitte April 1992 muß Daimler-Benz den von der Europäischen Kommission geforderten Nachschlag von

33.8 Millionen Mark auf den Kaufpreis zahlen, „ein ärgerlicher Vorgang", so Vorstand Dr. Gentz, und der Senat wehrt sich gegen erneute Vorwürfe, er habe das Gelände zu billig verkauft, mit dem Hinweis, „der dem Kaufpreis zugrunde gelegte Verkehrswert sei von der Bauverwaltung zu einer Zeit ermittelt worden, als sich die politischen Verhältnisse in der Stadt entscheidend veränderten, aber noch voll im Fluß waren."

Über den Handel kann Daimler nicht traurig sein. Zum Jahresanfang 1999 liegen die Bodenrichtwerte in bevorzugten Lagen, wozu auch der Potsdamer Platz gehört, bei 10.000 bis 12.000 Mark pro Quadratmeter, so steht es im Marktbericht des unabhängigen Gutachterausschusses, „ein gewisser Mehrwert", den auch Dr. Gentz nicht leugnen mag.

In Paris stirbt Marlene Dietrich und wird in Berlin begraben. Am 7. Mai 1992 stellen sich 14 Architekten, die am Daimler-Benz-Projekt mitwirken, mit ihren früheren Arbeiten im Haus Huth vor, das wie ein Fremdkörper ins Wettbewerbsgebiet ragt. Richard Rogers ist da, Arata Isozaki, Hans Kollhoff und der spätere Wettbewerbssieger Renzo Piano, der das Centre Pompidou in Paris gebaut hat. Es sind noch knapp vier Monate hin bis zur Juryentscheidung, zerstoben sind die Illusionen des Architekten Bernhard Strecker im Hause Huth, der als kritischer Stadtplaner der ‚Gruppe November '89' die „Rehabilitation der von den Nazis im wesentlichen gemordeten Stadt" gewollt hat, eine „vielfältige Grundstücksbildung und -nutzung mit den gewachsenen Strukturen eines Stadtteilcharakters, wie er in anderen Berliner Vierteln noch vorhanden ist."

In der 300 Quadratmeter großen Etagenwohnung, längste Perspektive 30 Meter, hat Strecker auf schwarzen Schieferböden und vor ultramarinblauen Wänden

den Stadtplaner Hans Stimmann, den später gemordeten Hanno Klein und den Architekten Hans Kollhoff
empfangen, „in diesem Studio sind die Konzepte eines
neuen Berlin entstanden, die kritische Rekonstruktion
des alten Berlin, aber wir sind ja von so mediokren
Typen wie Momper und Nagel als kleinkarierte Kiezler
lächerlich gemacht worden." Zornige Erinnerungen an
die Stunde Null und die Insel der Seligen vor dem
Mauerfall, als in Streckers italinienisch angehauchtem
Palazzo für einen Film Eisenbahnschienen verlegt
wurden und der Regisseur Robert Wilson für die
Aufführung seines Stückes *The Forest* im Esplanade die
Proben im Haus Huth abhielt, „aber als ich sah, daß
alle meine oppositionellen Überzeugungen und Taten
nichts nützen", sagt Strecker heute, „bin ich gegangen
und wünsche mir, daß die anderen recht behalten werden."

Ein „Netz unter Verwendung kleiner Einheiten"
statt „großer Monumente des Welthandels oder der
Kultur" hat sich auch der Stadthistoriker Hoffmann-
Axthelm gewünscht, aber diese Parzellenideologie ist
schon beim Bau des Kulturforums und der Staatsbibliothek vom Berliner Senat gründlich zerfleddert
worden. Sollen Investoren leisten, was die Stadt nicht
wollte? „Die ganze Diskussion", sagt Edzard Reuter,
„kam mir vor, als wolle man in Manhattan die Wolken-
kratzer abreißen und es wieder so aufbauen, wie es als
Neu-Amsterdam mal ausgesehen hat." Gegen eine
„verfälschte Wiederherstellung des Gewesenen" wehrt
sich auch Renzo Piano. „Nur Nostalgiker hätten versucht, die alten Häuser zu rekonstruieren."

Noch vor Piano gewinnt Helmut Jahn am 15.
August 1992 drüben bei Sony den Realisierungswettbewerb. Das Ensemble wird von einem Büroturm
gekrönt, und einem Zeltdach, das aussieht wie der

Fujijama. Es soll sich als elliptischer Schirm von Fiberglasmembranen über einem Forum von 4.000 Quadratmetern wölben. Der Torso des ‚Esplanade' wird hinter einer Glaswand verschwinden, aufbewahrt in einer Vitritine wie ein Museumsstück.

Der Entwurf, alles andere als das historische Wunschbild von einer komplexen europäischen Stadt, hat auch das Votum des Jury-Mitgliedes Hans Stimmann bekommen, der zwar „die Abwendung des Projektes mit seiner Innenorientierung" als „problematisch" bedauert, sich aber gegen den dezidierten Wunsch des Investors nach einem Forum nicht hat durchsetzen können.

So stehen sich, als Renzo Piano mit Christoph Kohlbecker am 4. September im Architektenwettbewerb für das Daimler-Benz-Gelände den ersten Preis holt, am Potsdamer Platz ein amerikanisches und ein europäisches Modell gegenüber. Kritiker Hoffmann-Axthelm ist mit dem Stichwort „Elefantengeburt" zur Stelle und bescheinigt Sony in der *Bauwelt*, eine vollkommerzialisierte Anlage realisiert zu haben, „die sich um Europäisches nicht weiter schert, sondern als Box funktioniert, die nach außen Zeichen sendet und alle Nutzung nach innen zieht". Renzo Piano bekommt von ihm einen „kulturellen Trostpreis", aber auch Hiebe für den Versuch, sich nicht auf die umgebende Stadt bezogen zu haben, sondern um jeden Preis synthetisch eine neue Stadt zu erzeugen. Eklatant sei auch, „daß zwei Weltfirmen nicht ein Gebäude oder einen Gebäudekomplex für ihren Eigenbedarf bauen, sondern als Developer eines Stadtteils auftreten."

Von einem „Raumschiff" ist die Rede, einem hybriden Stadttypus, da ist noch kein Stein gesetzt. Piano knüpfe an alte Traditionen an, ohne zu restaurieren, lobt der damalige debis-Chef Manfred Gentz das

Das Weinhaus Huth zwei Jahre vor Baubeginn am Potsdamer Platz. Im Gebäude hat die Landesvertretung Bayerns Quartier bezogen. Die Tage der Idylle sind gezählt.

Modell mit den weitläufigen Wasserflächen und dem Durchlaß zwischen Musicaltheater und Spielcasino, der die alte Potsdamer Straße aus ihrer Rolle als Sackgasse erlösen soll. Ein kurzer Traum, denn Staatsbibliothek und die Stiftung Preußischer Kulturbesitz wehren sich gegen eine Öffnung des Scharoun-Gebäudes, und wer heute durch Pianos Pforte läuft, landet in einer Feuerwehrzufahrt vor der Stabi-Festung.

Die Mieter im Haus Huth sind zur Preisverleihung eingeladen und knabbern nachdenklich an den gebackenen Krabbenschwänzen. Das präsentierte Modell Zukunft bietet keinen Platz für Sozialwohnungen, Kartoffelanbau und Hundetrainingsplätze, sichtbar wird der Wille, die Leere zu füllen bis auf den letzten

Platz und nichts dem Zufall zu überlassen. Die kühle Stimme der Vernunft nimmt von der einstigen Schattenzone Besitz und wird sie in ein Forum romanum der Gegenwartsarchitektur verwandeln.

Da wirkt das Haus Huth wie ein Pfahl im Fleische, ein Glück, daß dies Renzo Piano nicht so sieht und sich entschließt, die alte Potsdamer Straße mit den geschützten Linden und dem alten Gebäude in seinen Bebauungsplan mit aufzunehmen. Natürlich steht das Haus Huth unter Denkmalschutz, aber eben nur die Fassade, die alten Treppenhäuser und das einstige Wappenzimmer im ersten Stock des ehemaligen Restaurants – es wäre einfach gewesen, das alles abzuschälen, abzustützen oder zu zersägen und später an einen Betonklotz zu klatschen, einfacher jedenfalls als die aufwendigen technischen Kraftakte, die in den folgenden Jahren nötig sein werden, um das Haus Huth im ganzen zu erhalten.

Herr Honecker ist aus dem Moskauer Exil heimgekehrt und ins Krankenhaus der Untersuchungshaftanstalt Moabit eingeliefert worden, Willy Brandt ist gestorben und am 9. Oktober in Berlin beerdigt worden, da gibt es am Potsdamer Platz mal wieder Knatsch.

Nun leitet die EG-Kommission auch gegen Sony ein Prüfungsverfahren ein. Das Unternehmen beharrt auf dem Kaufpreis von 103 Millonen Mark, die EU befindet, es sei 200 Millionen mehr wert, der Streit zieht sich in die Länge.

Der schwerkranke Herr Honecker ist aus humanitären Gründen von strafrechtlicher Verfolgung freigestellt und nach Chile ausgeflogen worden. Berlin, im Höhenrausch, bewirbt sich um die Olympischen Spiele 2000, und Frau Manke sagt, am Potsdamer Platz müßte doch nun endlich mal ein Bauarbeiter zu sehen sein.

Mercedes-Benz hat ihr einen neuen Warmwasserboiler spendiert.

Drüben in der Leipziger Straße regt sich was, das Abgeordnetenhaus zieht in den renovierten ehemaligen Preußischen Landtag ein. Die Mieter im Haus Huth erfahren auf einer Informationsveranstaltung, daß ihre Wohnungen nicht von Mercedes-Benz gekündigt werden können. Das ist richtig, denn die Mietverträge der meisten Hausbewohner gelten noch bis zum Jahr 2001. Der Mieter Wolfram Schulze zahlt für seine 70 Quadratmeter in der 3. Etage 257 Mark kalt, Blick auf den Tiergarten und zentrale Verkehrsanbindung inklusive, denn noch im November 1993 wird am Potsdamer Platz auch die U-Bahn wieder fahren. Herrliche Zeiten, aber nicht mehr lange, denn Mercedes-Benz bietet Umzugswilligen bereits die Übernahme der Umzugskosten und Kautionen sowie einen Mietausgleich für zwei Jahre.

Renzo Piano hat im April 1993 seinen Rahmenplan für das Daimler-Benz-Areal fertig und die Architekten Christoph Kohlbecker, Arata Isozaki, Richard Rogers, Hans Kollhoff, Ulrike Lauber und Wolfram Wöhr sowie José Maria Moneo unter seiner künstlerischen Leitung versammelt. Ihre Handschriften sollen die Vielfalt des Stadtviertels prägen, jetzt geht es um die Hierarchie der Straßen, die Fragmentierung der Stadtblöcke, um Breiten und Höhen und Pianos Lieblingsprojekte, die Wasserlandschaft im Süden des Areals und die Piazza in ihrem Herzen. Piano spielt mit Wasser, Luft und Licht, aber auch mit den massiven Solitären seiner Kollegen, spielt mit Beton und Naturstein in erdigen Farben, Stufen und Gassen, um Enge und Dichte, die einzige Chance, in die Wüste Urbanität hineinzubekommen.

In sechs Workshops ficht Piano mit Bauherren, Behörden und den Architekten um die urbanen Umrisse, es geht um Parkplätze, Traufkanten und Blockgrößen, „das Thema europäische Stadt ist in mühseligen Diskussionen erarbeitet worden", resümiert Hans Stimmann später die Planungsphase. Er ist erst im April 1991 Stadtbaudirektor geworden, da war der Verkauf an Daimler-Benz ohne Auflagen längst gelaufen.

Streit, Konsens, Kompromiß, der Architekt Oswald Mathias Ungers läuft davon, Stimmann ist gegen das riesige unterirdische Versorgungszentrum für Warenanlieferung und Müllabfuhr und kann sich gegen die Untergeschoßwelt nicht durchsetzen, Piano möchte unbebaute Ecken offenlassen und scheitert an einem Renditedenken, das nichts dem Zufall überläßt, er will – was sich heute auch Edzard Reuter wünscht – mehr Läden in den Straßen und verliert gegen den mächtigen Betreiber der Arkaden, der seinen merkantilen Schwerpunkt durchdrückt.

Im Bebauungsplan vom Februar 1994 steht noch die „Veränderung der geschlossenen ‚mall' in eine öffentliche Straße", aber daraus wird dann doch eine „semiöffentliche" shopping mall, „hell, sicher, sauber", so der Slogan des Betreibers ECE. Der Architekt will eine stinknormale Straße, der Betreiber einen geschlossenen Bereich mit Ausgängen nur an beiden Enden, Kunstlicht und Klimaregelung. Glasdach und Verzicht auf Klimaanlage werden ihm abgerungen, aber in der halbierten Öffentlichkeit wachen bei der Eröffnung im Oktober 1998 Hausordnung und Sicherheitspersonal.

Am 1. Juli 1993 bekommen die Mieter im Haus Huth Einquartierung. Die Daimler-Tochter debis Immobilienmanagement zieht für das Potsdamer Platz-Projekt in das Erkerzimmer der Beletage. Mercedes-Limousinen stehen jetzt neben den Fahrzeugen der

*Der Bellevue-Tower unweit vom Haus Huth wird am
10. Oktober 1993 gesprengt. Auf dem Grundstück steht
heute Renzo Pianos Entwurf der debis-Zentrale.*

Mieter, im Erdgeschoß bestaunt die Presse das Piano-
Modell, und der Mieter Wolfram Schulze geleitet
Mercedes-Besucher aufs Dach. Er nennt das die
„Optimierungsphase", Daimler feiert ein Betriebsfest
im Garten, und Geschäftsführer Karl-Heinz Bohn
genießt die freie Aussicht. Schon 1990 ist er am Haus
Huth vorbeigelaufen und hat zu seiner Frau gesagt,
wär' doch lustig, wenn wir nach Berlin gingen und
hier ein paar Jahre mitmachten, dann könnten wir dort
in dem Türmchen frühstücken. Da haben beide herzlich gelacht.

Drei Jahre später kann Herr Bohn im Erkerbüro
frühstücken, nur mit den Mietern „waren ehrliche
Gespräche eher schwierig", wie er sich heute erinnert.
„Für die waren wir eher die Bösen, sonderlich geliebt

wurden wir nicht." Die Mieterin Marx sagt, die Büros seien so schick gewesen, da hätte man sich am liebsten die Schuhe ausgezogen.

In Berlin geht die Firma Bechstein pleite, und drüben im Bellevue-Tower, der Daimler-Benz gehört, will der Aushilfshausmeister Ulrich Theis nicht weichen, obwohl das Gebäude vor dem Abriß steht und Teppichböden wie Heizungsrohre längst herausgerissen wurden. Der Herr Theis hält sich noch ein paar Wochen, inzwischen geht der ‚Olympiafavorit Berlin' in Monte Carlo spektakulär baden und erhält nur neun von ingesamt 85 Stimmen, 832 Millionen Mark sind verpulvert, und Berlin befindet sich wieder mit beiden Beinen auf der Erde.

Die Mieter im Haus Huth erhalten einen Brief, daß ihr Garten „mit Ablauf der Sommerperiode für Baumaterial genutzt werden muß", nun ist wirklich Schluß mit lustig, und am 10. Oktober geben 14 Kilo Dynamit dem Bellevue-Tower den Rest, die 14 Stockwerke sacken zusammen, zum Glück ohne den Aushilfshausmeister Theis, der rechtzeitig Einsicht gezeigt hat. Am nächsten Tag erscheint der Regierende Bürgermeister zum symbolischen ersten Spatenstich, begleitet vom damaligen debis-Chef Gentz und dem Baggerführer Siegfried Kirsch, um drei Milliarden Mark Investitionen loszutreten, die sich in den nächsten Jahren auf vier Milliarden Mark summieren werden. Die Narbe des Kalten Krieges bekäme nun ein neues Gesicht, sagt Herr Diepgen, und der Dauerkommunarde Dieter Kunzelmann wirft ein Ei auf den Diepgen-Mercedes
Daimler-Benz übergibt die Bauanträge in 23 Umzugskartons und 130 Ordnern an die zuständigen Behörden, und im Weinhaus Huth konstituiert sich die Interessengemeinschaft Gleisdreieck. Es geht um

Architekten und Investoren im Gruppenbild: Richard Rogers, José Rafael Moneo, Wolfram Wöhr, Bernard Plattner, Arata Isozaki, Hansjörg Baumgart, Ulrike Lauber, Dr. Manfred Gentz, Edzard Reuter, Renzo Piano, Hans Kollhoff, Karlheinz Bohn, Werner Breitschwerdt, Christoph Kohlbecker, Hans-Jürgen Ahlbrecht.

Luftschneisen und Luftzirkulation. „Der Naturpark stirbt", protestieren die Grünen, denn auf einem Teil des Geländes soll das Material für die Bebauung des Potsdamer Platzes gelagert werden.

Das Jahr 1993 geht dahin, und am Mauerstreifen, der kaum noch sichtbar ist, verschwinden mit den Andenkenbuden die letzten Zeugnisse der Nachkriegszeit. „Jetzt wird's ungemütlich am Potsdamer Platz", schreibt das *Neue Deutschland*, das noch ein paar Jahre zuvor die Ungemütlichkeit der Mauer gelobt hat. Die größte Baustelle Europas macht auf, aber das beginnt ganz harmlos mit Kanalisationsarbeiten und einem Brückenbau über den Landwehrkanal. Auf der anderen Seite wird das Logistikzentrum angelegt, denn für die gewaltigen Vorräte ist kein Raum am Potsdamer Platz, aber die 1.300 Lastwagentransfers täglich sollen nicht über öffentliche Straßen führen, die in der Stadtmitte Berlins ohnehin schon überlastet sind.

Bundespräsident Richard von Weizsäcker eröffnet zum letzten Mal den Berliner Presseball und wird im Mai von Roman Herzog ersetzt, der Kaufhauserpresser Dagobert wird geschnappt, und am Potsdamer Platz gibt das Globe Theater im Torso des Esplanade seine letzte Vorstellung.

Auf dem Daimler-Benz-Areal beginnt im Februar die Baufeldfreimachung. Mit panzerglasgeschützten Baggern werden die Trümmerreste der verschwundenen Häuser abgetragen, auch die Fundamente des Volksgerichtshofes, von Vox-Haus und Bayernhof. Bis in drei Meter Tiefe wird nach dem gegraben, was vom alten Potsdamer Platz noch übrig ist, und aus dem sogenannten Kulturschutt klauben Bauarbeiter Stahlhelme und eine halbe Stalinorgel, zerschmolzenes Fensterglas, Weingläser und Bierfässer, Kaffeetassen und Arzneifläschchen. Mancher und manches ist noch zu identifizieren, das Porzellan am CJ als Überbleibsel des Cafè Josty, die braunen Fläschchen aus der Apotheke nebenan, die auf Fotos der dreißiger Jahre noch gut zu erkennen ist, und ein Apollokopf, den der Sturm der Zeit von irgendeiner Fassade gelüftet hat.

Ein Helm, Geschirr und Bestecke, Werkzeug, Steingut- und Schultheiss-Bierflaschen, Wandkacheln und zwei Schilder mit der treffenden Inschrift ‚Außer Betrieb‘ werden in Vitrinen der debis-Zentrale eingelagert, der Rest kommt auf die Deponie Dreetz in Brandenburg oder zur Verfüllung von Braunkohlegruben in die Lausitz: zwei Millionen Tonnen Aushub insgesamt. Bauherren und Architekten lassen sich vor dem Ziegelberg am Potsdamer Platz fotografieren, sie drehen der Vergangenheit den Rücken zu und blicken nach vorn, wo die Zukunft schon begonnen hat.

Im Februar verläßt Senta Manke als eine der ersten Mieterinnen das Haus, und deshalb hat meine Geschichte zwar einen Anfang, aber kein richtiges Ende. Mit Frau Manke hat alles begonnen, damals im Frühjahr 1983, als ich am Potsdamer Platz das alte Gebäude erblickte.

31 Jahre hat Frau Manke am Potsdamer Platz gewohnt und immer gehofft, daß aus der Brache wieder eine Stadtlandschaft wird. Aber mit 78 fühlt sie sich zu alt für die neuen Zeiten, die mit Getöse nahen, Baugruben ringsum und Lärm bis tief in die Nacht, und so nimmt sie Abschied von der gewohnten Umgebung und der kleinen Zwei-Zimmer-Wohnung. Sie zieht zu ihrer Tochter nach Waldbröl ins Bergische Land und schlägt doch keine Wurzeln mehr. „Der Abschied von ihr ist mir schwer gefallen", sagt ihre Nachbarin und beste Freundin Siegrid Klinke, „ich habe immer aufgepaßt, daß ihr nichts passiert und geklingelt, wenn sie sich mal nicht gemeldet hat. Je länger die Zeit vergeht, um so mehr fehlt sie mir."

Auch ich hätte Frau Manke gern noch einmal gesehen, aber sie ist ein halbes Jahr nach dem Umzug in Waldbröl gestorben.

Das Leben ist eine Baustelle

Im April 1994 bekommt das einsame Haus Huth neue prominente Gäste. Renzo Piano leitet den ersten ‚Abend im Weinhaus Huth', dem noch viele folgen werden. Die Tradition der Berliner Salons wird mit Diskussionen über Urbanität und Fassadenkultur, High Tech am Bau und die Zukunft der Stadt wieder aufgenommen, und das Haus schlägt eine Brücke vom Gestern ins Heute und bis in die Zukunft hinein, wer könnte sich einen idealeren Schauplatz denken. Bis in den Herbst 1996 finden die Veranstaltungen im Haus Huth statt, dann wird das Gebäude für drei Jahre geschlossen, um saniert zu werden. Erst im November 1999 gibt es wieder einen ‚Abend im Haus Huth', und da ist ringsum nichts mehr, wie es vorher war.

Aufbruch und Abschiedsstimmung prägen 1994 Berlin, es rüsten sich die Rollheimer auf dem Gelände des Hauses Vaterland zum letzten Gefecht, die französische Garnison rückt ab, die Briten, die Russen, die Amerikaner. Es gibt Abschiedspartys und Paraden für die Verbündeten von drüben und hüben, und Herr Honecker setzt am 29. Mai mit seinem Tod in Chile einen weiteren Schlußpunkt.

Ellenbogenmentalität macht sich breit im Verkehrsgewühl, und der CDU-Politiker Klaus Landowsky fordert, die Berliner müßten freundlicher werden, frommer Wunsch für eine Stadt, die Götz George gerade als „prolohafte Rumpelkammer" bezeichnet hat.

Das kann Bill Clinton nicht schrecken, der im Juli nach Berlin kommt und als erster US-Präsident durchs Brandenburger Tor schreitet. Auf den letzten grünen Wiesen am Potsdamer Platz gibt es im August ein Kinderfest, eine Varieté-Show und zwölf Konzerte.

Das ist der erste Baustellensommer, dem noch viele spektakuläre folgen werden.

Am 21. Juli 1994 wird in einem weißgekachelten Lichtschacht genau gegenüber dem Haus Huth eine eingeklemmte Sprenggranate gefunden, die bei einer früheren Räumung des Geländes durch die Stadt Berlin übersehen worden ist. „Die hätte uns alle wegblasen können", sagt der Architekt Bohn, Mitbewohner im Haus Huth. Die Mieter werden gebeten, die Fenster zu öffnen, Vorsichtsnahme gegen den Luftdruck bei einer etwaigen Explosion. Einige kennen das noch aus dem Krieg, wie damals halten sie Kerze und Taschenlampe bereit, aber die Fundsache wird entschärft, das Haus Huth hat wieder mal Glück. In Friedrichshain explodiert im September eine Fliegerbombe, es gibt drei Tote.

Berlin hat über 200.000 Arbeitslose, Coca-Cola schließt seinen Betrieb draußen in Lichterfelde, und auch die lila Kuh macht sich davon. Am Rande des Potsdamer Platzes kann man sich, Mutproben am Gummiseil, im Bungee-Jumping üben, der Deutsche Dom brennt, und auf dem Daimler-Benz-Gelände fällt am 29. Oktober der Startschuß für das größte Bauvorhaben Europas. Ein Volksfest mit Feuerwerk krönt die Grundsteinlegung für das Daimler-Benz-Projekt. Den Festakt in der Baugrube, über der sich später Renzo Pianos spektakuläres debis-Gebäude erheben soll, hat der Künstler Matthias Koeppel porträtiert. Das Bild hängt heute in der Staatsbibliothek, und zum letztenmal reckt darauf das Weinhaus Huth sein Türmchen über den Potsdamer Platz.

Als es dunkel wird, stiebt ein Feuerwerk über die Dächer, in den Wohnungen brennen die Lichter, aber vor dem Haus türmt sich schon ein Sandberg, und Wohncontainer stapeln sich auf dem Gelände. Bei einer Bezirksverordnetenversammlung in Tiergarten fliegen Farbeier wegen gefällter Bäume im Tiergarten und am Lennédreieck, wo Platz gebraucht wird für Baumaßnahmen. Vor dem Weinhaus Huth findet ein Weihnachtsmarkt statt, werden Tannen versteigert für ein Moskauer Krankenhaus. Harald Juhnke macht als blaues Veilchen mal wieder Schlagzeilen, und Ende 1994 zieht die Polizei Bilanz: In der Stadt wurden im Verlauf des Jahres 25.340 Autos gestohlen – das ist Platz 1 bundesweit, aber keine Zierde für Berlin.

Am Potsdamer Platz nähert sich die Baufeldfreimachung ihrem Ende, ein ‚ABC der Zahnpflege‘ wird gefunden, und im Haus Huth macht sich die Mieterin Rita Mohr Sorgen um ihre Zukunft, denn die Etagen leeren sich. Fast die Hälfte der Mieter hat sich von Daimler-Benz zur Aufgabe der Wohnungen bewegen lassen, das Haus soll wegen der geplanten Baugruben abgestützt werden, und Frau Mohr befürchtet nun Baulärm weit über das erträgliche Maß hinaus, auch in der Nacht, an Wochenenden und Feiertagen. Das haben die Mieter zwar schon durch Emissäre des Bauherrn erfahren, aber für ein Horrorgemälde gehalten. Schon kurven die Betonmischer übers Geländer, aber noch wird ja erst unten am Landwehrkanal gebaut, die Hölle, die im Mai losbricht, kann jetzt noch niemand ahnen.

Immerhin wird jetzt wegen der Sicherungsmaßnahmen ringsum schon mal die Heizung abgeschaltet, und Mitte Februar weicht Herr Bohn mit seinen debis-Mitarbeitern vor dem anschwellenden Lärmpegel in die Nachbarschaft aus. Das Klima in der Stadt ist rauher geworden, Skins werfen einen Rollstuhlfahrer aus der S-Bahn, und im Platten-Bezirk Marzahn bleiben nach Kämpfen der vietnamesischen Zigarettenmafia fünf Tote auf der Walstatt. Nur Berlins Diepgen und der Ministerpräsident Brandenburgs, Manfred Stolpe, schweben in den Wolken und trinken ein Glas Sekt auf die geplante Länderfusion, an deren Zustandekommen sie blauäugig keinerlei Zweifel hegen.

Die Zeit der Visionen von rechten und linken Platzanweisern ist vorbei, nach den Planungen, Erwartungen, Spekulationen und Diskussionen ergreifen Ingenieure und Bauarbeiter vom Potsdamer Platz Besitz. Kräne, Bagger und Planierraupen fahren auf, die Baustelle richtet sich ein als Inszenierung vor Publikum, mit gigantischen Dimensionen. Von Pfahlrammen, Bohlwerken, Schlitzwänden, Schürfgruben, Tiefbrunnen, Spundbohlen, Freifallrammen, Baugrubenaussteifung, Trägerbohlwänden und einem neuen Turmbau zu Babel ist nun die Rede. Nie sei der Potsdamer Platz so aufregend gewesen wie in dem Moment, wo er verschwinde, schreibt der Historiker Karl Schlögel in der *Berliner Zeitung.*

Diese Begeisterung kann die Mieterin Margarete Marx nicht teilen, die am 27. Februar 1995 ihre Sachen packt. Den Baulärm findet sie inzwischen „himmelschreiend", ums Haus ist ein Graben gezogen worden und der Möbelwagen kommt nicht voran. Ein Bauleiter sagt: „Ach, Frau Marx, Sie haben wir ja ganz vergessen." Die Nacht vor dem Umzug hat sie vor Aufregung nicht schlafen können. Auf Schleichwegen geht es vom Gelände, und Frau Marx genießt erst einmal die Ruhe in der neuen Wohnung. 35 Jahre hat sie am Potsdamer Platz gewohnt, der Abschiedsschmerz kommt nach. Als die Infobox auf den Leipziger Platz gestellt wird, sieht sie dort das Haus Huth in einem Videofilm. „Mir kamen die Tränen, ich habe geschluchzt, und ein paar Leute glaubten, ich hätte 'n Ding zu loofen." Danach geht sie fünf Jahre nicht mehr zum Potsdamer Platz.

Jahrzehnte haben früher an der Stadtentwicklung gearbeitet, jetzt soll in gerade einmal fünf Jahren ein ganzer Stadtteil auf dem historischen Boden wachsen, praktisch in einem Stück und nicht als Flickenteppich von 60 oder wenigstens 30 Parzellen, wie es sich der Stadthistoriker Hoffmann-Axthelm gewünscht hat, aber „peu à peu abzugeben, was der Stadt an Gelände gehört hat, ist eine idealistische Denkfigur", sagt Hans Stimmann. Schließlich scharrt der Investor nun schon seit vier Jahren mit den Hufen.

Es ist Gründerzeit, da kann von einem organischen Wachsen nicht die Rede sein, die Stadt wuchert wild und sprunghaft, bevor ein Überblick gewonnen werden kann, das ist nach der Reichsgründung im vorigen Jahrhundert nicht anders gewesen.

Nur das Haus Huth steht da ein bißchen dumm herum, ein Störenfried im Aufmarschplan der Bauarbeiter und Maschinen. Am 6. April findet im Haus mal wieder eine Versammlung statt. Was den Mietern vom Bauherrn bei kaltem Büffett und Wein prophezeit wurde, ist nun eingetroffen: 20 Meter wollen sich die Bagger in die Tiefe graben und das Gelände rings ums Haus in eine Seenlandschaft verwandeln.

„Damals haben wir noch Scherze gemacht, daß wir dann baden oder schlittschuhlaufen könnten", sagt der Ingenieur Werner Köbberling heute. „Wir wollten uns nicht einschüchtern lassen, sondern bleiben, denn jeder hat sich ausgerechnet, wie attraktiv das hier mal werden wird. Natürlich haben ein paar ältere Mieter bei der Vorstellung, daß sie mit Hubschraubern ausgeflogen würden, wenn mal kein Durchgang mehr wäre, die Nerven verloren und sind ausgezogen."

Die bleiben, rücken jetzt enger zusammen, obwohl ihnen klar ist, daß es nun vorbei ist mit dem freien Blick über den Tiergarten, mit dem Gartengrill unter den Linden und den Sonnenblumen. „Wir haben da gern gewohnt", sagt Herr Köbberling, „das haben viele Leute nicht verstanden."

Die neue Zeit beginnt mit Lärm, Löchern und metertiefen Pfützen. Die Mieter tragen Gummistiefel und fühlen sich als von den Bauarbeitern ignorierte Exoten. Schon nach dem Mauerfall hat Rita Mohr geahnt, daß hier Veränderungen eintreten werden, die in ihr Leben eingreifen, „aber wir hatten ja kein Monopol auf den Potsdamer Platz". Das sei ja kostbarer Boden, und sie trete schon ganz vorsichtig auf, hat Frau Manke noch vor einem Jahr gewitzelt, aber nun wird der kostbare Boden umgewühlt, und in ihrer leeren Wohnung riecht es schon lange nicht mehr nach Selbstgedrehten.

82 Jahre ist das Haus Huth nun alt und hat sich gut gehalten im Sturm der Zeit, auch wenn sich Risse in der Muschelkalkfassade zeigen durch die Detonationen in den Bombennächten. Die Druckwellen haben vorstehende Teile des Fassadenschmucks fortgeblasen, Vögel und Fruchtkörbe fehlen und sogar Fensterbögen, so steht es in einem Gutachten für die Denkmalpflege, Splitter sind in den Lichtschacht geregnet, haben im 4. und 5. Stockwerk die Bleiglasfenster zerstört und die Marmorverkleidungen der Treppenhauswände. Dort fehlen auch einige kostbare Bronzeportale und die Fliesen in der Verkleidung des Innenhofes. Die Narben des Krieges erinnern an den Untergang der Berliner Stadtmitte in den Bombenteppichen der Jahre 1943 bis 1945, wenn auch nicht mehr lange, denn natürlich wird das Haus noch einmal saniert.

Edzard Reuter, der Initiator vom Potsdamer Platz, legt am 24. Mai 1995 sein Amt als Vorstandsvorsitzender nieder, und die Berliner Politiker Wolfgang Nagel und Rupert Scholz regen an, er solle sich für die Wahlen im Herbst als Kandidat bewerben. Doch der

Ruf an Reuter ergeht nicht, und die SPD wird die Wahlen mit ihrer Spitzenkandidatin Ingrid Stahmer verlieren. „Intellektuell", sagt der Schöngeist Wolf Jobst Siedler, „ist die Stadt dem nicht gewachsen, was auf sie zukommt."

Ab Mai 1995 wird das Haus Huth mit einem 120 Zentimeter dicken Schutzwall umzogen. Zwar steht das Gebäude nicht in der typischen Moorsuppe der Berliner Innenstadt, wo feiner Sand, Wasseradern und Hohlräume die Bauarbeiter zur Verzweiflung bringen, sondern auf einer soliden Mergelschicht, aber durch die Baugruben in unmittelbarer Nähe droht Gefahr – damit das Haus auf dem Feldherrnhügel nicht ins Rutschen kommt, muß ein Stahlkorsett her.

Ein technischer Kraftakt: Bohrpfähle werden auf drei Seiten 25 Meter tief ins Erdreich getrieben und mit Beton gefüllt, wasserdicht Lücke auf Lücke. Im Keller werden kreuz und quer Anker verspannt, um den Erdkörper, auf dem das Gebäude steht, zusammenzuhalten. Die Mieterin Tamara Bauer blickt auf einem Foto aus ihrem Wohnzimmerfenster, die Stahlbetonstützen sind zum Greifen nah, aber den infernalischen Lärm kann man nur ahnen. Nachts, sagt Frau Bauer, hätten die Schlafzimmer gewackelt, und am Tage hätte man sich bei offenem Fenster nicht mehr unterhalten können. Immer wieder rufen die Mieter die Polizei.

Es sind elf, die als harter Kern aushalten und es in der Presse bis hin zum *Spiegel* noch zu einigem Ruhm bringen werden, und Rita Mohr kommen die leeren Flure gespenstisch vor. Mit einem ‚Mieter-Sammelbrief' an die Stadt haben sie noch Anfang April gegen den Krach protestiert, „Bagger, Radlader, Pumpen und Aggregate laufen im Stand, Bohrarbeiten auch nachts, Flutlichtscheinwerfer direkt auf die Fenster und die Polizei ist weder willens noch kompetent, Abhilfe zu

Ab Mai 1995 wird rings um das Weinhaus Huth ein Schutzwall aus Stahl und Beton gezogen. Der Lärm beim Einrammen der Bohrpfähle bringt die Mieter, auch Dr. Tamara Bauer, zur Verzweiflung

schaffen." Fazit: „Wir fühlen uns einer unmenschlichen Wohnsituation hilflos ausgeliefert."

Der Kleinkrieg mit den Investoren um Lärmemissionswerte und Ausnahmezulassungen beginnt, die Mieter können nicht mehr durchschlafen, und die Baufirmen kontern, „daß es bei den baulichen Emissionen zwar zu Beeinträchtigungen kommt, diese aber zumutbar sind." Der Streit eskaliert mit Schutzschriften und immer heftigeren Mieterprotesten, der Mieter Lutz Wernicke läuft auf der Suche nach Lärmquellen nachts die Baustellen ab, die zuständigen Behörden sind mal auf Seiten der Mieter, mal nicht. Am 7. Mai 1995 erreichen die Bewohner beim Amtsgericht per Einstweiliger Verfügung einen Baustop und weitgehenden Lärmschutz. Bei Daimler-Benz gerät der Zeitplan für das Milliardenprojekt in Gefahr. „Der Krach machte aggressiv", sagt der Mieter Wernicke. „Auf der Arbeit war mehr Ruhe als zuhause."

Absurdes Theater. Das Haus Huth, abgekapselt und bewacht, verschwindet zwischen Kränen und Armierungseisen, Sägen und Pumpen in einer scheinbar chaotischen Landbesetzung, Baugruben füllen sich mit Wasser, und über die Notbrücke kommt vom Logistikzentrum immer wieder Nachschub für die Materialschlacht am Potsdamer Platz, 2.500 Kubikmeter Beton täglich. Dazwischen die Mieter, mit Spezialausweisen bewaffnet, die sich immer wieder neue Zugänge suchen müssen, mal Richtung Potsdamer Platz, mal Richtung Staatsbibliothek. Die U- und S-Bahn-Eingänge, vom Fenster aus zum Greifen nah, werden von der Mieterin Bauer auf Umwegen mit dem Auto angefahren.

Der Lärm, obwohl vom Bezirksamt Tiergarten auf 85 Dezibel am Tage und 45 in der Nacht eingegrenzt, ist kaum zu ertragen – „das hat uns fertiggemacht", sagt Frau Bauer. Einige Mieter ziehen auf Kosten von Daimler-Benz in Hotels und Ersatzwohnungen, andere bleiben, weil sie Angst haben, sie könnten danach nicht mehr zurück. Über ein Dutzendmal fällt das Wasser aus, einmal wird auch das Telefonkabel gekappt. Eine Baufirma wundert sich, daß im Haus überhaupt noch Menschen wohnen. Die Solidargemeinschaft zerfällt im Nervenkrieg, Daimler-Benz ist bereit, für die vorzeitige Aufhebung der Mietverträge „eine substantielle Summe" zu zahlen, aber über diese Substanz gehen die Meinungen weit auseinander, und Detlev Heering von der debis-Hausverwaltung ärgert sich: „Die Mieter verlangen so hohe Abfindungen, daß selbst ein großer Konzern tief Luft holen muß."

„Elf Davids gegen Goliath" schreibt die Münchner *Abendzeitung* und notiert „einen Lärm, als ob eine Panzerdivision angreifen würde." Dagegen fallen selbst die traditionellen Maikrawalle ab, die sich von Kreuzberg zum Prenzlauer Berg verlagert haben, und daß in der Oranienburger Straße die Synagoge eingeweiht wird, bekommen die Mieter nur am Rande mit. Eine Holzbrücke führt jetzt zum Haus Huth und ist malerische Kulisse für die Dreharbeiten der Fernsehserie *Auf eigene Gefahr* mit Carola Wied.

Bombengeschäft heißt die Folge, das paßt zu den Verhandlungen zwischen Mietern und Bauherrn. Die Stimmung ist frostig, auf beiden Seiten, die Davids rechnen dem Goliath vor, daß sie statt 1.75 Mark kalt pro Quadratmeter auf dem freien Wohnungsmarkt zehn bis zwölf Mark Miete zahlen müssen und rechnen das auf zehn Jahre hoch. 2.000 bis 2.500 Mark pro Quadratmeter hat Daimler-Benz für die Aufhebung der Mietverträge geboten, da kommt auch bei einer Zwei- oder Dreizimmerwohnung zwischen 68 und 150 Quadratmetern schnell ein hübsches Sümmchen zusammen, nicht genug für den einen oder anderen, der noch einen Nachschlag verlangt.

„Die Forderungen der Mieter gingen bis zu einer

halben Million, eine Mieterin wollte sogar eine Eigentumswohnung in Hamburg an der Alster", sagt Mark Münzing, Leiter der Rechtsabteilung bei Daimler-Benz. Er steht vor der heiklen Aufgabe, die Mieter binnen zwei Monaten aus dem Haus zu bekommen, denn „rausklagen hätte mindestens ein Jahr Baustillstand bedeutet, und die Bohrpfahlwand ums Haus war im höchsten Maße terminkritisch." Den Baulärm hat er bei den Verhandlungen auf seiner Seite, die Mieter dafür die Presse, aber „hier konnte niemand mehr leben", sagt Tamara Bauer. Ein Mieter hat wegen des Lärms einen Hörsturz erlitten.

Als Hans im Glück habe er sich gefühlt, hat Wolfram Schulze dem *Spiegel* voreilig erzählt, „denn in drei Jahren brodelt hier das Leben." Im Juni können die letzten Mieter noch einmal den Ausblick auf den von Christo verhüllten Reichstag genießen, dann aber brodelt nichts mehr im Haus. Der Mieter Peter Schubert fühlt sich wie in einem Geisterhaus. „Der Abschied hat manchem das Herz gebrochen", sagt er heute. „Wut, Trauer, aber auch Erleichterung" empfindet er beim Abschied. „Die Abfindung war für uns viel Geld, und das Hemd war uns näher als die Hose. Wir haben rausgeholt, was rauszuholen war, ein Lottogewinn, von dem sich viele schön eingerichtet haben."

Wolfram Schulze, der die Auszahlung noch heute als „warmen Regen" empfindet, führt Prominente aufs Dach, die den Blick bis zum Märkischen Viertel bewundern, aber als das Pyro Space Ballett am 19. und 20. August 1995 auf der Betonplatte des Isozaki-Rohbaus vor Tausenden von Besuchern das Stück *Jenseits der Nacht* aufführt, ist es Nacht im Haus Huth geworden. Ein Leuchtturm in der Finsternis ist das Haus an der Mauer mal gewesen, jetzt brennen am Potsdamer Platz viele andere Lichter, denn wieder mal ist Baustellensommer, ein Laserspektakel beleuchtet die Baustellen, das ein Besucher mit „Det war det flammende Inferno" kommentiert. Ein echtes flammendes Inferno haben aber nur die Angestellten vom Haus Huth im Phosphorregen des Krieges erlebt.

Bis auf den Mieter Köbberling, der am 1. Oktober als letzter auszieht, steht das Weinhaus Huth nun leer, das erstemal seit 1912. Nur eine Wohnung müssen die Bauarbeiter, die jetzt das Haus entkernen, ummanteln. Sie gehört einer Mieterin, die 1984 aus der DDR zugezogen ist und am hartnäckigsten um ihre Bleibe kämpft, obwohl sie schon längst nicht mehr im Hause wohnt, sondern in Hamburg. Für jeden ihrer 67 Quadratmeter möchte sie 8.000 Mark kassieren, das ist selbst Daimler-Benz zuviel.

Die Verhandlungen ziehen sich hin, und im Januar 1997 fliegt die Mieterin als ehemalige ‚IMB Galina Mark' auf. IMB heißt ‚Inoffizieller Mitarbeiter der Abwehr mit Feindverbindung bzw. einer unmittelbaren Bearbeitung im Verdacht der Feindtätigkeit stehenden Personen', und Geheimagent Galina hat so eifrig bearbeitet, daß ihr Führungsoffizier „die Eigeninitiative bremsen mußte". Von 1971 bis 1982 hat sie die literarische Szene am Prenzlauer Berg und neben Stefan Heym auch den Schriftsteller Alexander (‚Sascha') Anderson bespitzelt, der selbst Stasi-Spitzel war, aber für den Mieter Wolfram Schulze war sie „nur ein armes Hascherl, das den Frieden sichern sollte und sich deshalb bedeutend vorkam."

1984 hat ‚Galina Mark' einen Ausreiseantrag gestellt und ist so ins Haus Huth gekommen. Die Nebentätigkeit im Osten ändert bei den Verhandlungen mit Daimler-Benz zwar nichts am gültigen Mietvertrag und der saftigen Geldforderung, aber die Presseberichte helfen dem Konzern, sich 1998 mit der Mieterin gütlich zu einigen. Der Rechtslage nach hätte sie am 1. Januar 1999, drei Monate nach der Einweihung des neuen Potsdamer Platzes, im Haus Huth wieder wohnen können.

Im Juli 1995 hat Hans Stimmann noch einmal zu einer Diskussion über Planung in der Stadtmitte in den Berlin-Pavillon am S-Bahnhof Tiergarten geladen, der Saal ist bis auf den letzten Platz besetzt – aber, seltsam, die nach der Wende noch so lebendige Streitkultur, Schrebergärten gegen Monumentalismus, will nicht mehr aufkommen. Als restaurierender „Reichsbaumeister" ist Stimmann beschimpft worden, seine Vorstellungen von der kritischen Rekonstruktion Berlins als faschistisches Neu-Teutonia, die Blockbebauung als neusozialistisch, und der Senatsbaudirektor hat zurückgefragt, wieviel Experimente die Modernisierer dem Volk denn noch zumuten wollten, nachdem alle bisherigen Modelle exemplarisch gescheitert wären, ob Fischerkiez oder Hansaviertel, um vom verkorksten Ernst-Reuter-Platz gar nicht zu reden. Aber nun, wo tatsächlich gebaut wird, ist die Luft raus, die Kritiker werden erst bei der Einweihung des Potsdamer Platzes wieder lebendig und schreiben Nachrufe auf das Unabänderliche.

Der Vorwurf bleibt, daß sich der rotgrüne Senat mit der Veräußerung des Geländes nach dem Mauerfall der direkten Verantwortung für die Gestaltfindung des neuen Potsdamer Platzes entzogen und auf die Vorgabe von Funktionen, Nutzungen, Rahmenbedingungen und Strukturen verzichtet hat.

Aber wahrscheinlich hat der Historiker Schlögel recht, wenn er sagt, daß man die Politiker vor großen Erwartungen schützen müsse und von ihnen nicht erwarten solle, was sie nicht leisten könnten. Scharouns Kulturforum ist nicht gerade ein Musterbeispiel für geglückten Städtebau.

Im Weinhaus Huth ist nun viel Platz, das Theater zum westlichen Stadthirschen gastiert mit dem Stück *Anagramme,* Herr Mielke wird aus der Haft entlassen und versteckt sich zuhause, die Rolling Stones kommen ins Olympiastadion, und vor der Urania verdirbt sich die SPD-Wahlkämpferin Ingrid Stahmer mit einer Bratwurst den Magen. Vom Gelände des Hauses Vaterland verzupfen sich die letzten Rollheimer, und die zurückgelassenen Autowracks erinnern an die Stunde Null des Krieges am Potsdamer Platz. Im Weinhaus Huth werden Goethes Märchen gelesen, und drüben bei Sony ist nun auch Baubeginn, der Wirtschaftsminister Günter Rexrodt ist Zeuge.

20 Meter tiefe Baugruben breiten sich auf dem Daimler-Areal aus, und in den Zeitungsberichten ist nun von Lärm, Schweiß und Staub die Rede, von Kabeln, Schläuchen, Trossen, Generatoren und Schalungsbrettern; Schlitzwände versinken computergesteuert im Boden, und im September tauft die Schauspielerin Anita Kupsch einen Schwimmbagger für den Erdaushub auf den Namen *Justav.* Codes bezeichnen jetzt die Projekte auf dem Daimler-Benz-Areal, und das Haus Huth bekommt das Kürzel B 2 verpaßt.

Schlammblasen wabern gegen die Betonwannen, die mit Tausenden von Zugpfählen gegen den Wasserauftrieb im Boden festgehalten werden müssen, und Bauarbeiter sagen, noch nie hätten sie so lange Anker benötigt wie hier am Potsdamer Platz, 57 statt der üblichen 15 bis 18 Meter. Auch ohne Turmbau herrscht nun ein babylonisches Sprachgewirr, holländisch, griechisch, portugiesisch, englisch, spanisch, polnisch, serbisch und nur selten deutsch. Bei der Grundsteinlegung waren erst 30 Bauarbeiter auf dem Areal, jetzt sind es fast 500, bei Beginn der Rohbauphase 1997 werden es über 4.000 sein, die in Blechbüchsen schlafen, duschen, essen, trinken und das neue Berlin errichten. Ein Lied feiert „die Männer ohne Rast am Potsdamer Platz".

Im September treffen sich 55 führende deutsche Unternehmer in Berlin mit Bundeskanzler Kohl, Fazit: Die Stadt habe eine goldene Zukunft und werde die Visitenkarte Deutschlands. Blühende Landschaft auch hier, aber auf einen genauen Zeitpunkt legen sich die Nadelstreifenträger nicht fest.

Drei Tage vor seinem Wahlsieg bei den Bundestagswahlen ist Helmut Kohl noch einmal in der Stadt und gibt am Reichstag mit einem Spatenstich das Signal für den Bau des Tiergartentunnels, der allen Beteiligten graue Haare und jahrelange Verzögerungen bescheren wird. Der instabile Baugrund, Moorböden, Faulschlamm, Schwemmsand und Torf, eine typische Berliner Matsche, hält für die Betonierer noch unliebsame Überraschungen bereit.

Wieder einmal ist, diesmal in *Bild,* von der „Mieterhölle am Potsdamer Platz" die Rede, das betrifft die Menschen im Haus Huth nicht mehr, sondern die Mieter drüben in der Köthener und der Bernburger Straße, die in einer Bürgerversammlung ihrer Wut über den Baulärm Luft machen, eine radikale Minderheit, während ein Besucherheer zum Potsdamer Platz strömt und das Spektakel der Kräne und Bagger betrachtet. Mit der Eröffnung der knallroten Infobox am 16. Oktober 1995 auf dem Leipziger Platz bekommt die Bauoper ihren Gefechts- und Beobachtungsstand. Der Stahlcontainer auf Stelzen wird bis Februar 1999 fünf Millionen Zaungäste zählen, so attraktiv ist der Panoramaplatz mit Ausstellungen und Dachterrasse.

Wie in einem gigantischen Labor wird das zerstörte Herz der Stadt ersetzt, das sorgt für weltweite Neugier, die sich – so hat der projektverantwortliche Vorstand Gentz erkannt – mit Baustellensommer und dem Spielmobil der Infobox geschickt vermarkten läßt. Rohbauten, deren Obergeschosse im Drei-Wochen-Takt wachsen, wie künstlerische Events inszeniert, die Internationale der Bauarbeiter mit ihren bunten Helmen Statisten in einem gigantischen Freilufttheater, Konzerte, Tanz, Gesang, Vorträge und Ausstellungen mit Baustellenkulisse machen dem Publikum das Großprojekt schmackhaft. Ballett vor Baugerüsten, das bedeutet behindertengerechte Zugänge für die Gäste, planierte Löcher und eingeschalte Kräne. Die Bühne Potsdamer Platz mutiert zum Gesamtkunstwerk, da ist für die Krähenschwärme, die der Mieter Köbberling nach der Wende dort fotografiert hat, wo sich heute die Arkaden erstrecken, kein Platz zum Landen mehr.

Das Jahr 1995 klingt aus, die SPD hat die Berliner Wahlen verloren, die Wahrsagerin Patricia Bahrana – Hut ab – das Scheitern der geplanten Fusion Berlin-Brandenburg prophezeit, und kurz vor Weihnachten zerschlägt der Kommunarde Kunzelmann mit den Worten „Frohe Ostern, du Weihnachtsmann" im Amtsgericht Moabit ein Ei auf dem Kopf des Regierenden Bürgermeisters. Im sechsten Jahr nach der Wende bilanziert der Senat einen Schuldenstand von 46,3 Milliarden Mark, Messe- und Gewerbebauten wurden gebaut, als gäbe es kein Halten mehr. Nun folgt das bittere Erwachen.

Im Februar 1996 breitet sich am Potsdamer Platz der erste von vier Grundwasserseen aus, und der Taucher Marlon Dijksboom überwacht mit 80 Kollegen das Betonieren der dicken Sohle 20 Meter unter dem Grundwasserspiegel. Rings um das Haus Huth gilt nun Seerecht, und aus der Luft sieht das Gebäude aus wie eine Insel im Lago Maggiore.

2.000 Auftriebsanker halten die gewaltigen Tröge gegen den Druck des Grundwassers fest, und sobald aus den Baugruben der Inhalt von 70 Millionen

Badewannen abgepumpt ist, kann mit dem Hochbau begonnen werden.

Zum Jahresbeginn 1996 einigen sich CDU und SPD auf eine Fortsetzung der großen Koalition, nur der Umweltsenator Hassemer hat keine Lust mehr und geht. Daimler-Benz löst die AEG auf, den Berliner Traditionsbetrieb, den Emil Rathenau gegründet hat, und im Februar wird auf der Friedrichstraße das Kaufhaus Lafayette eröffnet. Sehr viel Glas hat der Architekt verordnet, Besucher bestaunen den Glastrichter, der sich im Innern über alle Etagen zieht, und erleben Monate später Pfusch am Bau, als die ersten Scheiben aus der Außenfassade auf die Straße stürzen.

Im Bezirk Schöneberg streiten sich die Stadtverordneten, ob Marlene Dietrich, dort gebürtig, als weltberühmte Diva geehrt oder als Vaterlandsverräterin ungeehrt bleiben sollte, und die Posse über eine Platzbenennung ist noch im vollen Gange, als Renzo Pianos Piazza im Herzen des neuen Stadtteils Marlene-Dietrich-Platz getauft wird.

Der neuen, jetzt auf 52 Meter verbreiterten Potsdamer Straße ist der alte Kaisersaal des Esplanade im Wege, deshalb wird das gute und 1.300 Tonnen schwere Stück im März 1996 auf einen Trägerrost in die Höhe gezogen und auf Luftkissen gesetzt. 75 Meter wandert es von der linken auf die rechte Seite des ehemaligen Grandhotels und wird dabei zweimal gedreht. Der Frühstückssaal ist in 500 Teile zersägt worden und wird ebenfalls umgesetzt. Nur zwei der ehemaligen Innenwände mit den Stuckarbeiten bleiben am alten Platz und sollen „die Schichten der Vergangenheit bis in die Innenraumgestaltung des Neubaus hineintragen", so der Sony-Prospekt. Der Rest, Decke, Fußbo-

*Im Feburar 1996 füllen sich die Baugruben am Haus Huth
mit Wasser. Dort gilt nun Seerecht, und der Potsdamer
Platz verliert sich zwischen Schwimmkränen und Infobox.*

den und die beiden anderen Wände, werden an den
Kaisersaal – der kein Saal, sondern nur ein großes
Zimmer ist – angebunden.

50 Millionen Mark kostet die Erhaltung des
Esplanade, bei Investitionen von 1.5 Milliarden wohl
eher eine zu vernachlässigende Größe, und ob das
technische Spektakel noch sinnvolle Denkmalpflege
war, daran zweifelt auch Edzard Reuter, der angesichts
der musealen Szene den „schuldigen Respekt"
vermißt. 1948 hatten im Esplanade Studenten der
Humboldt-Universität im Ostsektor gegen politische

Indoktrinierung protestiert, Anstoß für die Gründung der Freien Universität im Westen noch im selben Jahr. 50 Jahre später sollen die Prachtsäle des Hotels „als Cafés, Restaurants und Veranstaltungsorte zu neuem Leben erwachen", so der Bauherr.

Im März verbietet das Verwaltungsgericht Nachtarbeiten auf dem Daimler-Benz-Areal wegen zu hoher Lärmwerte. Das haben die betroffenen Anrainer der Köthener Straße durchgesetzt, aber nur für 13 Tage, dann hebt das Oberverwaltungsgericht den Beschluß wieder auf.

Im Haus Huth stellt der Künstler Topor aus, während oben leere Etagen gähnen. Am 5. Mai scheitert die Volksabstimmung für die Fusion der Länder Berlin und Brandenburg, „Steige hoch, du roter Adler und reich dem Bär die Hand" hatte ein Lied geworben, jetzt liegen beide auf der Nase, und Stolpe wie Diepgen machen lange Gesichter. Ein Jahrhundert-Projekt ist vertan.

Am Pariser Platz kann das Adlon Richtfest feiern, und am 23. Juni fährt der Papst durchs Brandenburger Tor. Vom Dach des Hauses Huth kann man jetzt 111 Kräne zählen und das Abpumpen des Grundwassers aus den Baugruben bewundern, 280 Millionen Liter in dreieinhalb Wochen, aber der Blick wird durch die Neubauten bald eingeengt sein. Auch Bürgermeister Diepgen klettert mit dem damaligen debis-Chef Gentz auf die Dachplattform, doch da bleiben sie nicht lange allein, die Schaustellentour ‚Rund um das Weinhaus Huth' beginnt und bezieht die Aussicht von oben mit ein, das reizt auch die Damen der Nato-Außenministerkonferenz, die natürlich keine zehn Mark Eintritt bezahlen müssen.

Im August 1996 installiert der Künstler Gerhard Merz auf dem Gelände seine Lichtkunstwerke, 11 Baukräne werden mit 2.200 Neonleuchten illuminiert, und die Berliner staunen über 68 Meter hohe Lichtsäulen. Das Haus Huth macht jetzt in Kunst, mal eine Ausstellung des Malers Nissan Engel, mal eine Klangkunst-Installation der Akademie der Künste mit dem Titel *Über die Stille,* ausgerechnet. Die Tanzcompagnie Rubato steigt dem Haus aufs Dach, über dem ein vergoldeter Riesentopf des Künstlers Jean-Pierre Reynaud schwebt. Ein spektakuläres Ereignis jagt das andere, dazu muß man wohl auch den Wassereinbruch am Potsdamer Platz rechnen, eine Baugrube läuft voll, betroffen sind der unterirdische Regionalbahnhof und die beiden Torhochhäuser an der alten Potsdamer Straße. Es ist der erste und nicht der letzte Unfall im tückischen Berliner Baugrund. 20 Tonnen Wasserdruck lasten im Untergeschoß des Bahnhofes und der Gebäude auf jedem Quadratmeter Beton.

Bei den Nachbarn von Daimler-Benz werden die Grundsteine gelegt. Am 26. Oktober, fast genau vier Jahre nach dem ersten Spatenstich, ist Richtfest für das debis-Gebäude, Bauarbeiter paradieren durchs Brandenburger Tor und Daniel Barenboim, mit blauem Helm, dirigiert den ‚Tanz der Baukräne‘. Wieder herrscht Gedränge am Potsdamer Platz, der Verkehr bricht zusammen, fast wie in alten Zeiten.

Auch das Haus Huth tritt nun wieder ins Glied, die Aufmerksamkeit richtet sich mehr und mehr auf das neue Berlin, das das alte unter sich begräbt. In der Stadt gibt es, statistisch gesehen, alle 500 Meter eine Baustelle, im Haus Huth stellen zwei Winzer aus den neuen Bundesländern ihre Weine vor, wir heben das Glas auf das Schloß Proschwitz bei Dresden und Uwe Lützkendorf aus Bad Kösen und trinken auch einen Schluck auf die letzte Kunstausstellung im Weinhaus Huth mit italienischen Motiven und Ballettszenen von

Ottavio Giacomezzi. Das Informationszentrum von Daimler-Benz schließt seine Pforten, und auf das Haus Huth kommt ein technisches Kabinettstück zu, gegen das die Verschiebung des Kaisersaales im Vorjahr nur eine Fingerübung gewesen ist.

Die Shoppingarkaden nebenan sollen eine unterirdische Verbindung zum S-Bahnhof Potsdamer Platz bekommen, und der kürzeste Weg führt direkt unter dem Haus Huth entlang. Fünftausend Tonnen wiegt das Gebäude, die kann man nicht untergraben. Also muß das Haus aufgebockt und der Keller um vier Meter nach unten verlängert werden, „ein Zuckerchen, das man nicht alle Tage vorgesetzt bekommt", sagt der Bauleiter Peter Fritz. Er wird das Haus auf eine Art Sänfte von waagerechten Stahlträgern und 96 senkrechten Verpreßbohrpfählen setzen, dreitausend Tonnen Erdreich mit Minibaggern ausheben und dann in sieben Meter Tiefe ein Betonfundament legen lassen. Danach kann das Haus auf die neue Bodenplatte umgelagert werden.

Der alte Keller verschwindet, in dem die Angestellten Grete Zieke, Emmy Bredenförder und der Geschäftsführer Höhemann den Bombenangriff vom 22. November 1943 überstanden haben – an diesem Tag wäre das Haus fast abgebrannt. Hier unten standen Weinfässer und Etikettiermaschine, hier hat Elsie van der Straeten 1937 die Flaschenpost versteckt, die bei Aufräumungsarbeiten Anfang der 80er Jahre gefunden wurde. Aber das ist nun alles lange her, Schnee von gestern, mit dem sich die Ingenieure nicht beschäftigen können, die das Weinhaus Huth erst millimetergenau auf die Träger und dann zurück auf die neuen Außenwände setzen.

Noch einmal bewährt sich das Stahlskelett der Architekten Heidenreich und Michel von 1912, eine seinerzeit hochmoderne Konstruktion, die das Haus in

Für einen neuen Keller wird das Haus vom Januar 1997 an aufgebockt. Ohne die stabile Stahlkonstruktion von 1912 wäre der technische Kraftakt nicht möglich gewesen.

den Bombennächten des Krieges zusammengehalten hat und nun die aufwendige Operation überhaupt möglich macht. Nur an ein selbsttragendes Stahlgerüst konnten die Stützen angeschlossen werden – ein hochgemörteltes Haus, um die Jahrhundertwende übliche Bauweise, hätte abgetragen werden müssen. Noch heute staunt der Architekt Karlheinz Bohn über den einwandfreien Zustand des über 80 Jahre alten Stahlskeletts.

Von den Reliefs und Ornamenten an der Fassade sind vorsichtshalber Silikonabdrücke gemacht worden, aber außer ein paar kleineren Rissen kommt auch der empfindliche Muschelkalk ohne Schäden davon. Durch die neue Passerelle können ab November 1998 die Besucher zur S-Bahn laufen, ohne zu wissen, daß sich über ihnen das alte Haus Huth erhebt.

Am 4. Februar 1997 setzt Helmut Kohl einen weiteren Spatenstich, diesmal für sein Bundeskanzleramt im Spreebogen, das dann doch nicht sein Kanzleramt wird, und ein paar Wochen später demonstrieren Bauarbeiter auf dem Potsdamer Platz, blockieren die Einfahrten und drängen aufs Gelände. Sie legen Kräne und Sicherheitskästen lahm, beschimpfen ausländische Kollegen und stellen sechs Holzkreuze mit der Inschrift „Hier ruht der deutsche Bauarbeiter" auf. Die Brigaden auf den Baustellen sind ein buntes Völkergemisch, Bosnier, Polen, Portugiesen und Russen auf der untersten Stufe der Lohnskala, darüber Rumänen und Bulgaren, dann Polen, Portugiesen und weiter oben Italiener und Briten. Der deutsche Anteil ist gering, deshalb gibt es in der Baubranche, Vorwurf Lohndumping, böses Blut.

Im Mai wird im Atrium des debis-Gebäudes Haydns *Schöpfung* aufgeführt, und die Besucher sind nicht nur von der Bachakademie Stuttgart beeindruckt, sondern auch von der noch unfertigen Kathedrale des Architekten Piano, den der Schriftsteller Peter Schneider einen „Leichtfuß des Bauens" genannt hat. Die letzten Unterwassergruben sind gelenzt. Von den fünf Gebäuden des Daimler-Benz-Areals sind 15 im Rohbau oder fast fertig, und der *Spiegel* schreibt, hier würde virtuelles Leben produziert.

Die Realität bricht sich am 9. Juli am Gleisdreieck Bahn. 22 Meter unter der Erde dringt Wasser in einen

Betontrog, in dem tags darauf die riesige Bohrma-schine für die vier Röhren des Bahntunnels unter dem Tiergarten montiert werden sollte. Es reißt einen drei Meter tiefen Krater in das Erdreich, und die Feuerwehr muß das 25.000 Tonnen schwere Tunnelstück fluten. Sechs bis acht Wochen, versichern die beteiligten Baufirmen, würde es bis zur Wiederaufnahme der Bauarbeiten dauern, da sind die Folgeschäden noch gar nicht überblickt.

Das Jahrhundertprojekt der Bahn, die Nord-Süd-Trasse mit dem dreieinhalb Kilometer langen Tunnel zwischen Lehrter Bahnhof und Gleisdreieck, ist als Befreiungsschlag für den innerstädtischen Bahnverkehr gedacht. Die Kopfstationen, auch Potsdamer und Anhalter Bahnhof, sind nach dem Krieg verschwun-den, das Verkehrskonzept ist veraltet und wird nun unter die Erde verlegt. 2002 sollten unter dem Tier-garten die ersten Züge rollen und ein dreistöckiger Re-gionalbahnhof am Potsdamer Platz den neuen Stadtteil entlasten. Dafür bohren sich Schildvortriebsmaschinen in die Erde, wird die Spree umgeleitet und werden 25 Meter hohe Senkkästen mit Wasserkanonen ins Erd-reich gespült. Schon Herodot, weiß eine Bahnbroschüre zu berichten, habe das Verfahren im 5. Jahrhundert v. Chr. beim Bau des Hafens von Samos erwähnt.

Aber Berlin ist nicht Samos, und so machen die Bauleute von der Bahn ihre eigenen Erfahrungen mit märkischem Sand, hohem Grundwasserstand und Alt-lasten wie Speers Tunneltorsi im Spreebogen oder den Fundamenten des Columbus-Hauses am Potsdamer Platz – zweitausend Quadratmeter Beton, das ist alles, was von dem einst wegweisenden Hochhaus des Archtitekten Erich Mendelsohn geblieben ist.

Von einer Eröffnung im Jahre 2002 ist nun nicht mehr die Rede. Drei Jahre Zuschlag, bitte.

Am 12. Juli 1997 kommen erstmals mehr als eine Million Besucher zur Love Parade. Die letzten Taucher verlassen den Potsdamer Platz, Ende der Tiefbauphase. Ein türkisblauer Riesenballon wächst zwischen den Rohbauten, das ist die Kuppel fürs Imax-Kino, die von innen mit Beton ausgespritzt wird. Für die 35 Meter Durchmesser des Kinodoms kann nicht, wie sonst üblich, mit Verschalungen gearbeitet werden, deshalb muß eine aufblasbare PVC-Hülle her, und die Berliner haben einmal mehr etwas zum Staunen.

Im Rohbau des Grand Hyatt Hotels jongliert ein Japaner mit silbernen Keulen, der Potsdamer Platz feiert im August sein erstes Straßenfest, das Adlon wird eröffnet und Egon Krenz zu sechseinhalb Jahren Gefängnis verurteilt, von denen er nur ein paar Tage in Moabit absitzen muß. Auf das Dach der debis-Zentrale wird am 24. September ein grüner Würfel montiert, was die Flugsicherung in Tegel kurzfristig ratlos macht – die sechs Meter hohe Glasinstallation erscheint auf den Radarschirmen als unbekanntes Flugobjekt.

Wenig später wird eine Kopie des berühmten Verkehrsturms vom Potsdamer Platz vor der Infobox geparkt, denn der künftige Standort unweit des alten ist durch die Baugrube des Regionalbahnhofes blockiert. Noch ein Jahr ist es hin zur geplanten Eröffnungsfeier durch den Konzern Daimler-Benz, der dann schon DaimlerChrysler heißen wird.

Im Oktober wird Siemens, auch mal ein Berliner Traditionsbetrieb, 150 Jahre alt und kommt zu einem Festakt ins Kongreßzentrum, am Potsdamer Platz schwebt die Künstlergruppe Les Elastonautes als Ballett durch die Luft, es wird ein goldener Schlüssel überreicht und es freut sich der Bundesbauminister Klaus Töpfer, auch wenn er schon mit einem Bein als Direktor beim UNO-Umweltschutz in Nairobi steht. Die debis-Hauptverwaltung wird eröffnet, und 600

Mitarbeiter sind die ersten Bewohner des neuen Stadtteils. Die Besucher staunen über die Großzügigkeit des trapezförmigen Piano-Hauses mit den schwenkbaren Glaslamellen und dem lichten Atrium, sicher eines der elegantesten Bauwerke auf dem Areal und bald Anziehungspunkt für Berliner und Berlin-Besucher.

Der debis-Turm löst nun das Haus Huth als Aussichtsplattform ab, das von oben nur noch durch das Türmchen in der Steinwüste erkennbar ist wie bei der Eröffnung im Oktober 1912. Nach wie vor gibt es den ‚Abend im Weinhaus Huth', aber der findet stellvertretend im Bürohaus des japanischen Architekten Arata Isozaki statt, solange das Haus Huth neu unterkellert wird.

1998 ist Endspurtjahr für Kanalbauarbeiter und Innenausstatter, werden neue Bäume gepflanzt und die Gehwege gepflastert, die Fassaden an die Rohbauten gehängt und Straßenlaternen aufgestellt. Das Grand Hyatt bekommt Möbel, Handtücher und Porzellan, die Mercedes-Benz-Vertretung ihre Datennetze, die Geschäfte ihre ersten Warensortimente. „Die ersten drei Jahre konnten Projektmanager und Bauleiter bei der Montagsbesprechung noch mühelos vom Dach des Hauses Huth das gesamte Baufeld überblicken", sagt Architekt Bohn. Aber 1998 ist das Haus Huth das kleinste Gebäude auf dem Areal, nur mit zwölfstündigen Fußmärschen können sich die Bauleute noch einen Durchblick verschaffen. An 19 Gebäuden, zehn Straßen, dem unterirdischen Regionalbahnhof und dem Autotunnel, den Parkhäusern, Parketagen und der 12.000 Quadratmeter großen Wasserfläche wird gleichzeitig gearbeitet. 600 Firmen arbeiten jetzt auf dem Gelände, Bau- und Lieferfahrzeuge kreuzen sich, alles mit dem Tunnelblick auf den 2. Oktober, den Eröffnungstermin.

Berlin feiert 50 Jahre Luftbrücke, Edzard Reuter wird Ehrenbürger der Stadt, und auf dem Kulturforum öffnet die neue Gemäldegalerie. Im Juni gastieren die Berliner Bühnen mit einem Sommerfest auf dem Marlene-Dietrich-Platz vor Musical-Theater und Spiel-casino, Pianos Piazza, und einen Monat später wird drüben im Meistersaal an der Köthener Straße das musikalische Poem *Der Potsdamer Platz* aufgeführt.

„Denk' dir die Tage
Die scheinbar nur Ruhigen
Da der Schäfer vorm Potsdamer Thore
Weidete die friedliche Herde."

Im August wird das Weinhaus Huth auf seine neuen Fundamente gesetzt, kurz vor der Eröffnung des Imax-Kinos und dem Richtfest des Sony-Centers auf der anderen Seite der neuen Potsdamer Straße. Der Potsdamer Platz werde seinen Mythos fortführen, sagt der Sony-Gast Diepgen, aber die Verhältnisse, sie sind nicht so. Der Moloch Großstadt, wie er sich in Berlins Mitte visualisierte, hat sich aufgelöst, verschwunden sind die Streuner, Raffer, Gauner, Erich Kästners schamloser Sündenpfuhl, die heiseren Stimmen der Hure Babylon und die Gepäckträger vom Bahnhof, die Würstchenverkäufer und Leierkastenmänner, und die Lieferanten ins Ver- und Entsorgungszentrum unter der Erde verbannt.

Verboten ist in der überwachten Einkaufszone der Arkaden der Verzehr von alkoholischen Getränken und das Rauchen außerhalb von gastronomischen Einrichtungen, untersagt das Betteln, Musizieren und das Feilbieten von Waren, genehmigungspflichtig sind Veranstaltungen, das Anbringen von Plakaten und Verteilen von Werbematerial oder Kundenbefragun-gen. Radler dürfen ihre Räder nicht schieben, Hunde nicht von der Leine, Skater nicht skaten, Sitzen ist nur auf Bänken und nicht auf Treppen gestattet. Das ist so ziemlich das Gegenteil von dem, was den Potsdamer Platz gestern einmal ausgemacht hat, das Heute wird beschrieben in einer Hausordnung des Jahres 1998 und mit „Centerverbot" sowie strafrechtlicher Verfolgung im Falle von Hausfriedensbruch gedroht.

„In einer unter dem Einfluß der Technologie gewandelten Welt, mit anderen Menschen, anderen Lebensumständen und Sichtweisen kann der Potsdamer Platz keine getreue Kopie des früheren sein", sagt Edzard Reuter. „Er hat eine gute Chance, ein Zentrum von Kommunikation und Urbanität zu werden, aber die 20er Jahre lassen sich nicht wiederholen, und insofern kann auch der Mythos vom Potsdamer Platz nicht auferstehen."

Am 20. September ist es 100 Jahre her, daß Theodor Fontane in der Potsdamer Straße 134 c gestorben ist, Erinnerungen werden wach an seine Besuche im Weinhaus Huth, nur wenige Schritte Richtung Potsdamer Platz auf derselben Straßenseite. Wo einst das Haus Fontanes stand, ist heute ein Swatch-Geschäft – für die Beschwörung der Jahrhundertwende reicht die kühnste Phantasie nicht aus.

Vier Jahre sind seit der Grundsteinlegung für das neue Stadtquartier verstrichen, als Bundespräsident Roman Herzog am 2. Oktober 1998 die Tore öffnet. Straßen, Plätze und 19 Gebäude besetzen nun die Steppe, Gianna Nannini singt, Helen Schneider und vier Solisten des Tölzer Knabenchors. Die Berliner können den schlüsselfertigen Stadtumbau besichtigen, den sie bisher nur als Lösung eines logistischen Problems erlebt haben, ein pompöses Feuerwerk brennt ab, und die Piazza wimmelt von Menschen, mehr als jemals auf den Potsdamer Platz zu sehen waren, auch in den Goldenen Zwanziger Jahren.

„Die Stadt erhält ihre alte Mitte zurück", sagt DaimlerChrysler-Chef Jürgen E. Schrempp, und der Regierende Bürgermeister fügt, wie immer vollmundig, hinzu, das Herz Berlins am Potsdamer Platz habe wieder zu schlagen begonnen, „im typischen Berliner Rhythmus und den schnellen Schlägen einer Metropole", obwohl sich statt des Berliner Tempos in den Straßen und der Einkaufspassage des Viertels eine heitere Gelassenheit entfaltet.

22 historische Fotos auf riesigen Stoffbahnen fallen am Eröffnungstag symbolträchtig von den Fassaden, „eine Zeitreise, die wir nicht vergessen sollten", sagt DaimlerChrysler-Finanzvorstand Gentz. Es sei an den Nutzern, den Berlinern, das alte neue Stadtquartier anzunehmen und mit Leben zu erfüllen.

Natürlich sind auch die Kritiker zur Stelle, „Introvertiertheit, alles beugt sich nach innen", schimpft Dieter Hoffmann-Axthelm, und „die ,europäische Stadt' funktioniert nur noch als Feigenblatt" der Buchautor Matthias Pabsch. Doch die Töne sind nicht mehr so schrill wie im Oktober 1991, als der Architekt Rem Kohlhaas das Projekt als „kleinbürgerliches, altmodisches, reaktionäres, unrealistisches, banales, provinzielles und vor allem dilettantisches Bild der Stadt" geradezu alttestamentarisch verfluchte und ein Architekturkritiker dem Hilmer & Sattler-Entwurf bescheinigte, er würde „alte Strümpfe weiterstricken." Nun ist aus den Strümpfen, siehe da, ein „urbanistischer Märchengarten" geworden, wenn auch mit einer „gewaltsamen Wiederbelebung von Urbanität in architektonischer Schnellfertigung".

Zu hohe und kompakte Gebäude, zu enge Schluchten bemängeln einige Zeitungen, obwohl Verdichtung, einst Negativprädikat für Mietskasernenwelten, jetzt wieder im Trend ist, und Piano wehrt sich: „Sagen Sie nicht, daß dies ein düsterer Ort ist." Er hat mit Wasserflächen, Ziegel, Keramik und Terrakotta in den Erdfarben Gelb, Braun und Rot gestaltet, statt mit Spiegelglas und Alumunium in die internationale Klischeekiste zu greifen, und wenn man die eher kühlen als kühnen Entwürfe seiner Konkurrenten aus den Wettbewerben im nachhinein betrachtet, so ist Piano noch allemal die bessere Lösung gewesen. Eine einmalige Chance der Avantgarde sei verpaßt, krittelt die renommierte *New York Times* beim Nachtreten im April 1999, aber hätte Berlin wirklich neu erfunden werden sollen?

Versöhnt ist Hans Stimmann, auch wenn „eine kleinteiligere Bebauung" wünschenswerter gewesen wäre und eine „Addition von wirklichen Gebäuden, die eher die Maßstäblichkeit vom Weinhaus Huth aufnehmen". Aber es hätte auch schlimmer kommen können, sagt er, die internationalen Globalisierungsmuster von Hochhausballungen, Beispiel Frankfurt am Main, seien vermieden worden, und Renzo Piano der einzige unter den Teilnehmern des Realisierungswettbewerbs, „der aufgrund seines internationalen Renommees als zeitgenössischer Architekt die Annäherung an die Tradition der europäischen Stadt gegenüber dem mächtigen Investor argumentativ durchsetzen" und auch die bereits verkaufte, privatisierte Alte Potsdamer Straße in einem komplizierten Grundstückstausch als öffentliches Straßenland in die Stadt zurückholen konnte.

Das Jahr 1998 geht dahin mit dem Einzug des Bundesadlers in den Reichstag, die ‚fette Henne' als Signal. Die Bundesregierung kommt, und neue Hoffnungen keimen. Die Entführung des Kurdenführers

Öcalan im fernen Afrika durch ein türkisches Kommando wirft ihre Schatten nach Berlin, vier tote Kurden nach dem Sturm auf das israelische Generalkonsulat sind die bittere Folge.

Im April wird der Reichstag eröffnet, die Berliner haben ein neues Ausflugsziel, und die vielumstrittene gläserne Kuppel erweist sich als attraktives Wahrzeichen des künftigen Regierungsviertels. In Bonn werden 150.000 Möbelstücke und Kartons gepackt, 184 Fernseher, 837 Kühlschränke, 13 835 Stühle und 584 Tresore für die Herren Abgeordneten, Johannes Rau wird Bundespräsident, und im Muscialtheater am Potsdamer Platz hat *Der Glöckner von Notre Dame* Premiere. Die Normalität kehrt ein im neuen Stadtteil, der noch gar nicht fertig ist.

Auch der Regisseur Claus Peymann interessiert sich jetzt für Berlin und das Berliner Ensemble am Schiffbauerdamm, aber die glänzende Zukunft, die der Stadt immer wieder propehzeit wird, versteckt sich hinter einem Wirtschaftswachstum, das im Mai 1999 im Vergleich zum Monat des Vorjahres praktisch zum Stillstand gekommen ist.

Im Oktober 1999, als auch die oberen Etagen im Weinhaus Huth wieder eröffnet werden, ist das neue Viertel am Potsdamer Platz noch immer eine Insel im Nirgendwo, auch wenn die Brache weitgehend verschwunden ist. Die beiden Hochhäuser von Renzo Piano und Hans Kollhoff am Ausgang der alten Potsdamer Straße stehen kurz vor der Einweihung, davor der unfertige Bahntunnel. Das Ensemble von Nachbar Sony mit Europazentrale, Esplanade, Filmhaus, Mediathek, Forum und dem Büroturm an der Spitze soll im Sommer 2000 fertig sein, die Park-Kolonnaden in den fünf Gebäuden auf dem Gelände des Hauses Vaterland erst im Juni 2001. Dann könnte

*Das DaimlerChrysler-Areal im Sommer 1999. An den Tor-
häusern wird noch gebaut, und vor dem rechten Hochhaus
ist die Kuppel des Weinhauses Huth gerade zu erkennen.*

auch das zweite Kollhoff-Hochhaus im Lenné-Dreieck
stehen und wegen des Standortes Columbus-Haus
getauft werden, so überlegt der Bauherr, das Bankhaus
Delbrück. Nachbar Karstadt, der hier seine Zentrale
errichten wollte, hat die Lust verloren und bietet seinen Grundstücksanteil zum Kauf an.

Gebaut werden nun auch die Ländervertretungen
auf dem Gelände der ehemaligen Reichskanzlei,
obwohl die Ansprüche von Alteigentümern und das
Schicksal der Bunkerreste noch immer nicht geklärt
sind, Leipziger Platz und Leipziger Straße kommen
nur zögernd in Gang.

Noch ist DaimlerChryslers neues Berlin auf die eigenen Bewohner angewiesen oder muß von außerhalb
angefahren werden. Niemand kann sagen, wie sich das

Leben am einstigen Nabel von Berlin entwickeln wird, woher die Menschenströme kommen, ob sie kommen und wohin sie ziehen werden. Man möge den neuen Stadtteil nicht mit einem organisch gewachsenen vergleichen, darum hat Piano, wenn auch vergeblich, oft gebeten. „Geben wir diesem schrecklich Neuen doch fünf, zehn Jahre, ehe wir urteilen."

Von den Mietern, die noch vor vier Jahren um den Verbleib in ihren Wohnungen gekämpft haben, zieht es kaum einen zurück ins Haus Huth. „Wie auf dem Mond" kommt sich Margarete Marx vor, und Anneke Sauer fehlt der weite Blick. Häuserwände versperren die Aussicht zum Tiergarten und zum Brandenburger Tor, und Rita Mohr fühlt sich „wie eine Königin im Exil." Oft hat sie oben allein auf dem Dach gesessen, „das war mein Reich." Die ländliche Idylle, konserviert von der Mauer, ist mit der Teilung verschwunden, das tut vielen weh, nur der Mieterin Siegrid Klinke nicht.

Mit den Revoluzzern im Haus hat sie nie etwas zu tun haben wollen, ihr Herz hing am Potsdamer Platz, über 26 Jahre lang, und daß er nun ein neues Gesicht bekommen hat, ist ihr gerade recht.

„Hier sind meine Wurzeln", sagt sie und hat genau gegenüber dem Haus Huth eine neue Wohnung bezogen. Vom Balkon sieht sie nun auf die Linden, die sie früher immer gegossen hat, eimerweise, kann „auf Latschen ins Kino" und hat ringsum alles, was sie braucht, auch den Tiergarten um die Ecke. Nach 1995 hat sie in Zehlendorf gewohnt, aber „soviel Ruhe kann tödlich sein", geblieben ist die Sehnsucht nach der Stadt. Diesen Traum hat sie sich Ende 1998 erfüllt, und ein Spaziergang mit ihr ist ein Abenteuer der ganz besonderen Art, denn Frau Klinke hat die Vergangenheit so gut im Kopf wie die Gegenwart. „Hier waren die Karnickelställe, hier die kleine Kneipe im früheren Bayernhof, drüben auf der Piazza die große Wiese."

„Wir gehen jetzt durch unseren Garten", sagt sie, als wir die Arkaden betreten und zeigt auf die Bürobauten an der Linkstraße: „Alles Richard Rogers." Kühl ist es im Treppenhaus des Hauses Huth, und Frau Klinke streichelt den alten Marmor. „Eine Liebe habe ich zu dem ollen Gemäuer, das gibt's gar nicht." Wir sehen hoch zum 3. Stock, wo mal ihre Wohnung war, und Frau Klinke sagt: „Manchmal muß ich lachen, manchmal schlucken."

Nach 40 Jahren ist nun wieder ein Restaurant im Erdgeschoß und mit Hardy eine Weinhandlung wie einst bei Huths. Ein guter Deutscher liebt den ‚Franzmann' nicht, aber seine Weine trinkt er gern, haben die Altvorderen gesungen – an der Liebe zum Wein hat sich nichts geändert, und den ‚Franzmann' sehen die Deutschen nach zwei Weltkriegen mit anderen Augen. Das Weinhaus Huth, mit dem sie beim Kauf nichts Rechtes anzufangen wußten, haben die Investoren nun in die Arme geschlossen und mit 70 Millionen Erhaltungskosten teuer bezahlt – „rein wirtschaftlich gesehen, ein unverhältnismäßiger Aufwand, der aber dem Potsdamer Platz ein Stück Historie erhalten hat!", sagt Dr. Gentz nachträglich.

Die Beletage wird Begegnungsstätte mit Clubräumen, Salon und dem sanierten Wappenzimmer – dem einzigen Raum, der von Huths Nobelrestaurant original erhalten ist. Im zweiten und dritten Stock richtet DaimlerChrysler seine Konzernrepräsentanz ein, und im vierten Stock werden Stücke aus der umfangreichen Kunstsammlung des Unternehmens präsentiert. Mit Skulpturen wie dem Boxer von Keith Haring oder der MétaMaxi-Maschine von Jean Tinguely im Atrium des debis-Gebäude hat DaimlerChrysler bereits für Blickfänge gesorgt, jetzt sollen Warhol und Antes die Öffentlichkeit ins Haus Huth ziehen.

Viel Ehre für den alten Kasten, der ein Herzstück geworden ist im neuen Viertel und sanft an ein vergangenes Berlin erinnert.

Ich stehe noch einmal vor dem Weinhaus Huth. Es hat sich rausgeputzt, mit der hellen Fassade und dem großen roten Dach. Die Reliefs und Ornamente glänzen, und oben an der Fassade blickt der modellierte Gründer des Hauses, Carl Friedrich Wilhelm Huth, streng und wohl auch etwas ratlos auf die Alte Potsdamer Straße. Die Verwaschungen des sauren Regens sind beseitigt, die Granatsplitter bis auf einen aus dem Muschelkalk gepolkt, plastische Teile restauriert, Vitrinen wieder angebracht. Im Restaurant und in der Weinhandlung klingen Gläser, oben brennen Lichter, so muß das Haus bei der Einweihung am 2. Oktober 1912 ausgesehen haben.

Fast 90 Jahre ist das Weinhaus Huth nun alt. Augenzeugen haben die Kaiserzeit und die 20er Jahre lebendig gemacht, Nazi- und Nachkriegszeit. Die meisten leben heute nicht mehr. Die Brachlandschaft der 80er Jahre war meine Gegenwart, und auch die ist heute schon wieder Vergangenheit.

Die Metropole ringsum verschwand und ist zurückgekommen. Noch ist nicht entschieden, ob sie wieder so sein wird, wie sie Tucholsky einst beschrieben hat.

„Aber eines kann unsereiner nicht entbehren: die große Stadt, die abends die Lichter anzündet, die Stadt, wo man sich anonym in seine Bestandteile auflösen kann, wo so viele da sind, daß keiner mehr da ist, wo zwar nichts wächst, aber wo es gekocht wird, alles miteinander..."

Die Linden blühen, und ich schaue das Haus an, das so viel erlebt hat und nicht von der Stelle wich. Nur einmal, und das ist noch gar nicht so lange her, hat es sich bewegt, acht Zentimeter zurück, zwei zur Seite, sechs nach vorn, als hätte es ein bißchen tanzen wollen. Seitdem steht es etwas schräg, aber wirklich nur etwas, und vielleicht habe ich auch das geträumt.

Literatur- und Quellennachweis

Adlon, Hedda: Hotel Adlon. Berlin 1955.

Altner, Helmut: Totentanz Berlin. Offenbach 1947.

Andreas-Friedrich, Ruth: Schauplatz Berlin. München 1962.

Behr, Hermann: Die Goldenen Zwanziger Jahre. Hamburg 1964.

Berlin, offene Stadt: Hrsg. v. Berliner Festspiele / Architektenkammer Berlin. Berlin 1999.

Beskiers, Andreas; Schütze, Karl-Robert: Zwischen Leipziger Platz und Wilhelmstraße. Berlin 1981.

Bethge, Eberhard: Dietrich Bonhoeffer. Eine Biographie. München 1967.

Boveri, Margret: Tage des Überlebens. München 1968.

Brieger, Lothar; Steiner, Hans: Die Stadt im Taumel. o.O. 1920.

Brühl, Georg: Herwarth Walden und der Sturm. Leipzig 1983.

Bunsen, Marie von: Zeitgenossen, die ich erlebte. Leipzig 1932.

Burg, Annegret; Stimmann, Hans (Hg.): Berlin Mitte. Berlin / Basel / Boston 1995.

Burkert, Hans-Norbert; Matußek, Klaus; Obschernitzki, Doris: Zerstört – besiegt – befreit. Berlin 1985.

Chronik Berlin. Berlin 1997.

D'Abernon, Viscountess: Red Cross and Berlin Embassy. London 1946.

Der Bayernhof. Berlin 1928.

Die Reise nach Berlin. Berlin 1987 (Katalog).

Diels, Rudolf: Lucifer ante portas. Stuttgart 1950.

Endell, August: Die Schönheit der großen Stadt. Stuttgart 1908.

Ethell, Jeffrey; Price, Alfred: Angriffsziel Berlin. Stuttgart 1982.

Fechter, Paul: Menschen und Zeiten. Berlin/Hamburg 1949.

Findahl, Theodor: Letzter Akt Berlin 1945. Hamburg 1946.

Fontane, Theodor: Effi Briest. München 1974.

Frecot, Janos; Geisert, Helmut: Berlin im Abriß. Berlin 1981.

Friedrich, Otto: Weltstadt Berlin. München 1973.

Gerlach, Hellmut von: Von Rechts nach Links. Zürich 1937.

Glatzer, Ruth und Dieter: Berliner Leben 1914-1918. Berlin 1983.

Goertz, Heinrich: Lachen und Heulen. München 1982.

Gottheiner, Paul: Zur Geschichte des Potsdamer Platzes und seiner Umgestaltungen. In: Deutsche Bauzeitung 1898, 1907, 1912, 1913, 1929.

Gottwald, Alfred B.: Berliner Fernbahnhöfe. Düsseldorf 1982.

Grunberger, Richard: Das zwölfjährige Reich. Wien/München/Zürich 1972.

Härlin, Benny; Sontheimer, Michael: Potsdamer Straße. Berlin 1983.

Heiber, Helmut: Reichsführer! Stuttgart 1968.

Hessel, Franz: Spazieren in Berlin. Leipzig 1929.

Hildenbrandt, Fred: Ich soll dich grüßen von Berlin. München 1966.

Höcker, Karla: Die ersten und die letzten Tage. Berlin 1966.

Hoffmann-Axthelm, Dieter: Mit dem Fernrohr auf dem Leipziger Platz. In: Bauwelt 38/1992

Holitscher, Arthur: Mein Leben in dieser Zeit. Potsdam 1928.

Huhn, Diether: Berliner Spaziergänge. Berlin 1999.

Internationale Bauausstellung. Die Neubaugebiete. Berlin 1981.

Johann, Ernst: Innenansichten eines Krieges. Frankfurt am Main 1968.

Kästner, Erich: Gesammelte Schriften für Erwachsene. München/Zürich 1969.

Kessel, Hans von: Handgranaten und rote Fahnen. Berlin 1933.

Kessler, Harry Graf: Tagebücher. Frankfurt am Main 1961.

Kiaulehn, Walter: Berlin. München/Berlin 1958.

Knieper, Helmut; Hildebrand, Machleidt; Schäche, Wolfgang (Hg.): Potsdamer und Leipziger Platz. Berlin 1990.

König, Joel: Den Netzen entronnen. Göttingen 1967.

Kracauer, Siegfried: Die Angestellten. Frankfurt am Main 1971.

Kracauer, Siegfried: Straßen in Berlin und anderswo. Frankfurt am Main 1964.

Lange, Horst: Tagebücher aus dem Zweiten Weltkrieg. Mainz 1979.

Leber, Annedore (Hg.): Das Gewissen steht auf. Berlin/Frankfurt am Main,1954.

Leibholz-Bonhoeffer, Sabine: Vergangen, erlebt, überwunden. Gütersloh 1976.

Le Tissier, Tony: Berlin damals und heute. London 1994.

Lindenberg, Paul: Es lohnt sich, gelebt zu haben. Berlin 1941.

Mabire, Jean: Berlin im Todeskampf 1945. Preußisch Oldendorf 1977.

Magnago Lampugnani, Vittorio; Schneider, Romana: Ein Stück Großstadt als Experiment. Stuttgart 1884.

Menzel, Matthias: Die Stadt ohne Tod. Berlin 1946.

Moreck, Kurt: Führer durch das lasterhafte Berlin. Leipzig 1931.

Morsey, Rudolf: Das Ermächtigungsgesetz vom 24. März 1933. Göttingen 1968

Müller, Jörg: Der Potsdamer Platz in Berlin. Berlin 1990.

Nielsen, Asta: Die schweigende Muse. Berlin 1977.

Ostwald, Hans: Das galante Berlin. Berlin 1928

Pabsch, Matthias: Zweimal Weltstadt. Berlin 1998.

Pfeiffer, Herbert: Berlin zwanziger Jahre. o.O.1961.

Pitz, Helge; Hofmann, Wolfgang; Tomisch, Jürgen: Berlin-W. Berlin 1986.

Reichelt, Werner Otto: Das Ende der IG Farben. Düsseldorf 1986.

Richter, Dieter: Geographische Strukturwandlungen in der Weltstadt Berlin. Berlin 1969

Roskamp, Heiko: Verfolgung und Widerstand. Tiergarten – ein Berliner Bezirk im Spannungsfeld der Geschichte. Berlin 1985.

Roters, Eberhard; Schulz, Bernhard (Hg.): Ich und die Stadt. Berlin 1987 (Katalog).

Ryan, Cornelius: Der letzte Kampf. München / Zürich 1966.

Schäfer, Hanns Dieter (Hg.): Berlin im Zweiten Weltkrieg. München 1985.

Schenck, Ernst-Günther: Ich sah Berlin sterben. Herford 1977.

Schiel, Ilse; Milt, Erna: Karl und Rosa. Berlin 1978.

Schlögel, Karl, Das neue Berlin. In: Der Jahrhundertschritt. Journal zum Ausstellungs- und Veranstaltungsprogramm „Das neue Berlin". Berlin 1997

Schmitt, Michael: Palast-Hotels. Berlin 1982.

Schmitz, Bruno: Haus Rheingold. Berlin 1907.

Schmitz, Joachim: Die letzten dreißig Tage. Stuttgart 1951.

Schrader, Bärbel; Scheberg, Jürgen: Kunst-Metropole Berlin 1918-1933. Berlin / Weimar 1987.

Smith, Howard K.: Feind schreibt mit. Berlin 1982.

Stresau, Hermann: Von Jahr zu Jahr. Berlin 1948.

Studnitz, Hans-Georg von: Als Berlin brannte. Stuttgart 1963.

Tieke, Wilhelm: Das Ende zwischen Oder und Elbe. Stuttgart 1981.

Topographie des Terrors. Berlin 1987 (Katalog).

Walther, Joachim: Sicherungsbereich Literatur. Berlin 1996.

Warner, Konrad: Schicksalswende Europas? Ich sprach mit dem deutschen Volk. Rheinfelden 1944.

Wefing, Heinrich; Muhs, Andreas: Der Neue Potsdamer Platz. Berlin 1998

Weidmüller, Helmut (Diss.): Die Berliner Gesellschaft während der Weimarer Republik. Berlin 1956.

Werner, Bruno Erich: Die zwanziger Jahre. München 1962.

Wieselmann, Heinz-Ulrich: Unsterbliches Berlin. Berlin/ Bielefeld 1948.

Wolf, Franz: Was machen Sie heute abend? Berlin 1914.

Zentner, Kurt: Illustrierte Geschichte des Dritten Reiches. München 1963.

Zeitungs- und Zeitschriftenarchive: B.Z., Berlin; Der Spiegel, Hamburg; taz, Berlin; Der Tagesspiegel, Berlin.

Abbildungsnachweis

Für die freundliche Unterstützung bedanke ich mich bei: Atelier Christoph Fischer, Dr. Tamara Bauer, Hans J. Baumgart, Karlheinz Bohn, Lina Buhmann, Daimler Chrysler, DB Projekt GmbH. Knoten Berlin, Michaela Denk, Theodor v. Dufving, Henri Fenet, Peter Fritz, Dr. Manfred Gentz, Silke Giere, Hans Guilleaume, Olaf Gutschmidt, Elisabeth Hengsberger, Hildegard Hennings, Walter Hinkefuß, Anna Hoop, Willi Hucke, Dr. Gerd Jacoby, Josef von Janta-Lipinski, Dorothea Kahnert, Frieda Kempfer, Hildegard Kirski, Siegrid Klinke, Hans-Werner Klünner, Werner Köbberling, Elfriede Köhl, Dagobert Krause, Marie Krause, Anke Kricks, Anna Marie Kühnemann, Karl-Heinz Leberke, Christian Maaß, Senta Manke, Margarete Marx, Rita Mohr, Mark Münzing, Dr. Rudolf Neumann, Hans Henning Olfe, Wilfried Pilz, Bernard Plattner, Karl Rademeier, Otto Redlin, Edzard Reuter, Anni und Gerd Rockstroh, Heiko Roskamp, Anneke Sauer, Dr. Inge Schachinger, Klaus Schenk, Peter Schubert, Wolfram Schulze, Sony, Hans Stimmann, Bernhard Strecker, Herta Thiel, Walter Thieme, Karl-Heinz Turk, Ute Wüest von Vellberg, Georg Wehner, Lutz Wernicke, Grete Zieke, Otto Zoll.

Die Deutsche Bibliothek – CIP-Einheitsaufnahme

Thieme, Wolf:
Das Weinhaus Huth am Potsdamer Platz / Wolf
Thieme. - Berlin : Berlin-Ed., 1999
    Engl. Ausg. u. d. T. : Thieme, Wolf : Weinhaus Huth
    on Potsdamer Platz : the changing fate of a Berlin
    legend
    ISBN 3-8148-0079-6

Copyright 1999 by Berlin Edition
in der Quintessenz Verlags-GmbH, Berlin.

Oktober 1999
Lektorat: Markus Sebastian Braun
Umschlaggestaltung: Agentur Henke, Köln
Druck: Ebner Ulm

Lennéstraße

perplatz

Entlastungsstraße

Bellevuestraße

Ebert

Potsdamer Platz

Potsdamer   Straße

Straße

Bernburg

arkanal

Ufer